U0938211

/社/会/学/研/究/文/库/

话语民主与微观权力：虚拟公民社会研究

梁美妍 / 著

華中科技大學出版社
http://www.hustp.com
中国·武汉

图书在版编目(CIP)数据

话语民主与微观权力:虚拟公民社会研究/梁美妍著. —武汉:华中科技大学出版社,2015.8

(社会学研究文库)

ISBN 978-7-5680-1206-5

Ⅰ.①话… Ⅱ.①梁… Ⅲ.①民主-研究 Ⅳ.①D082

中国版本图书馆 CIP 数据核字(2015)第 205530 号

话语民主与微观权力:虚拟公民社会研究 梁美妍 著

Huayu Minzhu yu Weiguan Quanli:Xuni Gongmin Shehui Yanjiu

策划编辑:张馨芳

责任编辑:封力煊

装帧设计:原色设计

责任校对:祝 菲

责任监印:徐 露

出版发行:华中科技大学出版社(中国·武汉) 电话:(027)81321913

武汉市东湖新技术开发区华工科技园 邮编:430223

录 排:华中科技大学惠友文印中心

印 刷:北京虎彩文化传播有限公司

开 本:710mm×1000mm 1/16

印 张:11.75 插页:2

字 数:210 千字

版 次:2018 年 7 月第 1 版第 2 次印刷

定 价:46.00 元

目录

CONTENTS

第一章

导论

那是最美好的时代，那是最糟糕的时代；那是智慧的年头，那是愚昧的年头；那是信仰的时期，那是怀疑的时期；那是光明的季节，那是黑暗的季节；那是希望的春天，那是失望的冬天；我们眼前无所不有，我们眼前一无所有；我们全都在直奔天堂，我们全都在直奔相反的方向。

——[英]狄更斯《双城记》

当下的中国人在读狄更斯的《双城记》时，依然会被这经典开篇所吸引，这是一部具有无穷魅力的作品，原因就在于它的时代感——虽然已然过了一个半世纪，但是狄更斯描述的那个喧嚣和危机的时代正与当下处于转型期的中国相吻合，狄更斯对法国大革命的关注也可以折射出当代中国人对中国的社会、政治以及自身命运的关切与展望。政治这一神秘物无论是对居于庙堂之上者还是对疲于草根之下者都有着独特魅力。人们的心与身都交织着渴望与恐惧、淡定与焦灼、蔑视与关注、羁绊与释然。这种冰火对攻的景象恰恰是政治的精神气质。在政治的地平线上上演着信仰与怀疑、光明与黑暗、希望与失望。这种冰火交灼景象的创造者即舆论，而舆论的制造者则是媒体，历史上所有的政治都以此法则行事：以媒体制舆论，以舆论制民心。

任何一个处于转型期的国体，都必然会面临国家与社会关系的重塑，在这一动态过程当中，国家-社会的良性互动以及衍生的公民社会问题随着沟通与传播技术的发展在当代越发凸显棘手。以媒介为技术基础、以民心为社会导向的舆论，在公民社会的形成和功能发挥中都具有重要作用。

“公民社会”的理念和实践在20世纪90年代开始在全球复兴，其背后有深刻的理论诉求和实践背景。从理论上看，源自古希腊并经洛克、黑格尔、马克思和葛兰西等人改造的公民社会概念，虽然在内涵和外延上众说纷纭，但它在政治哲学和政治社会学等交叉学科中的批判和建构作用越来越大；从实践上看，20世纪60年代的欧美世界的“五月风暴”、80年代末至90年代初的“苏东剧变”，以及21世纪初发生在独联体国家和中亚地区的“颜色革命”，在某种程度上都与公民社会的理念、理论和组织密切相关，公民社会对政党政治和国家安全的作用也不可小觑。中国改革开放三十多年来，正在逐步形成一种类似欧美国家的中国特色的公民社会。它在推动政府转变职能、扩大公民政治参与以及改善推进社会基层民主等方面正在起着越来越重要的作用。

随着20世纪90年代初国际互联网在全球范围的逐步扩展，特别是随着互联网在生产实践、政治实践和生活实践中的深度应用，互联网对经济产业、生活方式、权力分配和政治运作的影响越来越大。独联体国家和中亚地区的“颜色革命”中大量参与者利用互联网讨论活动的组织方法和传播音视频文件的做法，充分显示了互联网在政治动员和社会运动中的巨大力量。从技术和社会的深层关系看，也显示了作为知识和信息产业的物化形式的互联网在推动权力结构甚至整个社会转型上的巨大潜力。这种关联正好印证了学界对技术与社会关系的思考，正如美国哲学家、社会学家和未来学家丹尼尔·贝尔在《后工业社会的来临》一书中所说，知识/信息产业将成为社会的支柱产业；或者，如美国学者托夫勒在《权力的转移》中所说，后工业时代的权力发展已经由前工业时代的暴力阶段和工业时代的经济阶段逐步过渡到后工业时代的知识阶段。理论是实践经验的总结，而实践是检验真理的重要标准。互联网对公民社会结构、功能和过程的巨大影响必将传递到公民社会的理论研究上，并最终通过政治实践推动政治哲学的研究。

正因为如此，在技术与社会之间关系的大框架下，探讨互联网对公民社会的影响就具有重要意义。本研究将综合运用政治哲学、权力社会学、网络传播学和社会心理学等学科的相关理论，以话语民主和微观权力为核心切入点，深入探讨互联网情境下中国公民社会的结构转型及其对公民权利和民主政治的影响。

第一节 研究背景和问题提出

从政治哲学角度看，以市场经济、民主政治和多元文化为主要特征的现代性背景下的政治领域内，再没有比民主、权力和公民社会等更为吸引眼球的概念了。它们一刻不停地游荡于庙堂之上和草根之下，它们显现出的核心问题就是古老的政治命题——国家与社会的先验对立及其衍生的公民社会问题。公民社会理念可以追溯至古希腊时期，并于近二十年间开始在理论和实践两个维度复兴与拓展，并逐步形成了一股全球化的公民社会思潮和运动。当前有关公民社会的理论反思中所用的概念众说纷纭，学者们或沿用洛克有关社会先于国家因而国家受制于社会契约的观点，或援引孟德斯鸠以及托克维尔有关国家和社会应该分立自治、相互制衡的观点，或诉诸黑格尔的市民社会独立于国家但其伦理不自足需要由代表普遍利益的国家加以约束的观点，或依据新马克思主义者哈贝马斯基于资产阶级公共领域对市民社会做出民主阐释的观点，等等。正因为如此，就很有必要从政治哲学视角厘清公民社会的内涵和外延，并对公民社会在新时空情境中的实践张力进行阐释。在中国当下政治哲学视野和政治体制改革实践中，社会权力及其载体（公民社会）是非常重要的理论范畴。可见，中国公民社会的发展对政治体制改革具有相当的重要性，而作为时代精神之精华的哲学也应有所作为，从政治哲学角度反思该问题。

从政治社会学角度看，以经济全球化、信息网络化、国家民族化和政治政党化为主要特征的现代社会正使得公民社会焕发出新的活力。公民社会与科学技术特别是媒介技术的关联日益密切，正如恩格斯所言，“在马克思看来，科学是一种在历史上起推动作用的、革命的力量”①。以蒸汽机为代表的第一次科技革命催生了工业社会和资本主义制度；以电机和电力为代表的第二次科技革命推动了自由资本主义制度向垄断资本主义制度转变；以微电子和计算机等技术为代表的第三次科技革命则催生了新型的国家垄断资本主义。科学技术是第一生产力，是推动生产关系和上层建筑变革的根本动力。科学、技术与公民社会的紧密关系集中体现在科学技术的政治社会化功能中，而承担政治社会化功能的核心技术则是媒介技术。政治与技术的密切关系体现出古老的政治议题与媒介技术有天然的耦合性——从古老的口耳相传时代到印刷时代再到网络时代，利益表达和聚合、政治参与、政治评价以及政治传播正是以媒介技术为中介进行的。任何形式的媒介，或者说任何传播技术的发展都与政治存在瓜葛。从印刷术到现代通信和网络技术，更不用说互联网新的传播技术本身就是从军事国防领域衍生而来的，政治性是与其与生俱来的秉性之一。从媒介革命与社会变迁的关系角

① 马克思恩格斯选集(第三卷)[M].北京：人民出版社，1995.

度看，媒介技术及其对社会的巨大影响实际是第三次科技革命的余波，特别是媒介技术与计算机技术、网络技术与通信技术的结合，使得以国家互联网为代表的新媒体深刻地改变了政治生态——民族国家层面的宏观政治生态、组织层面的中观政治生态和个体层面的微观政治生态，并催生了互联网政治学的发展。互联网政治学的八个主要议题——去中心化、参与、社区、全球化、后工业化、理性主义、治理和自由主义——都与公民社会有着密切关联。

从网络传播学角度看，虽然自工业革命以来的历次技术革命均在某种性质和程度上影响着国家与社会的关系，但20世纪70年代以来的通信技术革命，特别是90年代以来的互联网技术，在重塑国家与社会的关系上的潜力尤其引人注目。在印刷时代，政府容易形成舆论本位，行为的合法性由其单方面界定，民众因无工具而“被沉默”。德国传播学家诺尔-诺伊曼“沉默的螺旋”理论认为，舆论的形成不是社会公众“理性讨论”的结果，而是“意见气候”的压力作用于人们惧怕孤立的心理，强制人们对“优势意见”采取趋同行动这一非合理过程的产物。因此，可以理解对统治阶级而言，为什么掌控新闻媒体是一大命脉。在互联网时代，以信息技术、通信技术和网络技术为技术基础的公共领域唤醒了公民的政治与社会参与热情，互联网不再仅仅是庙堂之上者作为巩固其统治地位的手段，而且也成为草根人士或普通公民的政治工具。不管是互联网发展早期的个人主页、新闻组和邮件列表，还是互联网发展中期的网络论坛（BBS）、聚合内容订阅（RSS），亦或是 Web2.0时代流行的博客、微博和社会化网络（SNS），都对个人权利的彰显起到了极大作用。2010年底至今，突尼斯、埃及等国家先后发生了所谓的“茉莉花革命”，以互联网和手机为代表的新媒体在“茉莉花革命”中发挥了举足轻重的作用。

从意识形态和社会控制的角度看，媒介技术的社会化应用和政治化应用，分散了政府舆论本位并弱化了意识形态对公众的引导和控制能力。但与此同时，互联网新媒体又给国家和政府提供了更新的、更有效的技术手段，有利于国家通过“数据库全景监狱”，更有效地对互联网进行审查与监控，形成福柯意义上的新型的“规训社会”。尽管如此，以官方权威为基础的大众传媒的地位正在逐渐被以社会关系和个人兴趣为基础“小众传媒”所侵蚀，普通公民正在网络虚拟空间中成为“自媒体”。在国家管理由“统治”向“治理”转变以及“小政府、大社会”逐步形成的大格局下，互联网中的自由言论、匿名发表和公民社会运动更加普遍——网络的虚拟性提升了公民的主体性，网络的跨时空性弱化了民族—国家的物理界限，网络的社会性激活了主体间性交往，网络的互动性便利了网络结社和公民集体行动，网络的高度聚合性强化了公民话语权。总之，国家与公民社会的关系正被互联网重新塑造。这使得公民社会的议题非但没有因三百年时光流逝而减弱，反而在互联网政治化应用的现实背景下更加引人注目。尤其在中国特殊的文化背景和政治制度背景下，互联网政治不仅激发了普通公民的社会和政治参与热情，而且引发了不同学科学者的研究兴趣。

总之，以国家与社会的关系为核心的公民社会问题，不再仅仅是一个传统的政治理论命题，而且是一个富有现实感的亟待深入分析的现实政治议题。以互联网为主要表现形式的新媒体技术对国家与社会的关系究竟有何影响？互联网能否成为真正的公共领域，构建“虚拟公民社会”并进而推动公民的利益表达、利益聚合和政治参与？虚拟公民社会的政治哲学基础和社会技术基础是什么？虚拟公民社会的微观运作和宏观控制机制究竟如何？这些都是学术界亟待研究的问题，也是本研究试图探索的核心问题。

第二节　国内外研究现状评述

公民社会是介于公私（国家和私人）之间的特殊领域和社会形态，公民社会的发展受到多重因素的复杂制约。一方面，从宏观角度看，国家治理模式特别是与此相关的“国家-社会”关系格局会影响公民社会的存在基础、结构形态和发展过程；另一方面，从微观和中观角度看，沟通和媒介技术的发展也对公民社会的结构、功能和运行过程等产生影响。随着互联网在经济、社会、行政和政治领域中的广泛应用，公民、社会组织、媒体和国家的行为方式及其互动模式也在发生复杂变化，互联网政治逐步形成。这必将重塑国家与社会的关系，并对公民社会的发展产生深刻影响。因此，对国家与社会（特别是公民社会）的关系以及互联网政治领域的相关文献进行梳理，对于我们理解互联网时代公民社会的结构转型具有重要意义。

一、国家与（公民）社会的关系研究

公民社会（civil society）一词最早可以追溯至亚里士多德，即作为一种政治共同体的“城邦”（polis）。西塞罗于公元前 1 世纪将亚里士多德的“politike koinonia”转译为拉丁文“civilis societas”，意指“一种区别于部落和乡村的城市文明共同体”（《布莱克维尔政治学百科全书》）。之后为 14 世纪

的欧洲采纳，指代从封建体制外生长出来的商业城市文明，并译为今天英文的 civil society。汉语学界对 civil society 的几种翻译，可以在某种程度上说明国家与社会的关系。civil society 在早期被翻译为“文明社会”，意指一种与自然状态或野蛮状态不同的社会形态，此一翻译偏重此概念的文化意义；台湾学术界一般将其翻译为“民间社会”，意指与国家或“官方社会”相对的具有独立和反抗意识的社会；[①]大部分的大陆学者则受黑格尔、马克思和哈贝马斯的影响，将其翻译为“市民社会”，此一翻译更注重此概念的经济意义。在汉语学界，civil society 的上述翻译方法中除了“文明社会”外，其他两种都是从社会与国家相对的角度进行理解的。本研究也将 civil society 看做与国家相对，将其翻译为“公民社会”（仅在直接引用时和特殊语境中使用“市民社会”或“文明社会”），强调此概念的政治意义。其原因在于，第一，学术界和政府对公民社会的重新关注导源于 20 世纪 60 年代特别是 90 年代以来的世界政治格局变换，因此，当前中国学术界有关公民社会的研究大多具有政治取向，“中国市民社会研究主要关怀的是政治民主化的实现问题”[②]。第二，本研究从政治哲学角度探究公民社会问题，强调作为政治主体的“公民”（而不是“臣民”或“刁民”等）的政治参与和对国家权力的制约。第三，中国国情决定了国家和社会（含公民社会）的关系与欧美国家不同。我国学者邓正来的观点是，当下中国的公民社会与国家的关系应该是“良性的结构性互动关系”[③]。俞可平的观点是，“中国的公民社会是典型的政府主导型的公民社会，具有明显的官民双重性”[④]。可见，用蕴涵对抗和造反之意的“民间社会”来指代 civil society，很明显不符合中国国情。

近代早期自由主义思想将公民社会与自然状态相区分，但其含义是指与自然状态相对的政治社会或国家，而不是指与国家相对的实体社会。霍布斯、洛克、卢梭等社会契约思想家们在传统的政治社会与自然社会对立的范式中解释公民社会，如政治自由主义者洛克的《政府论》明确表达了“公民社会先于或外于国家”。首位将公民社会作为政治概念与国家相分离的是黑格尔，他认为公民社会指的是连同其制度化的法律保障在内的社会经济关系的总体，是放任的不加约束的经济力量的产物而非理性或自觉意识的

① 邓正来．台湾民间社会语式的研究[J]．中国社会科学季刊，1993(5)．

② 邓正来：中国发展研究的检视——兼论中国市民社会研究[M]//邓正来，亚历山大．国家与市民社会：一种社会理论的研究路径．北京：中央编译出版社，2002．

③ 邓正来：市民社会与国家——学理上的分野与两种架构[M]//邓正来，亚历山大．国家与市民社会：一种社会理论的研究路径．北京：中央编译出版社，2002．

④ 俞可平．中国公民社会研究的若干问题[J]．中共中央党校学报，2007(6)．

产物。“国家高于公民社会”，国家才是最高的伦理实体，关心的是属民全体的公利。马克思批判地继承了黑格尔的公民社会思想，认为“市民社会高于国家”。不同于马克思认为公民社会属于劳动生产和商品交换的经济领域，马克思主义者葛兰西认为，公民社会主要属于意识形态和文化的上层建筑领域。葛兰西不同于他之后的哈贝斯的一个关键点是，他认为公民社会是作为国家的一个组成部分而存在，即“国家＝政治社会＋市民社会”[①]；而哈贝马斯则强调公民社会的独立性，是与国家相对立的力量，即其公共领域理论基础——社会与国家分离。自由主义者托克维尔认为，国家政治权力的膨胀与干预范围的扩大是对人类的威胁，公民社会是防止专制国家出现的利器。此观点被无政府主义者所发挥。托马斯·潘恩的无政府式的自由主义以及巴枯宁的无政府主义在限制国家行为问题上的立场最为鲜明。潘恩认为国家存在的合法性只不过是为了社会利益而成为受人民委托的“办事员”，仅是以“受托者”身份存在。巴枯宁则认为“如果有国家，就必然有统治，因而也就有奴役，离开公开的或隐蔽的奴役，统治是不可想象的，这就是我们要与‘国家’为敌的原因”[②]。

二战以后特别是20世纪60年代以来，欧美、苏联包括中国都经历了以国家福利主义或极权主义或集体主义为外在形态的各种“国家主义”，亚非拉众多国家则从帝国主义或殖民主义中获得独立。第三世界国家在国家与社会的关系上也呈现出巨大差异，东亚和拉美国家一般都是强国家、弱社会；而撒哈拉以南非洲、南亚和中亚部分地区则多为弱国家、强社会。[③] 英国学者马歇尔通过将公民身份解析为公民权利、政治权利和社会权利等三个维度，认为“在20世纪，包括失业救济、健康保险和教育供给在内的社会权利得到进一步扩展，公民身份的社会权利形式在福利国家中被制度化”[④]。这导致国家从不同角度或深或浅地渗入社会，这就是哈贝马斯所谓的“社会国家化”或“生活世界的殖民化”。为了保卫社会，政治学家和哲学家从不同角度进行了反思，试图为重构国家与公民社会的关系提供理论基础和实践指南。新马克思主义者哈贝马斯倡导以交往行为理论为基础建立商谈伦理

---

① [意]安东尼奥·葛兰西.狱中札记[M].曹雷雨，等，译.北京：中国社会科学出版社，2000.

② 马克思恩格斯选集(第三卷)[M].北京：人民出版社，1995.

③ [美]乔尔·S.米格代尔.强社会与弱国家：第三世界的国家社会关系及国家能力[M].张长东，等，译.南京：江苏人民出版社，2009.

④ [英]布莱恩特纳.公民身份与社会理论[M].郭忠华，蒋红军，译.长春：吉林出版集团有限责任公司，2007.

学，[①]后结构主义者福柯倡导微观权力和多点反抗，[②]贝尔呼吁复兴美国的市民社会以抵御国家科层制，[③]沃尔泽建议用市民社会统摄社会主义的、资本主义的和民族主义的等各种理想，[④]英国学者基恩力图通过捍卫市民社会与国家的界限以推进欧洲社会主义的民主化。[⑤] 卜正民则认为东欧国家摆脱苏联统治的重要手段就是重建市民社会，"对于他们来说，重构市民社会既是目的，又是政治变革的手段"[⑥]。这一看法与黄宗智对市民社会在中国政治变革中的作用的看法类似。黄宗智用"第三领域"指代中国存在于国家与社会之间的特殊空间，并用清代、民国和当代中国政治社会的实例进行阐释。其结论之一是"那种在苏东已发生过的事情也可能在中国重演。共产主义党治国家体制的内部崩溃可能会促成私人领域的急剧扩张。而这样一种事态变化又会引发民主趋势，最终产生相似于西方经验的状态"[⑦]。

关于中国当前是否存在以及历史上是否存在过市民社会，西方学者一般认为自晚清以来特别是自 20 世纪 70 年代末的改革开放以来，中国已经有某种形态的市民社会。部分学者通过对明清以来民间经济和士绅管理的研究，发现中国也存在前现代的市民社会。例如：加拿大学者卜正民从空间、田野、书籍和寺院等四个角度，对明朝时期国家与社会关系的分析发现，国家在明朝的发展是超前的，而在亚欧大陆的另一端，中世纪晚期欧洲的国家形成却是断断续续的、不平衡的。中国国家超前发展的同时，也伴随着社会力量限制国家发展成为绝对权威的顽强的能力，然而这种能力却没能建立起能够迫使国家重新协定其权威的社团结构。[⑧] 又如：Rakin 对清朝末年公共领域的精英能动主义分析[⑨]，William 对晚清汉口商人基于"本地认同"形成的市民社会的研究[⑩]；斯特朗对民国时期北京地区政治参与中的"非国家

---

① 唐晓燕.哈贝马斯的商谈伦理学[J].广西社会科学，2005(7).

② [法]福柯.规训与惩罚：监狱的诞生[M].刘北成，杨远婴，译.北京：生活·读书·新知三联书店，1999.

③ Daniel Bell. American Exceptionalism Revisited：The Role of Civil Society[J]. The Public Interest，1989(95).

④ Micheal Walzer. The Idea of Civil Society[J]. Dissent，Spring，1991(2).

⑤ John Keane. Democracy and Civil Society[M]. London：Verso，1988.

⑥ Timothy Ash G. The Use of Adversity[M]. London：Granta Books，1989.

⑦ 黄宗智：中国的"公共领域"与"市民社会"？——国家与社会间的第三领域[M]//邓正来，J. C. 亚历山大.国家与市民社会：一种社会理论的研究路径.北京：中央编译出版社，2002.

⑧ [加]卜正明.明代的社会与国家[M].陈时龙，译.合肥：黄山书社，2009.

⑨ Mary Rankin. Elite Activism and Political Transformation in China：Zhejiang Province，1865—1911[M]. Stanford，CA：Stanford University Press，1986.

⑩ William R. Hankow：Commerce and Society in a Chinese City，1796—1889[M]. Stanford：Stanford University Press，1984.

活动"的研究[①]。魏裴德则重点考察了中国自1978年改革开放以来的市民社会问题，认为市场经济的发展为中国现代意义上的市民社会奠定了基础，"只要他们将马克思主义意义上的那种作为非政府私人经济活动领域的市民社会与欧洲自由主义意义上的作为'政治社会'的市民社会区分开来，那么西方论者就会在80年代的经济改革大潮中发现市民社会作为非国家经济团体活动领域再现的痕迹"[②]。

二、互联网政治的相关研究

经济改革之后的政治体制改革的核心问题依然是解决动力问题，公民社会的发育是政治体制改革的本源推动力，迅速普及的互联网是政治体制改革的技术推动力。[③] 公民社会与互联网的结合催生了特殊的虚拟公共领域，为公民的政治参与提供了重要平台和手段。虚拟公共领域和网络政治参与为互联网政治的发展提供了基础，并使互联网政治成为推动政治体制改革的重要力量。正是由于虚拟公共领域、互联网政治参与和互联网政治对现实政治生态具有巨大重塑作用，国家开始对互联网进行网络管制。

1. 互联网政治参与及其影响

政治参与指的是"在目的和效果上影响政府行为的活动——要么直接影响公共政策的制定和执行，要么间接影响制定政策的人"[④]。例如：选举中的投票、运动中的工作、社区事务参与、联系公职人员、向政党捐款、帮助形成政治群体、参加政治会议、加入某政治俱乐部。早在万维网出现之前，美国和加拿大等国家就开始通过互联网与地理社区的结合，推进社区公共事务参与。政治参与是互联网政治学的核心内容之一，"互联网既是一种传播方式，也是一种彻底改变民主进程的工具。这种媒体的互动性鼓励更多的公民参与公众舆论表达、政府治理和决策"[⑤]。互联网政治参与不同于传统的政治参与，主要区别在于基于互联网的公共领域为政治参与提供了便利条件。对公共领域的讨论依着报纸、广播、电视、网络等各类沟通工具，每当

---

① David Strand. Rickshaw Beijing: City People and Politics in the 1920s[M]. Berkeley: University of California Press, 1989.

② 魏裴德. 市民社会和公共领域问题的争论——西方人对当代中国政治文化的思考[M]//邓正来, J. C 亚历山大. 国家与市民社会：一种社会理论的研究路径. 北京：中央编译出版社, 2002.

③ 刘长发. 政治体制改革的动力机制探析[J]. 攀登, 2011(3).

④ Verba S, Schlozman K L, Brady H E. Voice and Equality: Civic Voluntarism in American Politics[M]. Cambridge, MA: Harvard University Press, 1995.

⑤ Savigny H. Public Opinion, Political Communication and the Internet[J]. Politics, 2002(22).

一个媒体因"使用不当"失去公共含义时,新的媒体便被赋予担任公共领域的重大责任。[①] 互联网究竟能不能形成哈贝马斯所说的理想的公共领域,学者看法不一。Papacharissi 认为互联网上的政治沟通具有碎片化、无焦点和零散化等特点,互联网在形成公共领域中的作用有限,至多只是促成了囿于小圈子讨论的"迷你公共领域"。[②] 北京大学学者胡泳在其著作《众声喧哗》中,充分肯定了互联网在突破当下社会中传统媒体被政治控制的一元结构和形成公民社会等方面的积极作用。通过对互联网虚拟空间中的政治主体、政治行为和网络技术进行分析发现,互联网虚拟公共空间可能受到国家公权力和商业权力的入侵。

互联网对政治参与的影响机制是什么?学者们从理论和经验的角度进行了很多探索。总的来说,与电视和报纸等传统媒介相比,互联网更加有助于提高政治兴趣和政治知识,所以能提高政治参与。[③] Clark 和 Themudo 从跨国抗议运动的角度分析了互联网政治参与的作用,认为互联网是社会运动中的动员结构,能起到吸引支持、协调行动和传递选择的作用,社会运动的跨国性、无领导性、高关注性、战术多样化和数字/语言鸿沟等都受到互联网的影响。[④] Al-Kandari 和 Hasanen 的实证研究发现,互联网可以在一定程度上改变公民的政治态度。使用互联网的时长、使用的互联网应用以及使用互联网的原因(传播、信息搜寻和表达)都可能影响公民的政治效能感、政治参与和政治知识。[⑤] Kavanaugh 等人在对一个名为 Blacksburg 的电子村进行的案例研究中提出了一个"公民效果模型",认为使用互联网可促进公民的公共事务参与,其具体机制在于,互联网可使公民保持信息畅通,增强其集体效能感、群体身份感和活动积极性。[⑥] Cuillier 和 Piotrowski 基于使用与满足理论,利用在美国的纸质问卷调查、在线调查和电话调查数据,对信息获取和政府透明度之间的关系进行了分析。研究发现,与电视和报纸

① 刘慧雯.因特网公共领域角色的反思:以东海劈腿事件与鸿海打压新闻自由事件为例[J].新闻学研究,2008(10).

② Papacharissi Z. Democracy Online:Civility,Politeness and the Democratic Potential of Online Political Discussion Groups[J]. New Media and Society,2004(6).

③ Brenda O'Neill. The Media's Role in Shaping Canadian Civic and Political Engagement[J]. Policy and Society,2010(29).

④ John Clark D,Nuno Themudo S. Linking the Web and the Street:Internet-Based"Dotcauses" and the"Anti-Globalization"Movement[J]. World Development,2006(34).

⑤ Ali Al-Kandari,Mohammed Hasanen. The Impact of the Internet on Political Attitudes in Kuwait and Egypt[J]. Telematics and Informatics 2012(29).

⑥ Andrea Kavanaugh,etc. Participating in Civil Society:The Case of Networked Communities [J]. Interacting with Computers,2005(17).

相比,互联网在获取政府信息上具有重要作用。① Lysenko 和 Desouza 对非民主政权和复杂政治环境中网络抗议的组织和动员问题进行了研究。他们对俄罗斯的两个网络抗议进行的案例研究发现,在政府控制了所有的传统媒介后,互联网为抗议的动员和组织提供了唯一和有效的信息传播途径。② Yang 和 Lan 提出了一个元分析框架,认为互联网改变了政策专家与公民的资源差异(物质资本、金融资本、信息与知识资本、社会资本以及组织资本),从而影响了公共政策产出。③ Yair 等人则提出了"电子赋能"的概念,并从个体、人际、群体和公民权等四个方面分析了互联网的赋能作用。从个体角度看,互联网在重塑个体身份、提高自我效能感和提高个人技能等方面对个人产生赋能作用;在人际层次,赋能机制体现为社会补偿、高度呈现私密信息、削减刻板印象、弥合跨文化差距和加强人际监督等;在群体层次,赋能机制体现为发现相似他者、群体强化、提供多样化决策工具、电子愿景和群体晶化;在群体层次,赋能机制体现为提高政治参与、信息可获得性以及监督和影响政府决策的能力。④

中国学者也对互联网与政治参与的关系进行了研究。陈清和宋好修在对"华南虎照片事件"的案例研究中发现,民意的表达和综合都是通过互联网实现的。网络论坛是民意表达和形成的发声器,网络精英是民意凝聚和重塑的助推器;在民意向政策转化的过程中,相关利益主体的干预和不作为成为网络民意转化为决策的障碍,但是网络民意通过扩大其合理性和合法性最终使政府给以政策反馈。⑤ 史达从互联网舆情危机的角度分析了互联网对政治参与的影响,认为互联网政治生态危机的实质是互联网舆情危机,其诱发因素主要包括刺激性意见、自我议程设置和弱势群体的群体盲思。互联网舆情危机的形成和传播过程主要包括以下几个阶段:舆论场的形成,意见领袖的意见引导,群体极化,全媒介舆论传播与扩散,危机的衰退和新危机的出现。他提出的网络舆情治理措施包括:强化对网络政治舆情监测

---

① David Cuillier, Suzanne Piotrowski J. Internet Information-seeking and its Relation to Support for Access to Government Records[J]. Government Information Quarterly, 2009(26).

② Volodymyr Lysenko V, Kevin Desouza C. Cyberprotest in Contemporary Russia: The Cases of Ingushetiya. ru and Bakhmina. ru[J]. Technological Forecasting & Social Change, 2010(77).

③ Lihua Yang, Zhiyong Lan G. Internet's Impact on Expert-citizen Interactions in Public Policymaking—A Meta Analysis[J]. Government Information Quarterly, 2010(27).

④ Yair Amichai-Hamburger, Katelyn McKenna Y A, Samuel-Azran Tal. E-empowerment: Empowerment by the Internet[J]. Computers in Human Behavior, 2008(24).

⑤ 陈清,宋好修.网络媒体时代的利益表达与协商民主的实现——以"华南虎照片事件"为个案分析[J].江苏教育学院学报(社会科学版),2009(1).

的技术能力；态度改变与网络舆论引导；强化立法，查漏补缺；加强信息公开；整合媒体资源，形成政治舆论合力。①

互联网对政治参与的影响并非都是正面的，也有研究证实了互联网在政治参与上的作用有限甚至会对政治沟通产生反作用。Papagiannidis 等人对希腊选举的案例研究表明，选民总是倾向于访问自己喜欢的候选人的网站，并因此强化了自身对该候选人的正面看法。② 这一实证研究发现在某种程度上验证了由传媒学者詹姆斯·斯托纳在 1961 年首次提出并被桑坦斯引入互联网研究的群体极化现象，即"团体成员一开始即有某种偏向，在协商后，人们朝偏向的方向继续移动，最后形成极端的观点"③。Cullen 和 Sommer 对在线和离线参与公共事务的动机、行为和满意度进行了比较研究，他们调查了来自 20 多个新西兰的离线和在线团体的 148 名成员，分析发现在线沟通群体的凝聚力、成就感和满意度都低于离线群体。④ Åström 等人利用联合国的电子政府调查数据，检验了如下假设：在推动电子参与上，国际因素的作用超过了国内因素。实证研究发现，经济全球化是推动非民主国家中电子参与的重要因素。⑤ 国内学者的理论和实证研究也发现互联网在政治参与中的局限性。尹冬华从技术决定论和社会决定论的比较视角分析了互联网的作用。从技术决定论看，互联网通过打破官方信息垄断、营造公共空间、促进公民结社和集体行动等推动民主发展；但从社会决定论角度看，互联网的民主价值十分有限。其原因在于，互联网的政治影响能被有效控制；网上民族主义高涨；互联网并非民主化的唯一性；商业属性消解互联网政治效果；网民行为不支持互联网的民主价值；在线讨论存在诸多缺陷。因为互联网对政治的影响并非预先注定的，而是取决于人们如何使用它，换言之，考察互联网的政治功能，必须将其置于特定的社会结构中（在哪里用），考察其使用者特征（谁在用）和用途（用在哪些方面）。⑥ 黄岭峻和徐

---

① 史达. 互联网政治生态危机的起源、传播与治理研究[J]. 社会科学辑刊，2010(6).

② Savvas Papagiannidis, Constantinos Coursaris K, Michael Bourlakis. Do Websites Influence the Nature of Voting Intentions? The Case of Two National Elections in Greece[J]. Computers in Human Behavior, 2012(28).

③ [美]凯斯·桑斯坦. 网络共和国[M]. 黄维明，译. 上海：上海人民出版社，2003.

④ Rowena Cullen, Laura Sommer. Participatory Democracy and the Value of Online Community Networks: An Exploration of Online and Offline Communities Engaged in Civil Society and Political Activity[J]. Government Information Quarterly, 2011(28).

⑤ Åström J. Understanding the Rise of E-participation in Non-democracies: Domestic and International Factors, Government Information[J]. Quarterly, 2011(9).

⑥ 尹冬华. 幻觉与现实：互联网在中国的民主功能——基于西方文献的述评[J]. 经济社会体制比较，2009(1).

浩然的实证研究也对互联网的政治影响提出了质疑。通过对武汉理工大学317名大学生网民的调查数据分析发现，上网已成为当今中国在校大学生的一种日常生活方式，网络已成为当今中国在校大学生的重要政治信息渠道。但通过对上网资历（网龄）、上网内容与在校大学生政治意识的关系进行分析发现，互联网与上网者的政治意识的变化之间并无直接的关联。① Wang和Hong研究也在一定程度上说明在线沟通的政治局限性。他们对中国博客的实证研究表明，中国博客大多属于个人日志型，与政治事务的关联并不大。由于网络技术在搜集个人信息和挖掘个人偏好上的技术优势，赛博空间创建了一个极易监视的虚拟环境。正因为如此，中国博客相对来说并不是一个有组织的言论自由空间和民主化工具。②

互联网政治参与对政党、政府和国家有何影响？孟庆国从网络沟通、信息分配、党内监督和党务公开等方面探讨了信息沟通技术对党内民主的影响，从技术支持、智力基础和网络政治等三方论述了党内民主建设的可能性，并从信息化适应能力、民主意识、数字鸿沟、网络信任和电子党务等方面论述了党内民主建设的路径。③ 付玉辉和刘菊花从传播角色、传播模式和传播思维等三方面分析了互联网对政府传播的影响，认为互联网时代的政府信息传播角色已经由信息发布者转化为阐释者，传播模式由金字塔形转换为网络式的扁平结构，传播思维则由监管转变为治理。④ 刘奎汝在总结网络民主的特征的基础上分析了互联网对中国民主政治的影响。他认为互联网政治中的网络民主具有以下特征：在秩序互动上的平等非正式和远程互动；在形式表达上的虚拟化和隐匿性；在信息传递方式上的开放透明和即时传输。网络带给中国民主政治的影响主要体现为以电子政务为载体的治理模式变革、以网络媒体为代表的网络舆论监督和以网络论坛为基础的基层民主自治。⑤ 牟宪魁认为互联网形成了新型的政治生态，网民通过互联网参与和影响公共权力运行，成为公共权力的有效监督因素。互联网有利于公民的知情权、表达权、参与权、监督权从法律文本走向现实。⑥ 侯西安从政府官员如何应对网络舆情的角度，分析了互联网政治对国家的影响。认为面对

① 黄岭峻，徐浩然．互联网与中国在校大学生政治意识关系的实证研究[J]．高等教育研究，2004(5)．

② Shaojung Sharon Wang, Junhao Hong. Discourse Behind the Forbidden Realm: Internet Surveillance and Its Implications on China's Blogosphere[J]. Telematics and Informatics, 2010(27).

③ 孟庆国，朱新现．互联网时代党内民主建设路径探析[J]．长白学刊，2009(6)．

④ 付玉辉，刘菊花．互联网对政府传播的三种影响[J]．对外传播，2010(9)．

⑤ 刘奎汝．互联网政治下的中国民主政治发展[J]．世纪桥，2008(8)．

⑥ 牟宪魁．互联网时代的公共权力运行与公民权利保障[J]．中国行政管理，2010(12)．

突发性公共事件中网络舆情的负向极化效应，中国各级政府和官员存在的问题主要有：反应迟缓；处理手段粗暴简单；重处置、轻引导；缺乏媒介素养。鉴于网络舆情对现实政治的影响，应该采取以下对策：各级党政机关和领导干部应自觉接受网络监督；应尽快建立健全网络监督、信息搜集、处理和快速反馈机制；各级政府有责任在依法履职的前提下，主动回应热点；要加强对网络媒体的领导，建立"网络新闻发言人"制度；使政府网站成为强有力的网络媒体引导主体。[①]

2. 互联网政治及其影响

互联网政治的研究可以追溯到托夫勒对信息技术与政治之间关系的早期探讨。托夫勒提出了"信息政治"概念，认为信息与权力特别是政治的关联会随着信息技术的发展而日益密切。[②] 乔克利认为互联网政治实际上指的是虚拟空间中的政治问题，一般关注类似"谁得到什么，何时得到，如何得到"之类的问题。希尔和休斯则聚焦于微观层面的公众，认为互联网政治的主题是"普通公民是如何运用因特网来讨论政治的。我们想弄明白为什么普通大众要在网上谈论政治，他们何时在线？常去哪个网站？我们的目的就是想了解网络上的公民活跃分子是哪些人？以及他们在网上做些什么？"[③]查德威克以媒介技术的发展为背景，从国家与公民的关系为切入点探讨互联网政治问题，将互联网政治区分为互联网自身发展中的政治以及互联网的政治应用等两部分，并将互联网的政治应用划分为电子民主、电子动员、电子竞选和电子政务等四部分。[④] 以政治民主为关注点的互联网政治民主机构(IPDI)从互联网政治行为的角度，认为互联网政治与收发政治类电子邮件、访问政治性论坛聊天室、网络政治捐款以及浏览网络政治新闻等行为有关。[⑤]

中国学者也从不同角度对互联网政治进行了研究。熊光清从政治过程论出发，认为网络政治就是现实政治现象和政治过程以网络为媒介，在网络

---

① 侯西安. 突发性公共事件中网络舆情有效监管探索[J]. 福建师范大学学报(哲学社会科学版)，2011(4).

② 托夫勒. 托夫勒著作选[M]. 沈阳：辽宁科学技术出版社，1984.

③ Kevin Hill A, John Hughes E, Cyberpolitics: Citizen Activism in the Age of the Internet (People, Passions, and Power)[M]. Lanham: Rowman & Littlefield, 1998.

④ [英]安德鲁·查德威克. 互联网政治学：国家、公民与新传播技术[M]. 任孟山，译. 北京：华夏出版社，2010.

⑤ Joseph Grafand Carol Dan. Political Influentials Online in the 2004 Presidential Campaign [EB/OL]. [2014-11-12]. http://www.ipdi.org/uploadedFiles/political%20influentials.pdf.

世界里的进一步展开和体现。[①] 吴海晶从互联网的特质出发,认为网络政治学研究对象是网络社会的政治现象和隐匿在这一现象背后的运作机制和发展规律,最主要的内容有网络社会的政治状况和网络对政治生活的影响,网络政治学有规范的概念体系。人们常说的虚拟空间、虚拟社会、虚拟国家、虚拟社区、电子民主、电子政府、电子政务、电子公文、网上论坛、网上霸权、信息主权、信息安全就是其中一部分。[②] 史达利用生物学范式分析互联网政治问题,认为互联网政治生态系统是一个以信息为核心的生态系统,是在一定时间和空间范围内,由互联网政治成员与其环境组成的一个整体。互联网政治生态系统由网民、手机用户、网络社群、电子政府、网络政治规范与行动以及传统媒体所构成的生态系统。[③]

实际上,早在互联网得到大范围应用之前,学者们就对信息技术与民主政治的关系进行了广泛探讨,并提出了一系列相关的学术概念。以"数字民主"为例,经历了虚拟民主、远程民主、网络民主、电子民主等不同的概念。在西方国家,从 20 世纪 70 年代开始就有"远程民主"的提法,认为电话、广播和电视等技术可以从根本上改变政治实践,到 90 年代又提出"电子民主"和"赛博民主"等概念。Serkan 认为电子民主的主要成分包括电子政治、电子政务、电子公民身份、社会网络和公民参与。通过对土耳其 701 名教师进行的问卷调查显示,大多数教师相信电子民主,但很少参与电子政治。互联网使用技术、互联网使用频率、投票和公民组织成员身份等四个因素是影响电子民主特定成分的主要因素。[④] 尽管有学者认为互联网等新技术为民主提供了新的契机,例如巴伯认为公民可以在"电子论坛自由表达、任命或罢免当选者、决定政治优先性",但也有学者持悲观论调,认为"只要政治还取决于公民与当选者之间的分隔且后者以代议原则的名义执掌大部分权力,技术在政治系统扮演的角色就是有限的"[⑤]。Solop 认为数字民主指将互联网技术引入到政府运行和民主制度中,例如通过互联网公开政府信息、网络政

① 熊光清.网络政治的兴起对中国政治发展的促进作用[J].山东科技大学学报,2008(6).

② 吴海晶.尽快改变网络政治学研究相对滞后的状况[J].政治与法律,2004(5).

③ 史达.互联网政治生态系统构成及其互动机制研究[J].政治学研究,2010(3).

④ Serkan Sendag. Pre-service Teachers' Perceptions About E-democracy: A Case in Turkey [J]. Computers & Education,2010(55).

⑤ [法]埃里克·麦格雷.传播理论史:一种社会学的视角[M].刘芳,译.北京:中国传媒大学出版社,2009.

治动员和电子投票等。[①] 台湾学者 Hung Chin-fu 认为数字民主指的是利用通信技术和互联网完善民主程序、扩大公民参与的实践。Hacker 和 Dijk 则更明确地认为，虚拟民主将政治化的计算机技术绝对化为和传统的植根于固定时空和条件下的民主完全不同的类型。远程民主则过度地和直接民主相联系。电子民主则过于笼统，因为传统的媒介广播和电话等也是电子的，无法明确地表达和计算机相联系的通信技术。而网络民主是最为松散和模糊的概念，而有的时候这个词语似乎暗示了互联网是唯一的新通信媒介。因此，Hacker 和 Dijk 提出了一个更为规范的对民主对“数字民主”的概括：数字民主是希望突破一切时间空间和其他物理条件的限制，采用信息技术对民主进行的一系列实践，这是对传统的、对等意义的民主实践的补充，而非取代。[②]

关于互联网政治的影响，徐文锦等人从政治冲突的角度分析了互联网的双刃剑效应，其积极作用体现在：互联网拓宽了政治参与渠道并激发了民众的参与热情；互联网成为宣泄怨愤的“安全阀”，可以预防矛盾的累积与转化；互联网增强了政治过程的透明化，有利于公众对政府的监督；互联网实现了信息在政治主体之间的双向互动，可以减少沟通失灵。互联网的消极作用则体现为：互联网将打破政府垄断信息的局面，弱化国家控制能力；互联网将加快谣言传播速度，孕育冲突的政治心理；互联网将成为集体行动的温床，为政治冲突的孕育提供平台；互联网将加速政治冲突的扩散，催化政治冲突的爆发与能量累积。[③] 阚道远则从国际政治角度分析了美国政府的网络意识形态输出及其影响问题，认为美国政府“网络自由”战略包含理念输出、资金支持、技术研发和组织运作等几个方面，其实质是美国国家利益在互联网上的延伸，是美式“民主”、“人权”和美国霸权主义在虚拟世界的扩张和体现。其影响体现在以下方面：损害了“网络自由”这个概念本身的合法性与合理性；再次塑造世界互联网治理格局和管理环境，巩固美国的网络霸权地位；美国通过“网络自由”战略助推目标国家“政治民主化”和社会运动，恐将刺激局部地区政治版图改变，引发多国反弹，加速国际互联网领域

① Solop F I. Digital Democracy Comes of Age: Internet Voting and the 2000 Arizona Democratic Primary Election[J]. Political Science and Politic, 2001: 34 (2).

② Hacker Kenneth L, Jan van Dijk. Digital Democracy: Issues of Theory and Practice[M]. Thousand Oaks, CA: Sage Publications, 2000.

③ 徐文锦，黄毅峰. 互联网：政治冲突的“缓冲器”还是“催化剂”[J]. 桂海论丛，2009(4).

竞争趋势。①

3. 互联网的国家管制

研究者普遍认为，中国历来就有控制媒体的传统，现在又将这种传统复制到对境内互联网的管制上。Zhou 回溯了历史，认为现在政府对互联网的管制与晚清控制电报基础设施、服务和内容的做法相似。② 政府为何对互联网进行管制？Yang 从文化角度比较了中国内地、香港和台湾的互联网内容管制政策差异的原因。③ 他借鉴了 Hofstede 在国际文化比较研究中的提出的五个文化价值维度（个人主义—集体主义；不确定性规避；权力距离；男性主义—女性主义；长期导向）④，从个人主义—集体主义、不确定性规避和权力距离等三个方面比较了中国内地、香港和台湾的互联网内容管制政策。结果发现，文化因素是政府制定互联网法规时的背景性和宏观考量因素。

关于政府网络管制的手段，学者们也进行了大量研究。物理层面的技术控制和社会层面的内容控制是互联网管制中的常用方法。Mueller 和 Tan 从互联网的物理层面研究了政府进行互联网管制的方法。⑤ Lynch 分析了互联网管制中的内容控制。⑥ Harwit 和 Clark 则综合分析了中国政府对互联网物理层面和内容层面的控制。⑦ Chase 和 Mulvenon 细致地分析了中国政府控制互联网的各种方式，以及异议群体对互联网的创造性使用。⑧ 另外，Yang 还从技术与政治的角度分析了中国捆绑审查软件及其遭遇抵抗的案例。他认为后全能主义时代的中国政府不强迫公众信仰党的政治意识形态，而要求公众完全遵从。因此，技术替代了全能主义时代的审查、警察

---

① 阚道远. 美国“网络自由”战略评析[J]. 现代国际关系，2011(8).

② Zhou Yongming. Historicizing Online Politics: Telegraphy, the Internet, and Political Participation in China[M]. Stanford, CA: Stanford University Press, 2006.

③ Kenneth Yang C C. A Comparative Study of Internet Regulatory Policies in the Greater China Region: Emerging Regulatory Models and Issues in China, Hong-Kong SAR, and Taiwan[J]. Telematics and Informatics, 2007(24).

④ Hofstede G. Culture's Consequences[M]. Thousand Oaks, CA, Sage Publications, 2001.

⑤ Mueller Milton, Tan Zixiang. China in the Information Age[M]. Westport, Conn: Prager Publishers, 1997.

⑥ Lynch Daniel. Dilemmas of Thought Work in Finde-Siècle China[J]. The China Quarterly, 1999(157).

⑦ Harwit Eric, Duncan Clark. Shaping the Internet in China: Evolution of Political Control over Network Infrastructure and Content[J]. Asian Survey, 2001(2).

⑧ Chase Michael S., James Mulvenon C. You've Got Dissident! Chinese Dissident Use of the Internet and Beijing's Counter-Strategies[M]. Santa Monica, CA: Rand, 2002.

和监狱,技术政策成为党的核心领导的保护带。他详细分析了中国的绿坝审查软件案例,由于公民参与批评和抵制,由工信部倡导的绿坝审查软件最终放弃在个人电脑上安装。① 此类案例中显示出了互联网在重塑公共意见和公共决策过程中的重要角色,很多学者也开始对互联网在重塑国家与社会的关系作用进行研究。

互联网管制对个人和公司行为都会产生影响。Tsatsou 通过对希腊1001 人进行电脑辅助的电话访问研究发现,普通人对互联网政策和管制的评价和认知可预测网络使用,而且,普通人的日常生活和可能的技术反抗实例也可预测网络使用。② Kim 和 Douai 分析了中国政府与谷歌中国(google.cn)之间在网络审查上的博弈。他们认为言论自由权并不是普世价值,即使在美国,言论自由有时也让位于国家安全和外交政策。因此,谷歌中国与中国政府的内容过滤协定并不能说明谷歌中国的非道德性。作者利用国家主权的自主性和独立性,强调中国政府根据特殊的言论自由政策要求谷歌中国对网站内容进行过滤的合理性。同时,从私人公司的利润最大化追求看,与政府合作进行内容审查是一个理性选择。况且,从长期看,在内容审查下运作的谷歌中国对于中国言论自由仍然有贡献。而且,谷歌中国并没有运行电子邮件和博客这种需要进行内容审查的个人业务。③

三、国内外研究现状总体评述

公民社会在新技术条件下的演变,特别是互联网对公民社会的重塑作用已经得到国内外众多不同学科的学者关注。但相关研究还比较零散,没有系统地分析互联网的技术和社会特性及其对公民社会的影响。其原因在于,目前的研究并没有深入考察以网络媒介和虚拟社群为主要载体的虚拟公共领域,对互联网公共领域中的微观权力和话语民主没有足够重视。因此,将互联网作为公共领域,从微观权力和话语民主切入分析公民社会的演变,具有重要的理论意义。

---

① Kenneth Yang C C. The Aborted Green Dam-youth Escort Censor-ware Project in China:A Case Study of Emerging Civic Participation in China's Internet Policy-making Process[J]. Telematics and Informatics 2011(28).

② Panayiota Tsatsou. Why Internet Use—A Quantitative Examination of the Role of Everyday Life and Internet Policy and Regulation[J]. Technology in Society,2011 (33).

③ Kim S W,Douai A,Google vs. China's"Great Firewall":Ethical Implications for Free Speech and Sovereignty[J]. Technology in Society,2012(2).

第三节　研究内容、方法和意义

一、研究内容

本书将研究视角聚焦在以互联网为基础和核心的新型媒介技术与公民社会的关系上，试图分析互联网情境下公民社会的结构转型及其政治影响。主要研究内容有：

1. 虚拟公民社会及其社会技术基础

首先，着眼于虚拟公民社会重要背景的互联网，对互联网的政治属性和技术属性进行分析；其次，提出以互联网为背景的互联网政治学，并对其结构要素进行分析；最后，在简述国家与（公民）社会之间关系的基础上，以互联网政治学为背景提出新的概念——虚拟公民社会，并厘清其内涵和外延。

2. 民主视野下的虚拟公民社会

从微观层面，以话语民主为切入点，分析虚拟公民社会的微观运作机制。首先，梳理政治学中话语民主的理论背景以及话语民主在互联网政治中的转型；其次，从话语民主角度论述网络媒介的权力的内涵和功能；最后，阐述网络媒介的话语权对虚拟公民社会形成的影响。

3. 权力视野下的虚拟公民社会

从微观层面，以微观权力为切入点，分析虚拟公民社会的微观运作机制。首先，梳理政治学中微观权力的理论背景以及微观权力在互联网政治中的转型；其次，从微观权力角度论述虚拟社群，阐述虚拟社群对微观权力主体的重构和对微观权力的影响；最后，阐述虚拟社群微观权力对虚拟公民社会形成的影响。

4. 虚拟公民社会的国家管制

从宏观层面分析国家对虚拟公民社会的管制。首先，阐述互联网国家管制的理论依据和实践必要性；其次，阐述国家对虚拟公民主体（包括公民个体和利益集团）的管制；最后，从总体上阐述国家管制对虚拟公民社会以及国家与社会之间关系的影响。

5. 虚拟公民社会的理论诉求与实现路径

论述虚拟公民社会的理论价值,它可以促使国家与社会之间的“良性互动”,形成“国家-社会”关系模式中的“第三条道路”;还可以调和民间舆论和官方舆论,在国家和民间之间形成“第三种力量”。同时,本章还对虚拟公民社会的实践路径进行探讨。

根据以上内容,我们将本书的行文思路和研究框架图示如图 1-1 所示。

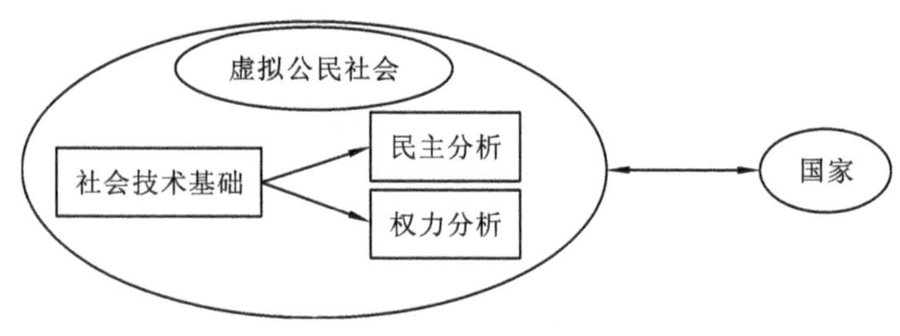

图 1-1 行文思路和分析框架

二、研究方法和研究意义

(一) 本书的研究方法

1. 历史与逻辑相一致的方法

公民社会的发展演化有其内在动力和机制,本研究将结合国内外公民社会发展的史料,试图客观地描述公民社会的一般结构和发展过程;同时,以哲学、政治学、传播学和社会学中涉及公民社会的相关概念、范畴和理论为基础,采用归纳、演绎、综合和分析等逻辑推理等方法,对公民社会的发展规律进行理论上的提炼和概括。

2. 规范分析和实证分析相结合的方法

公民社会有特定的规范基础,既包括人类社会共有的自由、民主、平等和正义等价值,也包括特定时空情境下的特定价值。本研究将充分考虑中国国情,将公民权利和国家权力紧密结合,对虚拟公民社会的过程和功能进行特定的价值关照;同时,在对虚拟公民社会进行结构分析时,采用实证分析方法,尽可能客观地建构其一般结构。

3. 理论分析与案例分析相结合的方法

一方面,试图从哲学视角,将马克思主义的意识形态分析、福柯的微观权力理论和哈贝马斯的公共领域理论等理论相结合,对新技术条件下虚拟公民社会的形成机制进行深入探讨；另一方面，根据理论分析的需要，选择与互联网紧密相连的中国公民社会发展进程中的典型案例进行剖析，以便为理论分析提供更加坚实的基础。

4. 比较研究的方法

本研究涉及一系列的比较，例如：现实社会与虚拟社会相比较；中国特色和西方情境的比较；不同学者对同一问题、概念和理论的不同看法的比较。通过对虚拟公民社会有关的现象和本质的一系列比较，有助于我们更加清楚地认识虚拟公民社会的本质、结构和过程。

（二）本书的研究意义

1. 理论意义

第一，在阐述媒介技术与公民社会的关系的基础上，提出基于互联网的"虚拟公民社会"。媒介技术与公民社会的关系是本研究的重点理论基础，也是本研究的创新点之一。公民社会的理念和实践最早可追溯至古希腊的"广场政治"和作为一种政治共同体的"城邦"，数千年来众多学者对公民社会的本质、结构要素、运作过程以及公民社会与政治国家的边界等问题进行过很多研究。但鲜有学者从媒介技术的角度分析公民社会的结构变迁和运作过程。实际上，任何媒介技术或者传播技术的发展，都无法与政治因素脱节，更别说互联网这一新的传播技术本身就是从军事国防领域发展而来。随着互联网技术在经济生产、生活世界特别是政治领域中的广泛应用，媒介技术与政治国家和公民社会的关系越发值得关注，技术与社会的关系视角亟待引入公民社会研究。因此，本研究试图填补这一理论研究空白，在理论上厘清媒介技术和公民社会的关系，提出并阐释基于互联网的虚拟公民社会。

在此过程中，本研究主要做了两个方面的探索：一方面，将媒介技术的发展与民主模式的演化结合起来进行分析，通过将民主模式引入政治国家与公民社会的关系研究，对媒介技术与公民社会的关系进行深入分析。与间接民主相比，直接民主更能激发公民个人和利益集团的政治参与，推动社会权利更好地监督和制约国家权力，从而促进公民社会的生长。支持直接民主的技术除了与古希腊"广场政治"中的直接民主对应的口头媒介之外，就是当前在政治参与和社会监督中发挥着重要作用的媒介技术——互联网。对民主模式与媒介技术之间关系的研究，不仅有助于深化政治哲学有关民主问题的认识，还为公民社会的研究开辟了新的研究视角。另一方面，对公民社会和虚拟公民社会的结构要素进行解析，认为一般意义上的公民社会主要包括主体、行动、价值规范和公共领域等四类要素；具体到虚拟公民社会，其行动主体主要是公民个体和利益集团，行动平台或工具主要是以互联网新闻媒体为代表的网络媒介和以 BBS、博客、微博和社交网等互联网互动平台为代表的虚拟社群。

第二，将话语民主和微观权力引入公民社会研究，对虚拟公民社会的运作机制进行解析。在公民社会研究中引入政治哲学中的民主和权力，这既是本研究的核心创新点，也是研究的难点所在。从话语民主的角度看，本研究从开放性、独立性和公共利益等三方面分析了互联网与公共领域的契合性，将中国互联网定性为“未完成的公共领域”。尽管它还不是哈贝马斯意义上理想的对话情境，但已经为话语民主所要求的参与和协商提供了技术基础和社会条件。通过对公共政策议程设置、公众舆论与互联网媒介的关系进行分析，从话语民主角度论证了虚拟公民社会的生成机制。从微观权力的角度看，从本体论角度分析了公民个体的再部落化和利益集团的虚实共生，在此基础上引入知识、信息和想象力等资源动员的视角，从实质民主、反议程设置和网络创制等三个方面分析了虚拟公民社会在影响公共决策上的具体运作机制。

2. 现实意义

第一，对虚拟公民社会运作机制的研究，有利于引导互联网政治参与，并最终为协调“国家-社会”关系和实现民主政治提供实践指南。作为一种全球化的实践，对于不同的地域，公民社会的存在现状也有差异——西方国家的公民社会处在“重新调整”阶段，东欧国家处于“重建”公民社会阶段，对于中国而言，则处于“建构”公民社会阶段。随着“小政府、大社会”的格局逐步形成，以及伴随着经济改革的政治改革的逐步展开，国家职能越来越由统治向服务转化，公民角色也由臣民向公民转换，公民的政治参与意识和能力都有大幅提高。但中国的特殊国情无法为公众提供充足而有效的公共事务参与渠道，基于互联网的“虚拟公民社会”正好为公众提供了一个利益表达和公共参与的平台，以及以社会权利制约和监督国家权力的手段。本研究利用话语民主和微观权力，对虚拟公民社会的运作机制进行了详细分析。短期看，这有利于引导公民个体和利益集团有序地进行利益表达，有效地参与公共决策和进行国家权力监督；长期看，则有利于协调“国家-社会”关系和实现民主政治。

第二，对虚拟公民社会的网络管制和中国虚拟公民社会实现路径的研究，有利于国家更新网络管制思维、优化网络管制手段和构建公民社会。本研究对文化霸权和意识形态国家机器的分析，以及对西方发达国家网络管制经验的阐述，有利于国家在国家与社会之间关系的大背景下优化网络管制，在法规强制、技术过滤和道德自律上寻找动态平衡。本研究对新闻媒体和虚拟社群在实现虚拟公民社会中的具体作为的分析，有利于更好地发挥新闻媒体和虚拟社群在虚拟公民社会形成中的作用，并最终为中国公民社会的形成奠定基础。

第二章

虚拟公民社会及其社会技术基础

互联网是20世纪以来影响人类思想和实践的最重要的技术现象，深刻地影响着人类社会的生产方式和生活方式。互联网承载了复杂多变的社会需求：互联网是源于军事领域的发明，初衷是为了技术交流；后来才被学界改造，以突出其加强合作、免费和实时的价值；再后来被商界广泛使用，广告和金融逻辑被引入；最后是被行政和政治占用——他们关心的是"电子公民性"。[①] 互联网从军事领域到教育、经济、行政和政治领域的发展路径，已经从某种程度上预示着技术决定论或技术与社会的互动。虚拟公民社会的出现是历史发展的必然，也是逻辑的必然，体现着历史与逻辑的统一。

同时，互联网也对学术研究产生了巨大影响。在人文社会科学领域内，哲学、经济学、社会学、政治学、管理学、法学、伦理学和传播学等众多学科，从不同的理论视角和问题意识出发，用各自独特的研究方法，对互联网引发的相关学术问题进行了探讨。作为政治学特别是政治哲学的核心概念，民主、自由、公正和权力等概念在互联网时代的内涵和形态引发了学者关注，并催生了互联网政治学；而作为社会学和社会哲学核心概念之一的公民社会，也因互联网与公民社会的复杂关系而引起了学术界反思，对互联网时代公民社会的特殊形态进行研究。民主、自由和公正不仅是公民社会的重要价值取向，也是互联网社会的重要特征。互联网为实现民主、自由和公正提供了新的可能性，为主体权力彰显提供了新的工具，为公民社会的重建和培

① [法]埃里克·麦格雷. 传播理论史：一种社会学的视角[M]. 刘芳，译. 北京：中国传媒大学出版社，2009.

育提供了新的环境。本研究将互联网形态中的特殊公民社会称为“虚拟公民社会”,并从政治学和政治哲学角度出发,利用话语民主和微观权力等理论,对“虚拟公民社会”的本质特征、结构功能和运作过程等问题进行研究。

第一节　作为技术手段和政治工具的互联网

从实用主义的角度看,技术具有功能的层面,主要用于处理人与自然、人与人甚至人与自身的关系;但从技术主体角度看,技术的社会层面似乎比功能或自然层面更加重要。也就是说,技术的发明和使用应该是一个社会范畴的问题。自从发明和使用技术的那一刻起,人类就告别了自然,脱离了无生命的客体世界,从而走向了文明。互联网作为20世纪后期的技术发明,同样是功能性和社会性的统一,是信息传播手段、生产工具和沟通工具的统一。

一、作为技术手段的互联网

(一) 互联网的技术史考察

广义的互联网指的是广域网、局域网及单机按照一定的通信协议组成的计算机网络。它采用某种协议与技术,将两台计算机或者是两台以上的计算机终端、客户端、服务端通过计算机信息技术的手段互相联系起来,使得用户可以与远在万里之遥的朋友进行某种形式的远程沟通。与互联网相关的概念有因特网和万维网。因特网是互联网的一种,它不仅仅是由两台机器组成的互联网,而且是由上千万台设备组成的互联网。判断自己是否接入因特网,首先是看自己电脑是否安装了TCP/IP协议,其次是看自己是否拥有一个公网地址。因特网是基于TCP/IP协议实现的,而TCP/IP协议又由很多协议组成。不同类型的协议被放在不同的层,其中,位于应用层的协议就有很多,比如用于远程文件传输的FTP协议、用于邮件传输的SMTP协议和用于超文本传输的HTTP协议,等等。只有应用层使用HTTP协议的因特网才被称为万维网(World Wide Web,WWW)。

互联网始于美国军方在1969年建立的阿帕网(ARPA,美国国防部研究计划署)。美国军方设计互联网的初衷是出于政治和军事考虑——为了能提供一个通信网络，即使一些地方被核武器摧毁也能正常工作。1983 年，美国国防部将阿帕网分为军网和民网，渐渐扩大为今天的互联网。互联网发展过程中的标志性事件和服务大体包括：①起源于 1981 年连接世界教育单位的计算机网络 BITNET 的电子邮件传递和邮件讨论列表服务；②起源于 1989 年用于检索互联网文件传输 FTP 站点的 Archie 和几乎同时出现的允许用户检索一个数据库下所有文件和允许文件检索的广域网信息服务；③1989年，欧洲粒子物理实验室的 Tim Berners 等人提出了基于超文本协议的用于分类互联网信息的新协议，该协议在 1991 年后称为 World Wide Web；④1991 年在大型主机和“客户-服务器”(C/S)体系结构竞争中获胜的 C/S 倡导者们开发了 Gopher 系统；⑤美国太阳微系统公司于 20 世纪 90 年代开发了多处理器工作站 SPARCstation，操作系统 Solaris 和适用于多软件平台的 Java 技术；⑥美国超级计算机应用程序国家中心 1993 年开发了互联网浏览器 Mosaic。

本研究所说的互联网是广义的互联网，它包含了因特网和万维网，具备三个必不可少的要素：全球性；每台主机都需要有“地址”；主机必须按照共同的规则(协议)连接在一起。作为沟通技术手段的互联网本身的发展具有一定的政治性，同时，互联网又会对政治特别是民主政治产生影响。

(二) 互联网的技术特点及当前主要应用

网络社会中的互联网几乎已经渗透到工作和生活的各个角落，互联网与社会相互生成和建构并形成了一个复杂的巨系统。互联网的本质在于沟通、传播或交流，互联网沟通的有效性与互联网的特性有密切关系，有研究认为互联网具有三个主要特性：仿真性——它所提供的环境是对现实物体的模拟，其迷惑度完全达到以假乱真的程度；交互性——虚拟环境是一个开放的体系，虚拟环境中人与人，人与物都可以相互作用；沉浸性——计算机生成的图像加之真实的图像，也是虚拟现实的一种形式，使用者在使用沉浸系统时，他们正处于系统设计者创造的世界中。[①] 除此之外，互联网还具有跨时空性、虚拟和匿名性、大容量和高传播速度等特征。基于计算机技术、网络技术和通信技术的互联网允许不同地域的人进行远程的异步沟通，并且网络沟通的主体可以隐藏在屏幕背后，以虚拟账号(ID)进行匿名沟通。不仅如此，摩尔定律还说明互联网在容量和传播速度上的发展非常快速。以上特点为互联网在经济、政治和社会等领域广泛应用打下了坚实的技术基础。

① 胡心智.信息网络的虚拟技术对物质观及中介的影响[J].科学技术与辩证法，1999 (12).

互联网技术的应用可以从形式和内容两个方面进行分类。绝大多数情况下，同一种应用形式可能用于不同的内容或目的，例如，QQ 即时通信既可以用于个人休闲娱乐（如与老同学聊天），也可用于组织网络社会运动（如远程串联反对政府在某地修建核电站）。其他绝大部分互联网应用形式（如微博和论坛等）也都具有这样的特点，但网络炒股这种应用形式所涵盖的内容或目的则比较单一。根据中国互联网络中心（CNNIC）2015 年 1 月发布的研究报告，我国网民在 2013 年到 2014 年的互联网应用状况如表 2-1 所示。

表 2-1 中国网民 2013—2014 年各类网络应用的使用情况

应用种类	2013 年		2014 年		年增长率
	用户规模/万	使用率	用户规模/万	使用率	
即时通信	53215	86.2%	58776	90.6%	10.4%
搜索引擎	48966	79.3%	52223	80.5%	6.7%
网络新闻	49132	79.6%	51894	80.0%	5.6%
网络音乐	45312	73.4%	47807	73.7%	5.5%
网络视频	42820	69.3%	43298	66.7%	1.1%
网络游戏	33803	54.7%	36585	56.4%	8.2%
网络购物	30189	48.9%	36142	55.7%	19.7%
网上支付	26020	42.1%	30431	46.9%	17.0%
网络文学	27441	44.4%	29385	45.3%	7.1%
网上银行	25006	40.5%	28214	43.5%	12.8%
电子邮件	25921	42.0%	25178	38.8%	−2.9%
微博	28078	45.5%	24884	38.4%	−11.4%
旅行预订	18077	29.3%	22173	34.2%	22.7%
团购	14067	22.8%	17267	26.6%	22.7%
论坛/BBS	12046	19.5%	12908	19.9%	7.2%
博客	8770	14.2%	10896	16.8%	24.2%
互联网理财	—	—	7849	12.1%	—

我们可以根据网络应用的目的将主要的网络应用划分为四类:第一,信息获取,具体方式有搜索引擎和网络新闻;第二,商务交易,具体方式有网络购物、团购、网上支付、网上银行、网络炒股和旅行预订;第三,交流沟通,具体方式有电子邮件、即时通信、博客/个人空间、微博和社交网站;第四,网络娱乐,具体方式有网络游戏、网络文学、网络音乐和网络视频。

从本书所提出的“虚拟公民社会”角度看,以信息获取和交流沟通为目的的互联网应用对网民知识、信息和能力的影响最大。因此,这些方式有助于网民身份向公民转变,更好地参与公共事务,也有助于虚拟公共空间的形成和虚拟公民社会的形成。

二、作为政治工具的互联网

互联网发展过程本身充满了政治性,涉及政府、学术界、企业、非政府组织和公众等多方利益主体。互联网从军事领域依次扩展到教育、经济、政治乃至日常生活中,其政治应用尤其值得关注。

(一) 互联网发展史中的政治问题

作为沟通技术手段的互联网本身的发展具有一定的政治性,互联网从萌生到发展壮大的过程也是技术的社会建构过程。其本质是社会经过一系列的建构赋予其一定的社会属性的过程,主要表现在互联网的目的性是社会所赋予的;互联网的社会后果受控于社会;互联网的发展过程受各种社会因素的制约。[①] 从世界范围看,在技术的社会建构过程中,政治或权力对互联网发展的影响极其明显,其主要表现在以下几个方面。

1. 国家与市场的权力争斗与合谋

起源于政治军事导向的阿帕网以及其他相关网络,都是由美国政府投资建设的,所以它们最初只是限于研究部门、学校和政府部门使用。除了以直接服务于研究部门和学校的商业应用之外,其他的商业行为是不允许的。1993 年,美国克林顿政府实施一项新的高科技计划“国家信息基础设施”,希望通过信息高速公路战略提高美国的科技竞争优势。新战略使得独立的商业网络开始发展起来,政府独立主导互联网的局面才被打破,从一个商业站点发送信息到另一个商业站点而不经过政府资助的网络中枢成为可能。

随着互联网的发展,国家与社会在互联网上的权力游戏复杂化,出现争斗与合谋相互交织的局面。一方面,网络媒体与政府相互利用,网络媒体的

---

① 何明升.网络消费:理论模型与行为分析[M].哈尔滨:黑龙江人民出版社,2002.

利润需求和政府的公关需求相互合谋。而当今的媒体机构都是以利润为导向的，政府部门的执政领域也大大扩展了，其结果是政治决策经常会影响到媒体机构的利润率，政府也比以往任何时候更需要媒体，这是因为他们需要保住足够的选票来坐稳自己的位子。[①] 这种状况降低了互联网被公民社会充分利用以制约国家权力的可能性。另一方面，伴随着西方国家网络媒介的私有化和集中化，大公司在营造社会舆论和引导消费等方面的权力越来越大，但能对大公司进行制衡的机构和权力却处于弱势。“目前，我们要讨论的不再是媒体与大企业之间的联系是否会损害其公信力，这是因为媒体已经成为大企业……从总体上看，媒体对工商业集团的监督要比他们对政府机构的监督薄弱得多。这是由于媒体本身就是工商业集团的一部分……传统的自由民主社会已经建立起一套完善的‘抑制和平衡’的体系，来保护公共媒体不受国家的影响。但是，同样能够保护私营媒体不受其集团所有者的影响的监管体系还没有建立起来。”[②]在中国，对互联网技术及其应用起主要作用的除了公司之外，更多的是政府基于政治考虑的网络管制，而技术上的管制往往会阻碍公民社会的发育。

2. 全球层面的互联网管理权之争

目前，全球互联网由美国商务部下属的一家非营利性私营机构管理，这个机构称为“ICANN(互联网名称与数字地址分配机构)”，自 1998 年成立以来，一直负责互联网 IP 地址的分配、顶级域名系统的管理等互联网国际管理事务。由于互联网起源于美国国防部的项目，而且美国政府在互联网发展初期投入了大量资金，因此美国也就获得了对互联网根服务器的控制权。但问题在于，作为互联网管理主体的 ICANN 仅对美国政府负责。换句话说，美国在任何时候都可以通过 ICANN 使某国或某地区的互联网从国际主干网上断开，这给多数国家带来了政治上的不安全感和不信任感。从 2003 年信息社会世界峰会第一阶段日内瓦会议召开以来，很多国家一直呼吁保留 ICANN 的核心技术职能，消除政治因素对互联网发展的影响。在联合国范围内建立一个可以代表所有国家的国际组织，代替美国行使对互联网的监管。

3. 互联网时代的数字鸿沟

“数字鸿沟”又称为信息鸿沟，即“信息富有者和信息贫困者之间的鸿沟”。它最先由美国国家远程通信和信息管理局(NTIA)于 1999 年在名为

①②[英]詹姆斯·卡伦. 媒体与权力[M]. 史安斌，董关鹏，译. 北京：清华大学出版社，2006.

《在网络中落伍：定义数字鸿沟》的报告中提出。美国商务部的“数字鸿沟网”把数字鸿沟概括为“在所有的国家，总有一些人拥有社会提供的最好的信息技术。他们有最强大的计算机、最好的电话服务、最快的网络服务，也受到了这方面的最好的教育。另外有一部分人，他们出于各种原因不能接入最新的或最好的计算机、最可靠的电话服务或最快最方便的网络服务。这两部分人之间的差别，就是所谓的‘数字鸿沟’。处于这一鸿沟的不幸一边，就意味着他们很少有机遇参与到我们的以信息为基础的新经济当中，也很少有机遇参与到在线的教育、培训、购物、娱乐和交往当中”。这一定义主要从经济、技术角度入手，但实际上，数字鸿沟也存在于不同阶层、种族、行业、年龄甚至不同性别的人群中。例如，即使在美国，不同种族的人之间也存在数字鸿沟。美国黑人和西班牙裔家庭的电脑拥有率和上网率要比白人和亚裔低 60%左右，在美国网络高度普及的今天，仍有 99.5%的非洲裔、98%的拉美裔不能使用因特网。就中国来看，根据中国互联网络信息中心(CNNIC)2015 年 1 月发布的《第 35 次中国互联网络发展状况统计报告》，截至 2014 年 12 月底，中国农村网民规模为 1.78 亿，仅仅占整体网民数量的 27.5%。不仅如此，不同国家和地区之间也存在数字鸿沟，这将对国家政治、经济和社会发展产生不利影响。联合国教科文组织通信合作网络(ORBICOM)2001 年针对 139 个国家的统计测度表明，中国的“信息状态”指数为 51.4(139 国平均值为 81.1)，排名第 79，“信息密度”指数为 48.5(139 国平均值为 81)，排名第 84；“信息运用”指数为 54.4(139 国平均值为99.2)，排名第 78。[①] 数字鸿沟背后的信息和知识及其应用差异能够被转化为社会力量和政治力量的差异，从而对政治生活产生影响。公民作为网络社会的信息主体，对信息意识、信息伦理以及信息表达、交流、评价等方面能力的差距所造成的“知识沟”，当面对网络上亦真亦假的政治信息时，他们则表现出甄别、研判、传播等行为上的差距。[②] 除此之外，互联网对工业化国家 GDP 增长的贡献达 10%，近 5 年的贡献率更是高达 21%。美国率先进入网络时代，充分享受了网络经济带来的甜蜜，迄今为止它仍是全球互联网产业的最大参与者，拥有全球互联网产业 30%的产值和超过 40%的净收入。美国还利用自己在互联网技术上的优势，迫使其他国家在互联网相关的硬件、软件和管理模式上跟随美国不断升级。

---

① 嫣显俊. 中国的信息化:“数字鸿沟”模型里的国际比较[J]. 经济管理，2010(7).

② 党文琦. 数字鸿沟视域下我国网络政治参与研究[J]. 重庆科技学院学报(社会科学版)，2011(13).

除此之外，还有纯技术层面上的网络协议之争、操作系统之争以及其他网络应用和产品的市场权力之争。例如，TCP/IP 协议和 UUCP 协议之争，Unix 系统和 Windows 系统之争，Archie 应用与 WAIS 应用之争，Netscape 浏览器和 IE 浏览器的市场之争，等等。

就中国来看，中国互联网的发展也充满了政治性，中国政府的态度对中国互联网的发展具有很大影响。中国与互联网的首次接触始于 1987 年，清华大学的钱天白教授通过意大利公共互联网（ITAPAC）从中国发出了第一个电子邮件。直到 1994 年中国才真正与互联网连接起来。政府一方面希望利用互联网加强经济发展，甚至把 1999 年定为"政府上网年"；另一方面又担心互联网会对国家统治造成威胁。这导致国家对互联网的严格管控，在一定程度上延缓了中国互联网的发展。

（二）互联网的政治应用

英国学者查德威克在其著作《互联网政治学：国家、公民与新传播技术》认为，互联网在政治中的应用涉及四个不同领域：第一，电子民主。互联网可用于提升社区凝聚力、政治协商和政治参与。第二，电子动员。互联网有助于利益集团和社会运动进行政治招募、组织和竞选活动。第三，电子竞选。主要指的是互联网对政党及竞选活动的影响，具体体现为党派竞争、权力扩散和制度适应。第四，电子政务。新公共管理促进了互联网在政府管理中的应用，但却使政府在削减成本、协调机制、工作效率和民主化等方面面临压力和矛盾。以上针对互联网政治应用的分类系统基于西方发达国家（主要是英国和美国）最近几十年的实践，但却能为我们研究中国互联网政治学提供参考框架。中国具有很特殊的国情：经济总量大但各种基尼系数也大，非政府组织多但对政府的依赖性却很强，网民数量大（约占国内总人口 1/3）但网民社会经济特征差异大，通信基础设施较为发达但国家却垄断经营，宪法规定言论、出版自由但实践中却严格限制或管制，等等。尽管如此，我们仍然可以借助查德威克区分的四种政治应用对中国当前互联网的政治应用进行分析。

1. 电子政务

联合国经济社会理事会将电子政务定义为，政府通过信息通信技术手段的密集性和战略性，应用组织公共管理的方式，旨在提高效率、增强政府的透明度、改善财政约束、改进公共政策的质量和决策的科学性，建立良好的政府之间、政府与社会、社区以及政府与公民之间的关系，提高公共服务的质量，赢得广泛的社会参与度。世界银行则认为电子政府主要关注的是政府机构使用信息技术(如万维网、互联网和移动计算),赋予政府部门以独特的能力,转变其与公民、企业、政府部门之间的关系。这些技术可以服务于不同的目的:向公民提供更加有效的政府服务、改进政府与企业和产业界的关系、通过利用信息更好地履行公民权,以及增加政府管理效能。因此而产生的收益可以减少腐败、提供透明度、促进政府服务更加便利化、增加政府收益或减少政府运行成本。

互联网 1994 年引入中国,1999 年被称为"政府上网年",中央各部委和地方政府纷纷建立网站。早期的政府网站存在政策文件多、信息数量少、静态内容多、更新速度慢以及缺乏互动等缺点。最近几年,一些地方政府开始利用第三方平台与公民进行互动,从单向传播走向多主体互动。2010 年 2 月 25 日,广东省肇庆市公安局新闻发言人办公室开通了第一家政府微博——"平安肇庆",成为全国首个以发布公安业务、公共信息为主题的新浪微博。为了提高中国电子政务水平,2005 年国家颁布了《2006—2020 年国家信息化发展战略》,制定了国家电子政务总体框架,印发了《关于推进国家电子政务网络建设的意见》。另外,从 2002 年开始进行政府网站绩效评估,部委网站评估的一级指标有信息公开(30%)、在线办事(21%)、公众参与(24%)、用户调查(5%)和日常保障(20%)。针对地方政府网站的评估指标则包括教育、社保、就业、医疗、住房、交通、证件办理、企业开办服务、资质认定、政府信息公开等 10 个领域,每个领域所占分值均为 10%。

2. 电子民主

英、美等发达国家利用广播电视等电子技术特别是互联网技术开展的电子民主,主要目的是提升社区凝聚力、政治协商和政治参与。中国互联网在电子民主上的应用目的与此相同,只不过更多地体现出网络舆论和网络问政。

2003 年被称为"网络舆论年",充分体现出互联网在中国是一种非常重要的政治参与渠道。像美国这样的民主政治国家在现实中的政治参与渠道丰富而畅通,互联网对美国人来说是娱乐功能多于政治功能;但中国正好相反,侧重参与的微博比侧重娱乐的社交网更受网民青睐。其中的重要原因是,中国现实生活中的政治参与渠道并不完善。以有中国特色的维权为例,过去十多年来,群众维权的对象从党政部门转向司法机关,又从司法机关转向新闻媒体,最后转向网络媒体甚至利用微博自我表达。从直接找党政部门到通过网络舆论传递到党政部门,这反映出互联网在中国网络舆论形成中的重要作用,也反映出网络舆论对党政机关的舆论监督和"舆论审判"作用。中国网络舆论的兴起除了制度原因和社会原因之外,网络媒体的发达和互联网渗透率的提高也是重要的原因。根据中国社会科学院发布的2008年社会蓝皮书，中国互联网的舆论平台十分发达：几乎每个门户网站都设有BBS论坛，中国目前约拥有130万个BBS论坛，数量为全球第一。另外，网民人数的急剧增加也是网络传播话语权扩大的重要原因，我国2014年的网络渗透率已经达到47.9%。制度原因、社会原因和技术原因的相互作用，使得侵权和维权事件很容易通过互联网设定议程而进入公共传播领域，并通过大众传媒传导到党政部门。值得注意的是，由于互联网的跨时空特性，网络舆论形成很容易受到国外政府和利益集团的影响，网络舆论很容易成为跨国意识形态传播甚至和平演变的工具。根据中共中央宣传部和国务院新闻办的资料显示：美军已有3000名至5000名信息战专家及5万至7万名士兵涉及网络战，如果加上原有的电子战人员，美军网战部队的人数应该在8.87万人左右。这个规模，相当于七个101空降师。如此强大的网络作战部队，给处于网络技术弱势的中国带来新的安全挑战①。

中国的网络参政议政始于1999年。创办于1999年5月9日的人民网"强国论坛"是新闻网站中最早开办的时政论坛，论坛最初的名称是"强烈抗议北约暴行BBS论坛"，同年6月19日更名为"强国论坛"。该论坛的初衷是为广大网友提供一个对以北约为首的美国袭击中国驻南斯拉夫大使馆的野蛮行径表达愤慨的网络公共领域。2008年6月20日上午10点26分，胡锦涛在人民网"强国论坛"上同网友们进行了22分钟的在线交流。胡锦涛表示：自己平时上网一方面是想看一看国内外的新闻；另一方面，也想从网上了解网民朋友们关心什么问题，有些什么看法；同时，希望从网上了解网民朋友们对党和国家工作有些什么意见和建议。2009年8月份中国最大的门户网站新浪网推出"新浪微博"内测版，成为门户网站中第一家提供微博服务的网站，微博正式进入中文上网主流人群视野。全国"两会"代表使用微博这种新型的互联网应用始于2010年。其实早在2007年中国"两会"期间就有少量代表和委员实名开博客吸纳民众意见。新浪网、人民网和其他一些知名网站推出了"两会"微博，注册了微博账号的网友就房价、就业和教育等一系列"两会"热点话题进行了热议。2011年上半年，我国微博用户数量增至1.95亿，微博在网民中的普及率达到40.2%，微博逐渐成为公共事务的讨论平台。微博是微博客的简称，是一个基于用户关系的信息分享、传播以及获取平台，最早、最著名的微博是2006年创始于美国的Twitter(推特)。用户可以通过WEB、WAP以及各种客户端组建个人社区，以140字左右的

---

① 陈辉.揭秘美军网络部队：相当于七个101空降师[J].环球，2013(15).

文字更新信息，并实现即时分享。相对于博客来讲，微博有两个优势：博客强调版面布置，微博的内容只是由简单的只言片语组成，从这个角度来说，对用户的技术要求门槛很低，而且在语言的编排组织上，没有博客那么高；微博开通的多种 API(应用程序编程接口)使得大量网络用户可以利用程序语言开发可以共享的各种应用，不仅丰富了微博的功能，而且提高了用户的参与积极性。中国很多政府机关开通了微博，用来发布信息和回应民众诉求。其中一些话题甚至引起了中国领导人的关注。作为一种新型的网络应用，微博为公共事务参与提供了新的途径，但利用微博参政议政可能会遇到一些问题，例如，(微)博文字数一般限制在 140 字左右，可能不能完整表达意见和建议，此时，可以利用博主公开的电子邮件甚至电话和传真等媒介进行沟通；微博一定程度的匿名性使得微博建言献策中存在发布碎片化、表面化甚至发泄型和污蔑型的信息。尽管如此，作为一种新型的沟通工具，微博能在很大程度上承担政治功能——参政议政。

3. 电子动员

互联网有助于利益集团和社会运动进行政治招募、组织和竞选活动，近几年在西亚和北非发生的被称为“颜色革命”的政治动荡充分体现了互联网的电子动员功能。全球各种利益集团通过制造虚假舆论坏境，并利用即时通信、手机媒体、社交网站、微博等各类互联网传播工具联结境内外势力，制造群体性事件，力图实现自己的政治意图。可是网上的东西不少是无然状态的，没有任何根据，没有客观标准，甚至是虚拟的，这对年轻学生很危险，他们经常把网上信息当作事实，当作知识，没有意识到有些信息是完全错误的，也意识不到提供这些信息的人的意图。[①] 美国国防部前部长罗伯特·盖茨曾表示，Twitter 等社交媒体在伊朗德黑兰抗议活动中起到重要作用是美国的巨大战略资产。背后的原因在于，包括互联网、手机以及社交网站等在内的新技术让独裁政府非常难以控制信息。在这些事件中，手机短信、QQ 群和社交网站都成为活动组织者非常重要的沟通工具。

4. 电子竞选

政治学研究发现，选民的政治意愿在很大程度上是由他们所接受的来自新闻媒体制造的舆论所左右的，信息控制是选举筛除机制中最重要的内容。[②] 互联网对政治的影响集中表现在网络对政治传播的影响上，其具体表

---

① 陈乐民，史傅德. 对话欧洲：公民社会与启蒙精神[M]. 北京：生活·读书·新知三联书店，2009.

② 周宇豪. 权利与博弈——信息时代的国际政治传播[M]. 北京：中国传媒大学出版社，2008.

现是：一方面，互联网扮演了单向的政治信息传播的网络平台，以方便政治候选人向选民兜售其政治理念和执政纲要，试图通过影响选民态度来改变选民的投票行为；另一方面，互联网还搭建了双向的政治交流互动平台，允许候选人和选民通过网络进行半匿名的远程互动交流。如果说小罗斯福是“电台总统”，肯尼迪是“电视总统”，那么奥巴马则可以称为“网络总统”。[①] 2008 年，祖籍非洲肯尼亚的贝拉克·侯赛因·奥巴马成功当选为美国第 44 任总统。奥巴马在总统竞选中有效利用了互联网，被称为“网络总统”。其主要经验有两条[②]：第一，拒绝政府竞选经费，创造性地采取网络筹款。他放弃了联邦政府提供的 8400 多万美元公共资助经费，基于“长尾理论”和“病毒营销”在网络上募集了足够的竞选资金。据悉，奥巴马成功募款 6.4 亿美元，其中 87%是通过网络募来的。这些资金绝大部分是由不足 100 美元的小额捐款组成，而这些捐几十美元的人和捐几千美元的人的投票权却是一样的。第二，力主变革的政治口号，不惜血本地利用网络宣传推广。向谷歌、雅虎、Facebook（脸谱）、新闻网、广告网以及游戏内置广告公司 Massive 贡献了近 800 万美元的广告费。与此同时，奥巴马在美国 16 个主要的社交网站上建立账号与选民进行互动。奥巴马本人的个人网站中也大量借鉴了社交网的互动元素，例如：话题讨论、分享图片、视频欣赏和评论，在线购买印有奥巴马标记的产品，甚至可以下载奥巴马的演讲作为手机铃声。在 2012 年美国总统大选中，奥巴马充分利用互联网打造“数字竞选 2.0 版”，奥巴马竞选团队首席数字战略顾问乔·罗斯帕斯是这样解释的：一次成功的竞选，必须融合各种数字工具——电邮、短信、网站、移动媒体和社交媒体，集成一个数字项目，然后与传统竞选活动相结合。

中国没有现代西方意义上的民主政治和政党选举，但互联网在统治阶级意识形态传播、党务公开和政党纲领宣传等方面所起的作用与西方政党选举中的作用大致相同。“党政齐抓共管”是我国媒体管理中的重要原则，除了党属媒体（如《光明日报》）是宣传党的方针政策的重要载体外，新型的网络媒体（如新浪网）也会开辟专栏宣传党和国家的大政方针。互联网也已经成为党开展活动的重要平台，通过网络发布党组织活动信息、进行在线政策学习、在线交流思想，甚至利用网络办理发展共产党员的某些手续，已经成为党利用互联网的常规方式。另外，通过网络方式进行上下沟通和内外

① 刘亚伟，吕芳．奥巴马：他将改变美国[M]．北京：社会科学文献出版社，2008.

② 李骥，郑品石，冯永光．奥巴马竞选网络优势的政治传播学分析及其对共青团工作的借鉴意义[J]．中国青年研究，2009(1).

沟通，可以充分利用网络的跨时空、大容量和即时传播的技术特性实现共产党和群众的充分互动。

5. 网络媒体和虚拟社群在中国的特殊作用

以上提到的四类互联网政治应用方式都与网络媒介和虚拟社群具有紧密联系。网络媒体既包括传统新闻媒体的网络化，也包括新型的纯网络媒体。它是形成公共舆论的重要工具和中介，在设定公共议程和激发话语民主等方面的作用值得研究。虚拟社群既包括类似腾讯公司的QQ这样的即时通信工具形成的虚拟空间，也包括BBS和博客这样的传统互动工具，更包括微博和社交网这样的新型互动平台。网络媒体的主要任务是为公民个体和利益集团提供内容(主要是以新闻报道的形式)，虚拟社群主要任务是为公民个体和利益集团提供工具(主要是以平台的形式)。公民个体和利益集团以“自媒体”的角色利用虚拟社群进行跨时空互动，基于自身生产和生活实践产生内容；网络媒体则以这些内容为基础生产新闻并进一步引导公民个体和利益集团进行参与和讨论，最终产生公共舆论以对政府决策部门施加影响。虚拟社群和网络媒体相互作用，彰显了“草根”的话语民主；公民个体和利益集团的积极参与，形成了民间的微观权力。这将催生一种特殊的公共领域的形成，并最终生成一种特殊形态的公民社会。

第二节　互联网政治及其结构要素

一、互联网政治的背景与内涵

20世纪90年代至今，新闻组、电子邮件列表、聊天室、电子公告板、贴吧、社交网和微博等互联网工具先后成为大众广泛使用的沟通工具。新闻媒体一般被认为是行政、立法和司法权力之外的“第四权力”，随着1998年互联网被联合国称为“第四媒介”后，以新闻媒介作为其基本功能之一的互联网在政治中的地位日趋重要。2003年是中国的“网络舆论年”，当年的“孙志刚事件”经网络发酵后最终导致我国收容遣返制度的废止。2007年1月23日，中央政治局的专题学习内容，就是世界网络技术发展和中国网络文化建设的若干问题。特别是政协委员使用互联网，使得民众通过网络参政议政、政要通过网络与民众互动成为较为普遍的现象。互联网深刻改变了政治生态环境，为民主政治的发展提供了新的方式和渠道。例如，互联网是中国共产党和中国政府进行政务公开和党务公开的平台，是公民实现公民权利和参政议政的有效工具，甚至还可以成为党组织活动的手段。民众通过网络参政议政，实际上是行使民主权利。因此，互联网政治的本质即民主政治，互联网是推进民主政治的一种新方式和新途径。

实际上，从广义上看，互联网政治可以包含与互联网和政治有关的一切政治现象。例如，查德威克在其著作《互联网政治学：国家、公民与传播新技术》中就讨论了两类相关现象：一类是互联网本身的政治学，包括互联网技术演进与融合中的技术格式争论、关键技术的政治推动、技术应用程序的最后敲定、现有技术霸权地位的确定、互联网的全球管理及其权力争夺，等等。另一类是互联网的政治应用及其影响，这主要包括两部分内容：第一部分是电子民主——社区、协商和参与，电子动员——利益集团和社会运动，电子竞选——政党、候选人和选举，电子政务——行政部门与管理机构；第二部分是互联网监视、监管与控制，数字鸿沟引发的政治落差、互联网的地缘政治，等等。

本书主要关注第二个维度的互联网政治学，即互联网的政治应用及其影响。因此，可以将互联网政治界定为，政治实体以互联网为工具，按照一定的政治规则并在一定的政治控制下参政议政以实现其政治权益的行为和过程。互联网政治学关注的主要议题有：去中心化、参与、社区、全球化、后工业化、理性主义、治理和自由主义。[①] 从技术上看，设计互联网的初衷就是将控制中心分散化，以避免因恶意攻击中心服务器而导致全网瘫痪。这种技术设计的社会意义是基于互联网交流的网民可以在一定程度上脱离以国家为代表的中心控制，以自身知识（包括网络使用技术）、财富（包括网络虚拟财富）和声望（包括网络虚拟角色的积分和头衔）在特定网络区域或群体中成为获得自治角色。例如，成为中心人物（或称意见领袖）。这样，互联网上就可以形成去中心化的多元控制主体。不仅如此，互联网的大容量、高速度和不间断传播还可以压缩时空和跨越时空，为网民提供即时性、交互性和公共性并具有很大包容度、延伸度和密集度的网络参与。这种参与使得互联网成为思想文化的集散地和社会舆论的放大器，成为政治领袖了解民情和汇聚民智的重要政治工具。网络政治参与通过话题讨论和理性协商形成了多样化的政治社区和虚拟网络社团。通过对突发社会事件和关切自身利

---

① ［英］安德鲁·查德威克．互联网政治学：国家、公民与新传播技术［M］．任孟山，译．北京：华夏出版社，2010．

益的其他事件的社区讨论，政治社区可以成为齐美尔所说的“排气孔”和科塞所说的“安全阀”。

二、互联网政治的结构要素

（一）互联网政治中的政治实体

狭义的政治实体仅指拥有实际政治统治权力的政治机构和组织。但在民族国家和政党政治背景下，政治实体却可以区分出三个层次：公民、阶级、民族；它们是原生型的政治实体，代表公民、阶级、民族利益的政治组织，取得统治地位的阶级及其政党建立的国家及其机构和人员。①

对政治实体的三层次区分在互联网政治中仍然具有重要的参考价值。作为虚拟平台和沟通工具，互联网是各政治实体达到政治目的的重要手段。第一个层次的政治实体是原生型的政治实体，但其互联网形态为关注公共事务特别是政治事务的“网民”，既包括作为公民个体的网民，也包括以个体形态出现的阶级代表和民族代表；第二个层次的政治实体是各类政治组织，但其互联网形态是各种特殊利益集团，包括各种没有现实组织背景的“纯虚拟社团”和以现实组织为基础的“准虚拟社团”（也称为“互联网延伸体”）；第三个层次的政治实体则是取得统治地位的阶级及其政党建立的国家及其机构和人员，但其互联网形态主要体现为电子政务。从公民社会的角度看，笔者认为电子政务的主要目的就是借助政府网站（特别是论坛、留言板和博客等），实现国家与社会的信息沟通。

值得注意的是，在互联网政治生态中，前两个层次的政治实体借助互联网参与政治活动的可能性大大增加，与此同时，政治参与的无序性也大大增加。中国当前参与互联网政治的政治实体除了国家（政府）以外，主要还包括公民个体（网民）和各种利益团体。政府主要借助电子政务网站进行内外部信息沟通。公民个体和各种利益团体参与互联网政治的网络工具主要有虚拟社群和网络媒体：虚拟社群主要包括私有的个人或组织网站以及公共的微博、博客和社交网等网络工具。公共网络工具的提供者既包括商业公司（如提供腾讯微博和QQ空间等服务的腾讯公司），也包括政府部门及其附属机构（如提供“强国论坛”的由人民日报社开办的人民网）；网络媒体主要指的是互联网媒体，包括纯粹的互联网新闻媒体（如新浪网）和虚实结合的网络媒体（如以《光明日报》为基础的光明网）。

---

① 袁峰.理想政治秩序的探求[M].上海：学林出版社，2002.

（二）互联网政治中的政治规则

“没有规矩不成方圆”，虚拟政治秩序在很大程度上依赖于政治规则、政治规范或政治制度。三者在广义上可以通用，政治制度是一套规则体系，一旦被制定出来并运用于社会政治生活，就以其制度化的确定性、稳定性和强制性管制了政治主体的交往原则、行为边界和奖惩措施。[①] 结构制约行动，行动反作用于结构。个人行为失范导致虚拟政治失序，但个人行为失范的原因却往往可以从社会结构中寻找。麦克依维尔在《坚守城垒》(1950)中指出个人行为失范的三个结构性根源：文化冲突中无数价值体系使个体无所适从；具有价值意义的规范被只有组织和制度意义的规则替代；暴力符号形式造成了虚假的自我认同并瓦解了集体意识的同一性。在互联网环境下，核心价值体系的缺失和政治控制的可能性下降，使得政治规则过于强调程序正义和工具理性，忽略了实质正义和价值关怀，从而没有满足政治规则的正义性要求。而正义性是罗尔斯“良序社会”的基础和核心，只有以正义性为基础的政治规则才能满足公共利益，成为政治共同体的价值依托、自我认同的来源和政治秩序的基本保证。

互联网政治规则丧失正义性的原因有：第一，互联网政治主体悬置使得自我认同极其困难，不仅如此，网络的跨时空性还使得不同价值体系的冲突加剧。此种情况下，只能“抓大放小”，很难保证政治规则能顾及所有网络政治参与者。只有使得政治活动的组织原则与组织程序不断取得社会认可，并得到大多数社会成员普遍遵守，才能在政治制度化中体现出正义性原则。第二，互联网的虚拟性、流动性和跨时空性等特征使得管理当局很难以人为本地制定过细的政治规则，也很难根据环境变化及时修订旧规则和制定新规则。此种情况下，只能“以不变应万变”，很难顾及新的利益诉求而难免牺牲部分正义性。政治规则也很难达到亨廷顿提出的衡量政治制度化水平的四项标准，即适应性、复杂性、自主性和内聚力。第三，互联网中的政治规则一般由国家相关管理部门和网站管理方自上而下直接指定，这种未经网民（公民）充分协商和讨论的由外向内的规则很难得到网民认同。同时，这种忽略网络自组织能力的规则在维持虚拟政治秩序时的作用自然会打折扣。

（三）互联网政治中的政治控制

价值和规范都需要通过一定的手段才能实现，“价值系统不会自动地‘实现’，而要通过有关的控制系统来维系。在这方面要依靠制度化、社会化

---

① 雷振文.政治秩序的实现何以可能[J].南京政治学院学报,2008(1).

和社会控制一连串的全部机制”[①]。政治控制就是以政治规则为基础，对政治实体的行为进行调控。在具备了政治权威赋予的合法性和政治权力赋予的强制性之后，政治控制效果则最终依赖于一系列的政治控制机制。互联网虚拟公共领域的去权威化和去中心化使得政治权威对政治控制的作用越来越小，但政治权力却可以起到很明显的作用。政治控制机制一般可区分为物质型和文化型/制度型两种，控制主体一般可分为国家（如通信管理局和网络警察）和市场（如搜索引擎和论坛版主）。国家在域名解析时直接阻断国外某些恶意的政治类网站甚至像 Twitter 这样的社交类网站、通信管理局对国内未备案网站直接在物理层面切断网络接入线路以及网络警察通过 IP 地址定位违规网民等手段，是国家层面我国目前使用最多的物质型政治控制机制；搜索引擎公司对用户搜索进行敏感政治词汇过滤、博客系统将敏感词汇以星号显示以及论坛版主直接删除敏感帖子或冻结/删除帖主账号等手段，是市场层面常用的物质型控制机制。颁布《中华人民共和国计算机信息网络国际联网管理暂行规定》（1996）、《互联网电子公告服务管理规定》（2000）并将利用计算机进行犯罪的行为定性为“扰乱公共秩序罪”，是我国目前主要的制度型控制机制；注册账号时阅读用户协议、使用论坛前阅读置顶的论坛新手指南及各种网络礼仪等，是市场层面的制度型控制机制。

在“文化强国”战略的大背景下，应该对维护虚拟政治秩序的政治控制方式进行反思。只有被被统治者内化的政治规则才能产生规范作用，只有其合法性得到被统治者认可的控制手段才有效。自上而下强制颁布实施的条例，对虚拟社会的作用在控制力、深度和持久性上可能要低于自下而上协商制定的条例。因此，过滤、删帖、封号甚至断网等物质型政治控制手段只能在特定时空起到有限作用，因为互联网为政治主体的利益表达提供了多样化的渠道。更重要的是，强制手段可能带来负面结果：对市场来说，提供互联网互动平台的公司会面临顾客忠诚度下降和利润下滑；对国家来说，作为政治主体的网民对执政党和政府的认同度下降可能最终危及虚拟政治秩序。因此，互联网政治控制应该以良善为价值导向，以预防、协商、疏导、劝阻和教育等为主要控制手段。

可见，互联网可能是政治生活中的“双刃剑”，在彰显主体政治权利的同时可能危及虚拟政治社会秩序。个人与社会，行动与结构，微观与宏观之间的张力是现代社会发展中的常态，也是推动社会发展的矛盾所在。要减少主体政治权利和虚拟政治秩序之间的矛盾，必须使得主体政治权利的彰显

---

① [美]帕森斯. 现代社会的结构与过程[M]. 梁向阳，译. 北京：光明日报出版社，1988.

于合适的社会场域，即合理合法的虚拟公共空间，并以此构建以互联网为基础的“虚拟公民社会”。

第三节　互联网政治中的“虚拟公民社会”

一、公民社会的界限和结构要素

自黑格尔以来，公民社会就与国家分离开来。国内外学者在这一点上基本已经达成共识，但关于公民社会与国家的严格分界点、公民社会与社会的界限、公民社会自身的结构要素、公民社会存在的条件，以及公民社会的形成机制等问题，学者们却众说纷纭。本书以相关研究为基础，结合中国当前的经济、政治、文化和社会情境，初步形成了有关公民社会的界限和结构要素的观点，并试图以这些观点为基础，分析中国“虚拟公民社会”的相关问题。

（一）关于公民社会的界限

公民社会的界限指的是公民社会与社会以及公民社会与国家之间的边界。在公民社会理论的演变中，黑格尔是首位将公民社会与国家分开的学者，认为国家高于公民社会，国家需要干预公民社会在伦理上的不自足。尽管黑格尔认为司法体系（警察和司法机构）这些在现代意义上属于国家的组成部分属于公民社会，但他的观点对于公民社会理论的发展还是具有重要意义。黑格尔以降的其他学者都较为严格的区分了公民社会和国家或者公民社会和社会之间的界限。

马克思虽然反黑格尔而行之，认为公民社会决定国家而不是相反，但马克思仍然强调国家与公民社会的分离。更进一步，马克思用“社会机体”的概念统摄国家与公民社会，分析两者的相似之处和密切联系。西方马克思主义者葛兰西的观点稍有不同，他从意识形态角度分析公民社会。葛兰西将上层建筑区分为两个阶层：一个阶层可称为“市民社会”，即通常称作“私人的”组织的总和；另一个阶层是“政治社会”或“国家”。这两个阶层一方面相当于统治集团通过社会行使的“霸权”职能，另一方面相当于国家和“司法"政府所行使的"直接统治"或管辖职能。[1] 在他看来,国家等于政治社会加上市民社会,是统治阶级行使其统治权的一种间接工具。公民社会中的权力是建立在"同意"基础上的文化领导权,与基于国家暴力的强制性权力一起成为国家宰制社会的工具。美国社会学家帕森斯从结构功能主义出发,将一般社会系统划分为经济子系统、政治子系统、文化子系统(信托)和社会子系统(社区)。他认为公民社会对应着社会子系统,其功能主要是通过文化价值的制度化来实现社会整合。可见,帕森斯仍然认为国家(政治子系统)和公民社会(社会子系统)是明显分离并且具有不同功能的。希尔斯也认为公民社会是社会的一部分,"与国家有明显区别,且大都具有相对于国家的自主性"[2]。加拿大学者泰勒从公民社会存在的不同条件上阐述了国家和公民社会的关系。他认为公民社会存在的最低限度是存在不受制于国家权力支配的自由社团;较严格的条件是整个社会都能通过这些社团来建构自身并协调其行为;补充条件是这些社团能有效决定或影响国家政策。[3] 克雷格尔也有类似观点,他认为公民社会得以存在的最低条件是社会联系有可能并确实独立于国家权力,而公民社会健康运作和不断发展的条件则是礼仪、社会信任和法制。[4] 近年来一些学者开始质疑以黑格尔的观点为基础的国家与社会之间关系的二分法,提出了不同形式的三分法。例如,科恩和阿雷托以哈贝马斯的生活世界理论为基础提出了"经济—公民社会—国家"的三分法,认为公民社会介于经济与国家之间。

总的来看,目前国外学术界关于国家和公民社会之间关系的几乎一致的看法是,两者具有较为明显的边界。这些看法是否适应于当前中国的现实,中国特色的"公民社会"与政治国家的界限是否有明显界限?自 1978 年改革开放,特别是 1992 年邓小平同志"南方谈话"和 2001 年中国加入世界贸易组织以来,中国的市场经济制度日趋完善,各种非官方、半官方组织的数量也大幅增加,但国家仍然干预和控制很多非国计民生领域。当前中国的政治结构和行政管理仍然具有自上而下的中央集权特征,"小政府、大社会"的格局仍然没有形成。从经济角度看,国家对市场经济的管制特别是国有经济在中国的特殊地位,使得中国的市场经济在很大程度上受到国家权力

---

① [意]安东尼奥·葛兰西.狱中札记.[M].曹雷雨,等,译.北京:中国社会科学出版社,2000.

② Edward Shils. The Virtue of Civil Society[J]. Government and Opposition,1991:26(1).

③ Charles Taylor. Models of Civil Society,Public Culture,1991:3(1).

④ Martin Krygier. The Quality of Civility:Post-Anti-Communist Thoughts on Civil Society and the Rule of Law[M]// A Sajo. From and To Authoritarianism. Dordrecht:Kluwer Academic Publishers,2001.

的影响;从政治角度看,虽然互联网给广大民众提供了“自由言论”和参政议政的空间,但宪法规定的公民结社、游行、示威等权利在很大程度上是抽象权利,而且中国目前仍然实行“党禁”和严格的新闻媒体管制政策。所以,总的来看,葛兰西所说的“一个社会集团通过像社会、工会或学校这样一些所谓的私人组织而行使的整个国家的领导权”[①]的市民社会在当下的中国并不存在。中国经济和文化的特征可以大致概括为以多种所有制为基础的社会主义市场经济和以国家媒体和官方意识形态为主的社会文化系统。按照葛兰西的界定,这种中国特色的“准公民社会”不过是统治阶级行使其统治权的一种间接工具,基于“准同意”的文化领导权和基于国家暴力的强制性权力一起成为国家宰制社会的工具。正因为如此,笔者认为,中国当下并没有现代西方意义上的公民社会,或者说,中国当下的特殊“公民社会”与国家的界限相当模糊。

(二) 关于公民社会的结构要素

社团、协会或集团等组织是公民社会的最基本的结构要素。斯宾诺莎、霍布斯、洛克、卢梭、西耶斯等引用了15世纪千禧年基督教会的一些概念,有两个观念对于公民社会是关键的:一是团体、协会的概念,法治社会被包含在这团体之中,每个人有自己的权利;二是一个团体的代议制,即一个公民社会要在政治上被一个团体代表,通过这个团体的代表体现其每个成员的权利,这与我们以后谈到的公民权其实是一回事。[②] 黑格尔认为公民社会分为需求的体系(市场经济)、多元的体系(同业行会等自愿组织)、司法的体系(警察和司法机构)等三部分。黑格尔将警察和司法机构这些本属于国家或政府的组成要素划归公民社会,这一观点受到很多人的批评,但他关于需求体系和多元体系的观点却正面影响了后来者。马克思虽然反黑格尔而行之,认为公民社会决定国家而不是相反,但马克思仍然认为市场经济中人与人之间的物质交往关系及其由此形成的社会生活领域是公民社会的重要组成部分。哈贝马斯认为,组成市民社会的是那些或多或少自发地出现的社团、组织和运动,它们对私人生活领域中形成共鸣的那些问题加以感受、选择、浓缩,并经过放大以后引入公共领域,旨在讨论并解决公众普遍关切之问题的那些商谈,需要在有组织公共领域的框架中加以建制化,而实现这种

---

① [意]安东尼奥·葛兰西.葛兰西文选[M].北京:人民出版社,2008.

② 陈乐民,史傅德.对话欧洲:公民社会与启蒙精神[M].北京:生活·读书·新知三联书店,2009.

建制化的那些联合体,就构成了市民社会的核心。[①] 希尔斯也有类似的观点,他认为公民社会的观念包含三个元素:首先是由经济的、宗教的、知识的、政治的自主性机构组成的不同于家庭、家族、地域或国家的一部分社会;其次是该特殊社会与国家间存在一系列特定关系、独特机构或者制度;最后是一套广泛传播的文明或市民风范。[②]

泰勒通过对公民社会存在的不同条件的阐述间接说明了公民社会的结构要素之一,即不受制于国家权力支配的自由社团。持三分法观点的科恩和阿雷托认为公民社会由亲密关系的领域(特别是家庭)、社团的领域(特别是自愿性的社团)、社会运动及各种公共沟通形式组成。值得注意的是,我国学者俞可平在按照三分法对公民社会进行界定时,认为公民社会的组成要素是各种非政府和非企业的公民组织,包括公民的维权组织、各种行业协会、民间的公益组织、社区组织、利益团体、同仁团体、互助组织、兴趣组织和公民的某种自发组合,等等。但俞可平将宗教和政党类团体排除在公民社会之外,他所指的公民社会组织,不包括宗教团体和政党团体,因为这类团体带有强烈的信仰色彩,从性质上与其他组织差异太大。[③] 伦敦经济学院研究公民社会的路易斯博士也认为,给公民社会下一个最简单的定义,就是政府和商界以外的团体与组织汇集在一起所形成的一个联合体。

综合以上观点,并结合结构功能主义对一般社会系统的分析,笔者认为现代西方意义中的公民社会是嵌入在社会系统中包含四类结构要素的特殊社会(见图 2-1)。就公民社会自身来讲,它包括主体、行动、价值规范和公共领域等四类要素,其中,公共领域是核心。如果将公共事务聚焦到政治事务,将公共领域缩小至政治导向的公共领域,则本书关注的公民社会也可称为"政治公民社会"。以此预设为基础,本书可以进一步将上述四类结构要素具体化。主体主要包括公民个体和各种特殊利益集团(如以环保为指向绿色和平组织,以保护企业利益为指向的企业自发组织的行业协会);行动主要有投票、社会运动、院外游说和献金等;价值规范包括人本主义、多元主义、开放性、参与性和法治性等;公共领域则是基于各种媒介的公共言论空间。就政治公民社会的外部环境来讲,它与经济、政治、文化(信托)和社会(社区)存在物质、能量和信息交换,具有或明或暗的动态边界。按照帕森斯的观点,笔者认为,公民社会与经济子系统的交换媒介主要是货币,与政治

---

① [德]哈贝马斯. 在事实与规范之间:关于法律和民主法治国的商谈理论[M]. 童世骏,译. 北京:生活·读书·新知三联书店,2003.

② Edward Shills. The Virtue of Civil Society[J]. Government and Opposition,1991:26(1).

③ 俞可平. 中国公民社会研究的若干问题[J]. 中共中央党校学报,2007(6).

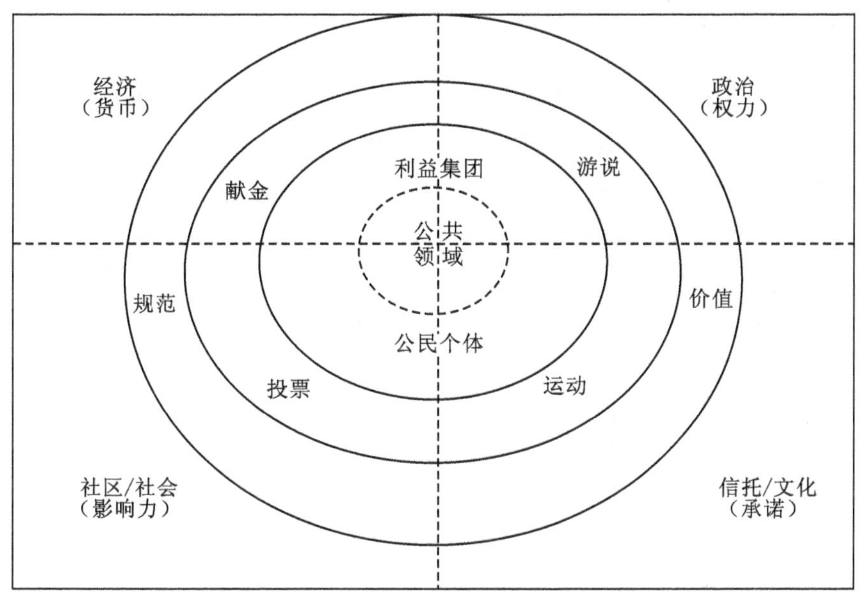

图 2-1 公民社会的结构要素关系图

子系统（国家）的交换媒介主要是权力，与文化子系统的交换媒介主要是承诺，与社会子系统的交换媒介主要是影响力。

二、虚拟公民社会及其与实体公民社会的关系

（一）虚拟公民社会的内涵

随着互联网政治的发展，以互联网为基础平台，以权利为指向的公共参与活动日益增多。公民个体和利益集团基于互联网的参政议政既符合新公共管理的理论指向，也与国家治理模式中“小政府、大社会”的实践相一致。西方发达国家业已成熟的公民社会借助互联网，在行动载体和组织方式上正在发生调整和转型；东欧国家的公民社会重建也借力于互联网表达利益诉求；西亚和北非的政治动荡中公民社会与国家的主要对话途径之一就是以互联网为代表的新型媒体；中国的公民社会建构也越来越多的借助互联网，互联网正在改变中国公民的公共参与意识。总之，互联网在公共参与特别是以国家权力为指向的参政议政上的作用越来越大，对传统公民社会的权力主体、活动载体、行动目标和组织方式等都会产生一定的重塑作用。

在互联网技术和政治相互融合的现实背景下，本书从理论上提出“虚拟公民社会”这一概念，试图在技术与社会的关系以及国家与社会的关系背景下，对技术、社会和政治相互融合的这个新型领域进行理论分析。“虚拟公

民社会”指的是公民个体和利益集团等网络政治实体,以现实社会中的公共利益为指向,以网络媒体和虚拟社群为工具或平台,应用微观权力和话语民主进行资源动员和参与协商,以此参与公共事务的虚拟社会空间。

(二) 虚拟公民社会与实体公民社会的关系

公民社会的一般性结构要素包括主体、行动、价值规范和公共领域等四类。公民社会与政治国家相对,是实体社会中的特殊组成部分。与那些主要以互联网为技术基础的“虚拟公民社会”相对,实体社会中的公民社会可以被称为传统的公民社会或者“实体公民社会”。

虚拟公民社会与实体公民社会呈现出既矛盾又统一、既融合又分离的关系。在理解虚拟公民社会与实体公民社会的关系上应该把握以下几点:首先,两者具有相同的利益诉求,行动对象和行动目的一致,都以国家为对象,以现实社会中的公共利益为指向。其次,虚拟公民社会和传统的公民社会一样,都与政治社会相对应。作为社会权力的主要载体,公民社会始终扮演着参政议政和社会监督的角色。最后,两者在行动主体和行动方式上具有一定差异,互联网的技术特性使得虚拟公民社会的行动主体呈现出跨地域跨时间的特点,网络技术使得更大地域范围的利益相同者通过异步和同步技术在虚拟空间中聚集起来,甚至形成哈贝马斯所谓的“全球公民社会”。这种跨时空的群体聚集较传统公民社会更能形成与国家对话的权力,与之相随的是,虚拟公民社会的行动方式也呈现出远程性和即时性等特点。

三、虚拟公民社会的要素变化和运作机制

(一) 虚拟公民社会的要素变化

现代西方意义上的公民社会包括主体、行动、价值规范和公共领域等四类要素:主体包括公民个体、非政府组织(非营利组织)、利益集团(压力集团)和企业;行动主要有投票、社会运动、院外游说等;价值规范包括人本主义、多元主义、开放性、参与性和法治性;公共领域则是基于各种媒介的公共言论空间。随着互联网在政治、经济、文化和生活中的深度渗透,公民社会的结构要素也开始发生变化。具体表现有以下几个方面:

1. 虚拟公民社会的主体复杂化

前文已经指出,一般意义上的互联网政治的实体主要有三个层次:第一层次是关注公共事务特别是政治事务的“网民”,既包括作为公民个体的网民,也包括以个体形态出现的阶级代表和民族代表;第二层次是各种特殊利益集团,包括各种没有现实组织背景的“纯虚拟社团”和以现实组织为基础

的"准虚拟社团";第三层次是以电子政务为载体的取得统治地位的阶级及其政党建立的国家及其机构和人员。

但从公民社会(特别是政治导向的公民社会)的角度看,互联网政治实体或者说公民社会主体呈现出复杂化特征。网络技术的虚拟性、超时空性和即时性等特征,造就了各种"趣缘群体"和勒庞所说的"乌合网民"。"乌合网民"不等于作为个体形态的理性公民和代表特殊阶级和民族的网民;"趣缘群体"不等于特殊利益群体。"趣缘群体"是与血缘、地缘和业缘不同的基于个人兴趣并以专业网站或分众论坛为基地的网民;"乌合网民"则是散布于各种网站和论坛上的数量庞大的围观者、灌水者、潜水者和谩骂者等等。数量庞大的"趣缘群体"和"乌合网民"使得传统政治学中所强调的具有自我同一性的主体面临"主体悬置"和"群体极化"的危险。主体悬置体现为政治主体的虚化、抽象化和跨国化。虚拟性和匿名性几乎使得每个网民都有多个不同注册名(俗称"账号"或"ID"),网民可以依据不同的情境、语境,甚至情绪随意变换身份,这直接导致互联网政治中政治实体的不稳定性和不可识别性——政治主体被虚化。当前我国社会经济转型中多元利益群体和多元价值观并存,公共权力使用不当导致了众多社会矛盾,使得互联网上无特定利益诉求和无直接利益冲突的政治现象日益增多——政治主体被抽象化。来自不同国家和地区但政治倾向相同的个体和群体还可能组成被称为的"电子嬉皮士"的特殊抗议团体,例如,绿色国际组织、国家人权观察组织等。被虚化、抽象化和跨国化的政治主体很容易产生无责任的政治言论和行为,并可能最终导致互联网政治失序。虚拟公共领域的技术特性还造成了"群体极化"这种特殊的社会心理现象。群体极化是由传媒学者詹姆斯·斯托纳在 1961 年首次提出,并被桑坦斯引入互联网研究。它指的是团体成员一开始即有某种偏向,在协商后,人们朝偏向的方向继续移动,最后形成极端的观点。[①] 这一特殊的社会心理现象既与意见领袖压力以及随之而来的从众行为有关,也与泰弗尔社会认同理论所说的社会比较及其带来的内群偏向和外群歧视有关。不管怎样,都可能形成哈贝马斯所说的"虚假的一致意见"。

另外,中国内地政治语境中的互联网政治还存在两种更加复杂的特殊现象——"五毛党"和"数字鸿沟"。前者又称"网络评论员"、"网络推手"或"舆论操纵者",是指在网络媒体上发表观点的人,特别对有关政治和社会的时事进行评论。专业的网络评论员因其个人魅力或专业知识,能影响网络

① [美]凯斯·桑斯坦.网络共和国[M].黄维明,译.上海:上海人民出版社,2003.

舆论、引导网络舆论甚至制造网络舆论。后者指的是个人、组织或地区等在互联网意识、设备和知识上的差异。从“虐猫事件”到“铜须门丑闻”，从“网络通缉令”到“人肉搜索”，甚至催生了“网络黑社会”（由网络“打手”、“地下出警队”和网络公司、删帖公司、营销公司组成，他们是廉价的“雇佣军”，在帮助雇主进行网络营销和打击竞争对手时，会不择手段在网络上集中火力针对某一品牌发布炒作性、攻击性言论，获取商业利益）。福山认为第三波民主在20世纪90年代后期达到高潮的主要原因有：教育普及提高了民众的自我认识和政治环境认知；信息技术使思想和知识得到迅速传播；廉价的旅行和通讯让民众得以运用他们的脚来参与选举；经济繁荣诱发民众渴望获得更齐全的保障。而那些没有经济条件接触电脑和没有掌握网络知识的人因无法参与虚拟公共论坛而处于无人代言的弱势地位。“甬温线动车脱轨事件”中大量中产阶级网民通过网络舆论推动了事件的高调解决，而“某某煤矿死亡多少人”这类事件则由于煤矿工人几乎没有网络代言人而最终“被低调和谐”。“五毛党”和“数字鸿沟”的存在，不仅短期内加剧了虚拟公共领域中的舆论偏向，而且还可能在长期影响现实政治格局。

2. 虚拟公民社会的行动利益化

互联网促成虚拟公民社会产生的条件是互联网应该具有开放性、独立性和关注公共利益。确定公共利益的主要量化标准是以地域为标准和以人为标准，前一标准认为，一定地域范围内大多数人的利益就是公益；后一标准则认为，“某圈子之人”的利益就是公益。公民社会与利益（此处特指公共利益）的关系毋庸置疑，其原因在于，行动利益化是现代社会中绝大多数社会行动的特征，特别是经济行动和政治行动。但此处论及的虚拟公民社会的行动利益化却有特殊含义：一方面，公民社会的虚拟化必然将公民社会的利益导向延伸到互联网中；另一方面，我们此处更加关注的问题是，互联网诞生初期的行动非利益化价值导向是如何被利益化的？

韦伯曾经在《新教伦理与资本主义精神》一书中指出，资本主义精神的主要来源是以禁欲苦行和天职召唤为主要特征的新教伦理。韦伯的同事桑比特则指出，资本主义产生的重要原因是其经济层面的贪婪攫取性。贝尔将前者称为“宗教冲动力”，将后者称为“经济冲动力”。但在互联网发展早期，网络行动的价值导向却并非利益化的。海曼根据互联网早期发展史，归纳出一种被他称为“黑客伦理”的特殊价值标准。海曼认为，与新教伦理推动了资本主义精神的形成类似，黑客伦理推动了信息时代精神的生成。黑客伦理是基于娱乐、激情、共享和创造的思维方式和哲学。新教伦理的七种价值是：金钱、工作、最优性、灵活性、稳定性、确定性和结果的可解释性。而黑客伦理包括的四类(共七种价值)包括:最高价值创造性;以激情和自由为特征的工作伦理;以社会价值和开放性为特征的金钱伦理;以主动性和关怀为特征的网络伦理。[①] 海曼对互联网发展史的梳理表明,电子邮件、因特网和万维网的发明、应用和普及的最主要原因是黑客伦理和早期黑客的辛勤付出。

但随着互联网从早期的军事和政治领域逐步向教育和经济领域扩展,推动互联网技术创新的推动力也开始发生变化,黑客伦理逐步被新教伦理所替代,非利益化价值导向被利益化导向所取代。伦理价值层面的转变也影响了互联网的政治应用,政治公共领域的行动日益利益化,虚拟公民社会的主导价值也开始被利益侵蚀。或者用哈贝马斯的话说,生活世界逐步被系统所侵蚀。

3. 虚拟公民社会的公共领域跨时空化

公共领域是以公共事务的参与和协商为主要目的社会空间。传统的公共领域是以民族国家为背景的,不管是以地域还是以人来界定公共利益,公共领域总是存在于民族国家内部。但虚拟公民社会的公共领域在某种程度上却可以超越民族国家。虚拟公民社会的公共领域跨时空化的原因主要有两点:第一,互联网技术本身具有跨时空特性,二十四小时不间断的无缝运作为公共事务的参与和协商提供了绝佳的技术平台;第二,全球化导致很多原来属于一个民族国家内部的事务成为地区性甚至全球性事务。

公共事务的全球化需要各民族国家共同参与和协商来解决,为此,各民族国家已经共同建立了很多政府间的双边和多边磋商机制,例如:政治类国际组织有联合国、北大西洋公约组织(北约)、欧洲联盟、上海合作组织、七十七国集团等;经济类国际组织有世界贸易组织、国际货币经济组织、世界银行和石油输出国组织等;科技、文化、体育等专业类的国际组织有国际原子能机构、世界卫生组织、万国邮政联盟和世界气象组织等。但作为利益相关者和与国家相对的公民社会组成部门,很多非政府性的国际组织也在各自关注的公共事务领域,而且此类组织的数量大大高于政府类的国家组织。根据《国际组织年鉴》2004 年到 2005 年的数据,全部国际组织有 57964 个。其中,政府类国际组织有 7306 个,非政府国际组织有 50658 个,分别占全部国际组织的 12.6%和 87.3%。非政府的国际组织独立于政府和其他政治力量,通过特殊机制对民族国家和国际机构的公共决策施加压力,在国际事务

① [美]派卡·海曼.黑客伦理与信息时代精神[M].李伦,魏静,唐一之,译.北京:中信出版社,2002.

中发挥特殊的“院外”作用。例如，成立于1971年的国际绿色和平组织独立于任何政府、组织和个人，不接受政府、财团或政治团体的资助，绿色和平组织致力于阻止任何威胁地球环境和生物多样性的活动，并发起了一系列的环保运动，如制止气候变暖、保护原始森林、停止海洋污染、阻止捕鲸、反对基因工程、停止核威胁、减少有毒物质和促进可持续贸易等。成立于1978年的人权观察组织则以调查、促进人权问题为主旨，根据世界人权宣言等广为接受的人权标准，撰写国际人权违反状况的研究报告，通过国际社会对暴行的关注，进而促进政府和国际组织的改革。研究者针对可疑的境况进行取证调查，并在本地和国际媒体上刊登报道。人权观察组织的报告中涉及的问题包括种族歧视、性别歧视、刑讯逼供、童兵，政治腐败以及司法公正问题，另外还会记录和报告对战争法和国际人权准则的违反情况。

4. 虚拟公民社会的价值与规范多元化

价值导向和行动规范是虚拟公民社会良性运行的基础，是集体意识和社会整合得以形成的基础。一般来说，前工业社会的价值和规范相对来说具有一元化和静态化特征，社会发展缓慢而稳定；而工业社会特别是信息网络社会的价值和规范则是多元化和动态化的，社会变迁较为频繁和剧烈。正如现代哲学中多元主义和相对主义已经取代一元主义和决定论，哲学家大都承认道德规范、合理性标准、科学范式甚至逻辑规则都可以根据约定或因时空不同而有所不同一样，虚拟公民社会的价值导向和行动规范也呈现出多元化特征。

一般来说，虚拟公民社会的价值和规范具有一定的普适性，例如：人本主义、多元主义、开放性、参与性和法治性等。但由于民族国家的文化传统、社会结构、经济制度特别是政治制度的不同，虚拟公民社会的价值和规范也会呈现出不同特征。中国经历过两千多年的封建社会，家天下的中央集权的威权政体对臣民来说已经习以为常。在公民社会的形成过程中，臣民角色向公民角色的转变在很大程度上会受到威权政体某些特征的负面挟制。但随着中国市场经济的不断深入发展，特别是加入世界贸易组织以后，以行政改革为先导的政治改革也开始起步，宪法规定的公民权利在日常实践中正在受到越来越多的制度上的保障。特别是国际互联网的广泛应用，对公民社会的培育起到了积极作用。伴随着西方国家消费主义而来的物质文化冲击着人们心灵；“五四运动”时期渴望从西方引入的“德先生”和“赛先生”在网络上被更加透明和广泛地讨论。网络的虚拟性和思想解放的激情碰撞在一起，各种思想观点都能找到拥趸，各种网络论坛都人满为患，各种争论批判此起彼伏。中国的虚拟公民社会中的个体和利益集团充分利用互联网，对公共事务进行参与和协商。经济问题上，政府、专家与公民热烈讨论公平与效率何者优先；政治问题上，左、中、右派激烈辩论改革和革命孰重孰轻……互联网上的百家争鸣充分体现出不同价值观和行为规范。

（二）虚拟公民社会的运作机制

互联网在政治领域的应用，催生了一种我们称为"虚拟公民社会"的社会形态。虚拟公民社会的相关结构要素及其相互关系如图 2-2 所示。此结构关系图说明，国家与社会具有较为明显的边界，国家可划分为政治和行政等部分，社会可以划分私人社会和公民社会等部分。本书的研究对象是以互联网技术和互联网政治为背景的特殊公民社会形态，即虚拟公民社会。虚拟公民社会的政治行动主体主要包括公民个体和利益集团，他们通过网络媒介和虚拟社群参与公共事务。在这些以公共利益为主要指向的政治行动中，政治参与主体充分发挥微观权力和话语民主的作用，通过参与协商和资源动员，对国家的公共政策产生影响。国家作为公民社会的行动对象，也会综合利用法律、行政、技术和道德等工具，对虚拟公民社会的运作进行管制。

虚拟公民社会的运作机制，是本研究的核心问题。下述各章将以利益集团和公民个体为主体，以网络媒体和虚拟社群为技术背景，以话语民主和

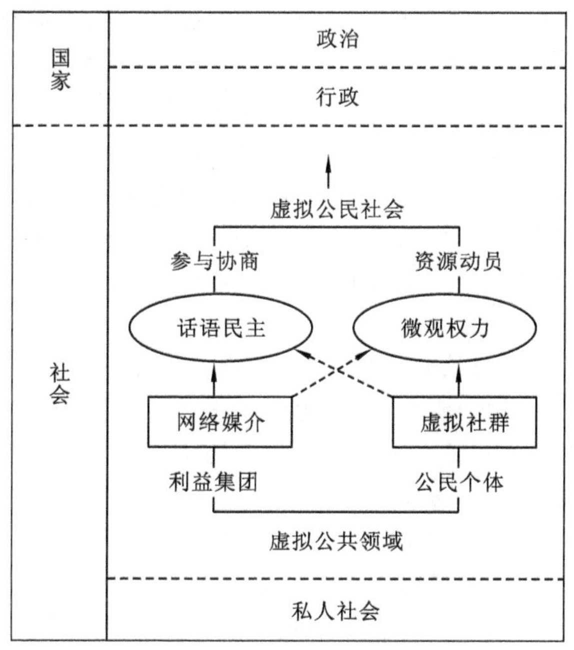

图 2-2　虚拟公民社会及其诸要素关系图

微观权力为理论工具，对虚拟公民社会的运作机制进行详细阐述。在此基础上，从宏观角度分析国家对虚拟公民社会的管制问题。

本章小结

本章以互联网技术作为公民社会的技术背景，以互联网政治作为公民社会的社会背景，对虚拟公民社会的内涵、结构和运行机制等问题进行了阐述。作为虚拟公民社会的技术背景，发源于 1969 年的互联网技术具有的众多特征为 20 世纪 90 年代后期互联网在经济、政治和社会等领域广泛应用打下了坚实的技术基础。互联网与政治具有紧密联系：一方面，互联网本身的发展充满政治性，涉及国家与市场的权力争斗与合谋、全球层面的互联网管理权之争、互联网时代的数字鸿沟以及纯技术层面上的网络协议之争、操作系统之争以及其他网络应用和产品的市场权力之争等问题；另一方面，互联网还被广泛地作为政治工具来使用，在电子民主、电子动员、电子竞选和电子政务等方面发挥重要作用。在中国，互联网媒体和虚拟社群在互联网政治中的特殊作用尤其值得关注。作为虚拟公民社会的社会背景，互联网政治指的是，政治实体以互联网为工具，按照一定的政治规则并在一定的政治控制下参政议政以实现其政治权益的行为和过程。中国当前参与互联网政治的政治实体除了国家（政府）以外，主要还包括公民个体（网民）和各种利益团体。互联网政治规则以正义性为指向，是政治共同体的价值依托、自我认同的来源和政治秩序的基本保证。互联网政治中的政治控制包括物质型和制度型两种，控制主体一般可分为国家（如通信管理局和网络警察）和市场（如搜索引擎和论坛版主）。

国内外学者对公民社会的结构要素和运行机制看法不一，本书以前人研究为基础，结合结构功能主义对一般社会系统的分析，认为现代西方意义中的公民社会是嵌入在社会系统中包含四类结构要素的特殊社会，包括主体、行动、价值规范和公共领域等四类要素。主体主要包括公民个体和各种利益集团；行动主要有投票、社会运动、院外游说等；价值规范包括人本主义、多元主义、开放性、参与性和法治性等；公共领域则是基于各种媒介的公共言论空间。就政治公民社会的外部环境来讲，它与经济、政治、文化（信托）和社会（社区）存在物质、能量和信息交换，具有或明或暗的动态边界。在互联网环境下，公民社会的主体复杂化、行动利益化、公共领域跨时空化和价值与规范多元化等结构性变化，产生了我们称为“虚拟公民社会”的特殊公民社会。虚拟公民社会指的是，公民个体和利益集团等网络政治实体，以现实社会中的公共利益为指向，以网络媒体和虚拟社群为工具或平台，应用微观权力和话语民主进行资源动员和参与协商，以此参与公共事务的虚拟社会空间。本章以公民个体和利益集团为行动主体，网络媒体和虚拟社群为技术背景，以话语民主和微观权力为理论工具，以参与协商和资源动员为中间机制，初步构建了一个虚拟公民社会的结构要素和运作机制模型。这一模型展示的虚拟公民社会的运作机制，是本研究的核心问题，下文将围绕该理论模型对虚拟公民社会诸问题进行详细阐述。

第三章

网络媒介与话语民主：民主视野下的虚拟公民社会

作为政治学概念的“民主”本身结构要素很复杂，一般认为民主包括民主理念、民主制度和民主技术等三部分内容。与理念和制度等形而上层面相比，作为形而下层面的民主技术在某种意义上更加重要。民主技术是民主政治的形而下基础和支撑要素，在很大程度上影响着民主政治的深度、广度和效果。不管是直接民主中面对面的口头辩论，还是间接民主中背对背的基于纸笔的书面投票选举以及基于媒介（如电话、卫星电视和互联网）的电子选举和数字投票，作为技术的民主都在很大程度上影响和制约着政治制度的发展。

20 世纪 90 年代以来，互联网（含因特网和万维网）从军事领域和教育领域逐渐向经济和生活领域渗透，在生产和生活中的影响力越来越大。从当前世界各国国家与社会的关系看，西方国家的公民社会处在“重新调整”阶段，东欧国家处于“重建”公民社会阶段，而中国则处于“建构”公民社会阶段。[①] 不管我们将互联网看做是信息传播的技术手段，还是赋予公众话语民主的政治工具，作为新型媒介的互联网在调整、重建和建构公共领域和培育公民社会中的作用都不可小视。作为技术手段和政治工具的互联网可能会深刻改变国家与公民的话语权博弈格局，成为虚拟公民社会的社会技术

① 邓正来．市民社会与国家——学理上的分野与两种架构[M]//邓正来，亚历山大．国家与市民社会：一种社会理论的研究路径．北京：中央编译出版社，2002.

基础。

鉴于此，本章首先以民主和技术的关系为理论线索，分析互联网本身发展中的政治问题以及互联网对政治特别是民主政治的影响；其次，对话语民主的基本理论和文献进行梳理，并以媒介技术与民主政治的关系为背景，对传统媒介和互联网媒介中的话语权进行比较分析；最后，深入分析互联网与民主政治的关系，重点关注互联网的"虚拟"属性对国家与公民之间关系的影响，分析互联网对公民社会特别是对中国当前公民社会建构的影响潜力。

第一节　民主与技术的关系

"民主"一词自提出至今约有2500年历史，作为政治概念的民主的主要应用领域是政治领域。作为学术概念的"民主"具有多种定义，作为政治实践的"民主"也具有多种模式。民主发展本身包括民主理念、民主制度和民主技术的发展，而民主技术的发展又在很大程度上依赖于信息（包括沟通和通信）技术的发展。正因为如此，我们有必要梳理技术与民主的关系，对民主技术本身的发展以及信息技术对民主技术发展的影响进行分析。

一、民主的多元性及发展历程

"民主"一词源于希腊字"demos"，意为人民。古希腊的雅典城邦在平民反对贵族政治的过程中逐步产生了奴隶主民主。公元前592年的梭伦改革和公元前509年的克里斯提尼改革，将执政官制度、元老院制度和公民大会制度等一系列政治设置引入城邦政治中，形成了今天所说的经典意义上的"民主"。因此，梭伦和克里斯提尼也被誉为"民主之父"。古希腊城邦雅典民主的本质主要是公民自治，从公元前443年到公元前429年的伯里克利时代是雅典政治、经济和文化都得到大发展的内部极盛时期，其统治者伯里克里曾说，"我们的制度之所以被称为民主制度，是因为权力不是掌握在少数人的手中，而是掌握在全体人民的手中。在解决个人争端的问题时，法律面前人人平等；当优先推举某人去担任公共职务的时候，推举他的原因不是由于他是特定阶级的成员，而是由于他所具有的真实才能"[①]。这段话表明了雅典民主具有的主权在民、公民政治资格平等和能力本位等特征。

---

① [英]戴维·赫尔德.民主的模式[M].燕继荣，等，译.北京：中央编译出版社，1998.

政治意义上的民主在19世纪逐渐被引申到其他领域,托克维尔在访问美国后深感美国社会的平等而提出了所谓的“社会民主”。萨托利认为,社会民主除了从民族精神、生活方式和人际关系等方面理解外,更重要的应该指统治社会的方式,是政治民主的超政治基础和根据。[①] 韦伯提出“工业民主”一词,意指工厂里的民主。还有学者提出“经济民主”,即以重新分配社会财富并使经济机会与条件平等化为政策目标的体制。但科恩认为经济民主不是民主,“称之为民主是把灵活的词义引申至不合理的程度”[②]。本研究以互联网为技术背景,重点关注公共事务中的民主。其特点主要有:第一,这种民主是广义的民主,不仅意指传统的政党政治意义上的政治民主,也能涵括不同学者所提出的“社会民主”、“工业民主”和“经济民主”等概念。更确切地说,只要涉及公共事务及其参与过程中的权力博弈问题,就必然会涉及作为理念、制度和技术统一体的“民主”。第二,由于实质民主涉及文化传统和价值观念等内隐的相对主义问题,本研究更偏重外显的甚至是可测量、可量化的程序民主。强调公共事务中的参与和协商等形式问题,着力与分析话语民主在社会权力与国家权力对话中的重要作用。第三,也是最重要的,这种民主是理念、制度和技术的综合体,但本研究更强调其技术性。其原因在于,媒介技术与社会的深度融合,使得互联网在很大程度上改变了群体聚合、利益诉求表达甚至投票选举等民主技术。而民主技术的改变又会逐步改变民主理念和民主制度,这使得研究对民主形式的研究具备了较为深远的理论意义和实践价值。

肇始于2500年前的雅典民主在其漫长的发展历程中经历了多种模式,众多政治学家和哲学家对民主进行了经验研究和理论分析。作为一个“本质上可争议的概念”,不管从历史实践还是从学理脉络上看,民主及其模式都众说纷纭。研究者们要么满怀信心地提出各种民主的定义,要么假定读者了解民主这一术语的确切含义,而直接论述民主的前提、价值及其问题。[③] 以下我们主要以赫尔德和坎宁安的研究为基础,对民主模式的相关研究进行梳理。

戴维·赫尔德在《民主的模式》一书中区分出了已有研究中的八种民主模式,并在此基础上提出了自治民主和世界民主两个新概念。[④] 八种民主模

---

① [美]乔万尼·萨托利.民主新论[M].冯克利,阎克文,译.上海:东方出版社,1993.

② [美]科恩.论民主[M].聂崇信,朱秀贤,译.北京:商务印书馆,1988.

③ [加]弗兰克·坎宁安.民主理论导论[M].谈火生,年玥,王民靖,译.长春:吉林出版集团有限责任公司,2010.

④ [英]戴维·赫尔德.民主的模式[M].燕继荣,等,译.北京:中央编译出版社,2004.

式中有四种古典模式:古代雅典的古典民主、共和主义自治共同体、自由主义民主和马克思主义的直接民主。另外四种民主模式是20世纪引起政治争论和冲突的四种民主模式:竞争性精英民主、多元主义民主、合法型民主和参与型民主。

(1) 古典民主:其政治理想是公民平等、自由,对法律的尊重和正义;其特点是统一性、一致性、参与性和严格的公民资格。

(2) 共和主义自治共同体:这种民主模式在实践上起源于文艺复兴运动,在学理上则可追溯到古希腊和古罗马。共和主义可区分为发展式共和主义和保护式共和主义,前者起源于古希腊城邦及其哲学家,其侧重点是政治参与对于强化决策和公民发展的内在价值;后者起源于古罗马及其历史学家,其主要强调的是政治参与对于保护公民的利益和目的的工具价值。

(3) 自由主义民主:该民主模式起源于霍布斯和洛克,前者标志着从服膺绝对专制主义向反对暴政的自由主义转变,后者则代表着自由主义宪政传统的发端,两者成为18世纪以来欧美政治结构的主线。导源于自由主义民主的代议制民主是当前西方国家普遍采用并在西方以外的地区被原则上广泛采纳的政府模式,这种代议制民主包含的一系列规则和制度有:民选政府;自由和公正的选举;公民普选权;公众对公众事务具有关心、获得信息并表达己见的自由;所有成年人有权反对政府和担任公职;结社自由——即公民有权接成独立的社团,包括社会运动、利益集团和政党。

(4) 马克思主义的直接民主:马克思在分析资本主义制度下的阶级冲突、异化和自由主义的缺陷后,提出了满足"每个人的自由发展是一切人的自由发展的条件"的联合体。马克思主义的直接民主不同于雅典的古典民主,也不同于卢梭的自治制度,但克服了代议制政府存在的由分权原则导致的国家权力缺乏责任的缺陷。①

(5) 竞争性精英民主:以韦伯和熊彼特为代表,这是一种以资本主义经济、议会政府和竞争性政党制度为背景的技术专家政治观。这种民主模式运行的条件是:政治家必须具备很高的才能;对立的领袖(和政党)之间必须在一个相对有限的政治问题范围之内展开竞争,这种竞争受制于有关国家政策总体方向、合理的议会方案内容和普遍性的法律事宜的共识;必须存在"具有良好的声望和传统"并受过良好训练的独立的官僚,以协助政治家处理政策制定和行政管理的各方面事宜;必须存在"民主的自我控制",诸如选民与政治家混淆了他们各自的角色,在所有问题上过分地批评政府,以及不

---

① [英]戴维·赫尔德.民主的模式[M].燕继荣,等,译.北京:中央编译出版社,2004.

可预测和极端的行为等问题上有着广泛的共识；必须有容忍不同意见的文化能力。①

(6) 多元主义民主：该模式主要强调利益集团在政治博弈中的作用，其理论来源有韦伯和熊彼特的竞争性精英主义、麦迪逊主义和功利主义。

(7) 合法型民主：起源于20世纪50年代末意识形态终结论和超载国家理论，属于新右派的模式。

(8) 参与型民主：起源于20世纪60年代的单面社会理论和合法性危机理论，属于新左派的模式。

坎宁安在其著作《民主理论导论》中较为客观地评价了古典民主②，认为古典民主的支柱是人民的自由治理以及民主能促进或表达公共利益。古典民主具有以下负面影响或缺陷：多数暴政；文化与道德的低俗化；政府的低效；排斥某些群体的压迫性统治；多数人（集体意志）也可能存在非理性。循着古典民主的缺陷和民主历史的发展脉络，坎宁安归纳出五种民主模式，并对这些民主模式在古典民主缺陷上的改进进行了评价。

(1) 自由民主：其哲学基础是功利主义，重视民众参与与平等，试图将民主与自由结合起来，以解决古典民主中可能存在的多数暴政问题。自由民主与公民主义和社群主义相对。

(2) 古典多元主义民主：主要关注利益集团的冲突，研究的关键词有利益、权力和国家（政府）。利普哈特认为解决冲突的办法是采用与议会制民主相当的协和式民主或共识型民主。这种民主治理模式与各派对抗模式或政府-反对派对抗模式要好，其目的是，“在多元社会中建立一个大的联盟，使所有重要派别的政治领袖们能精诚合作，共商国是”。

(3) 参与民主：源自卢梭的《社会契约论》。

(4) 审议民主：也称为商议民主、协商民主或商谈民主，其理论基础之一就是话语理论。

(5) 激进多元主义。

二、民主技术及其与信息技术的关系

（一）民主技术的界定

民主技术在不同的学科和范式下具有不同含义。技术哲学意义上的民

---

① [英]戴维·赫尔德.民主的模式[M].燕继荣，等，译.北京：中央编译出版社，2004.

② [加]弗兰克·坎宁安.民主理论导论[M].谈火生，年玥，王民靖，译.长春：吉林出版集团有限责任公司，2010.

主技术偏重对技术的民主研究,而政治学或政治哲学意义上的民主则偏重对民主的技术研究。如何对技术进行民主控制是技术哲学中的核心研究领域之一,该领域目前在国内外形成了两种具体的视角:一种视角关注的是掌握技术发展权力的统治阶层,关注最根本的权力关系,试图从政治理论出发、从掌权者着眼开发技术的民主控制之路;另一种视角关注的是技术设计与技术决策制定过程中的民主参与过程,力图从公众层面着手,开发现实可行的公众参与途径。① 从政治学视角看,民主技术在民主的三个维度中居于形而下位置。政治学意义上的民主技术与民主本身的属性界定有关系。工具论者认为民主是一种过程或程序,把民主看成实现一定社会目的和政治价值的手段、工具和方法;目的论者认为民主本身需要其他技术或方法作为基础。民主的工具论和目的论区分并不是绝对的,因此,我们将两者观点综合起来,将"民主技术"界定为民主制度中的某种具体技术或技术系统。

古希腊时期的古典民主中包含了现代民主中涉及民主理念、民主制度和民主技术的很多要素,例如投豆子、抽签、陶片放逐法、选举技术、投票技术、代表制、权力制衡机制等。单从民主技术的角度看,广场上面对面的口头辩论是古典民主中直接民主的基础技术。政治人物通过相互辩论取得政治权力,他们必须能够以充分的技巧说服共同体的成员,利用政治情感的共鸣得到民众的认同,形成共同行动的意志,政治精英由此必然要掌握精巧的辩论技术。普通民众则通过辩论寻找政治认同。当政治共同体的规模远远超过城邦,又没有电视、广播和互联网等媒介时,与直接民主对应的广场上面对面的口头辩论就不合时宜了。此时,与间接民主相适应的投票作为新的民主技术产生了。投票本身包括很多具体的技术,例如记名或不记名投票、被投票人和投票人的筛选方法、投票方式(从语言、肢体投票到书面投票和电子投票等)以及票数统计方法等技术。在间接民主阶段广泛使用的民主技术还有选举,选举一般依赖于投票技术。随着现代传播技术的发展,卫星电视、无线广播和互联网对社会的影响越来越大,政治传播越来越依赖于各种不同的媒介。媒介的政治传播主要体现在两个方面:一方面是对政治人物或者说政治上层而言,能够进行政治意志的统一,寻找政治力量的支持,保证政治集团的社会基础,实现在广阔领域的有效信息沟通,积极破除时间和空间对人类活动的限制;另一方面,民众通过大规模的政治传播,寻找自身的利益代言人,与相近的政治集体联合在一起,得到精神的归宿,这

---

① 王海稳.当代民主技术研究论域的探讨与厘定[J].湖北社会科学,2011(2).

既是人的社会性的体现，又是文明发展的高度组织性的体现。[①]

(二) 民主技术与信息技术的关系

信息技术(information technology，IT)，是主要用于管理和处理信息所采用的各种技术的总称。它主要是应用计算机科学和通信技术来设计、开发、安装和实施信息系统及应用软件，也常被称为信息和通信技术，主要包括传感技术、计算机技术和通信技术。以互联网为主要代表的网络技术的发展，使得信息的生产、存储、传播和应用发生了翻天覆地的变化，直接导致信息技术对生产和生活的影响日益深入。

技术与社会的关系为何如此重要？信息技术与民主技术具有何种关联？关于信息和传播新技术对当代社会的政治影响，从20世纪70年代的电子革命时期就开始受到关注。西方发达国家在20世纪七八十年代提出所谓的“远程民主”，认为电视和录像等技术可以改变政治实践。20世纪90年代以来，“电子民主”和“赛博民主”等说法也相继出现，美国学者本杰明·巴伯认为“被启蒙的”公民通过进入网站可以更知情、更主动，可以在直接的、全民的“大民主”框架内，在电子论坛自由表达、任命或罢免当选者、决定政治优先性。[②] 海德格尔和麦克卢汉都将技术看做是20世纪的中心问题：海德格尔给出了技术是一种实在的身份；而麦克卢汉则发现意义都逃不出电子媒介的网眼。[③] 辩论、投票和选举等各种民主技术的具体实现方式依赖于整个社会的技术发展水平。以网络技术为核心、以计算机技术和通信技术为基础的互联网改变了社会公众参政议政的方式，基于互联网的政治参与和沟通实际上是特殊的“辩论、投票和选举”，对政治候选人和政府公共政策议程设置都会产生潜在影响。

实际上，民主技术与信息技术关系还可以从民主模式与媒介技术的关系进行分析。加拿大学者麦克卢汉曾将截止到20世纪70年代的媒介技术分为口头传媒、文字传媒(书写和印刷)以及电子传媒等三个阶段。我们可以将20世纪80年代特别是90年代以来的互联网增加进来，将网络传媒称为第四阶段。在此基础上，我们可以进一步研究人类历史上的民主模式与媒介发展阶段之间的关系。以古希腊城邦民主为代表的直接民主很显然与

---

① 廖维晓，王琦. 民主技术的演进——从辩论、投票、选举、媒介到网络[J]. 社会主义研究，2011(2).

② [法]埃里克·麦格雷. 传播理论史：一种社会学的视角[M]. 刘芳，译. 北京：中国传媒大学出版社，2009.

③ [英]克里斯托夫·霍洛克斯. 麦克卢汉与虚拟实在[M]. 刘千立，译. 北京：北京大学出版社，2005.

口头传媒直接相关，广场辩论和市政厅政治主要都依赖口头传播；而近代西方建立的以代议制为主要形式的间接民主主要与印刷传媒相关，政治宣传、选举和投票等技术在很大程度上都依赖书写和印刷技术；代议制民主与广播、电视、传真等电子传媒也有很密切的关系，例如，1960 年肯尼迪利用电视辩论击败了竞选对手尼克松而被称为“电视总统”。广播和电视等电子传媒具有一定程度的跨时空性，在某种程度上可以支持直接民主，但由于这类媒介的丰裕度和互动性较差，而且成本较高，所以它们只能支撑所谓的“准直接民主”；但网络具有一般电子传媒没有的优点，从纯技术的角度看，互联网具有直接民主的潜力。这种直接民主与古希腊时代的直接民主具有本质的区别，因为互联网实现了平等主体之间的跨时空交流。我们可以将民主模式与媒介技术的关系总结为图 3-1。

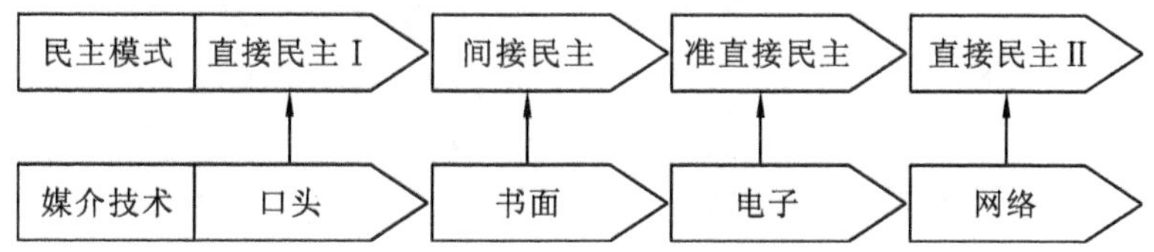

图 3-1　民主模式与媒介技术的关系演进图

从更广泛的意义上看，互联网技术对民主政治的影响突出表现在互联网拓宽了公民政治参与的途径，例如，利用微博参与“两会”。政治参与途径的增加直接导致了政府公共政策议程设置模式的转变。王绍光先生将中国公共政策议程设置的模式一共分为六种：关门模式、动员模式、内参模式、借力模式、上书模式和外压模式。① 这种分类的依据除了议程提出者是谁，更重要的是民众参与程度。关门模式和动员模式的议程提出者为决策者，内参模式和借力模式的议程提出者为智囊团，上书模式和外压模式的议程提出者为民间。与此相对应，关门模式、内参模式和上书模式中民众参与的程度都比较低，而动员模式、借力模式和外压模式中民众参与的程度都比较高。不仅如此，民主技术转变中的网络政治参与也会间接影响公众的民主理念，增强公众对民主政治的信心。中国社会科学院发布的《2005 年中国 5 城市互联网使用状况及影响调查报告》中，基于北京、上海、广州、成都和长沙等 5 个城市 2375 名被访者的调查数据，从网络与政治参与的角度，专门分析了互联网的政治影响。在设置的“上网是否促进人们有更多政治权力、使

① 王绍光. 中国公共政策议程设置的模式[M]//王绍光. 安邦之道：国家转型的目标与途径. 上海：上海三联书店，2007.

人们有更多机会评论政府工作、使人们更加了解政治、促进政府官员更多了解群众看法和使政府更好地服务于人民”等5个选项中,选的最多的是“使人们更加了解政治”(62.8%),选的最少的是“促进人们有更多政治权力”(45.1%)。2007年的调查结果与此类似。多数被访对象对于网络可能带来的政治参与的机会充满着期待,有30.3%的人认为网络可以使人们在政治上有更大的权力,47.9%的人认为网络可以使人们对政府的行为有更多的发言权,75.1%的人认为网络可以帮助人们更好地了解政治,59.3%的人认为网络可以使政府工作人员更关心百姓的看法。从选项的分布可以看出,人们对于网络的政治作用的期待主要在其沟通民意方面。2008年胡锦涛做客人民网“强国论坛”后,中国青年报社调中心通过益派市场咨询公司对2874人进行了问卷调查。调查显示,67.1%的公众认为互联网的影响越来越大,已经“成为官方了解民生、体察民意的重要途径”;61.7%的公众认为政府重视与民众的沟通与交往,这次总书记与网民的交流是“民主政治的积极实践”;56.8%的公众认为这次交流“开了历史先河”,说明中央对网络民意的前所未有的重视;52.4%的公众认为在这次交流之后,中国网络会更有活力,网民社会参与意识会更强。美国南加州大学“数字未来研究中心”发布的2010年研究报告发现:尽管超过70%的被访者认为互联网对政治运动很重要,但仅有27%的被访者认为公共机构会利用互联网关心公众想法,仅有29%的被访者认为互联网会增加公众对政府行为的影响。[①] 中美两国的调查数据尽管有差异,但都在一定程度上说明作为信息技术的互联网正在对政治产生一定的影响。

第二节 话语民主与媒介话语权的关系

什么是话语民主?话语民主的本质是什么?话语民主与作为媒介的互联网有何关联?本节首先对本文所用的话语民主概念进行学术界定;然后阐述媒介话语权以及作为媒介的互联网的话语权;最后分析互联网情境下话语民主与媒介话语权之间的关系。

---

① 资料来源于该中心网站 http://www.digitalcenter.org/pages/current_report.asp?intGlobalId=43。

一、话语民主的含义和理论基础

(一) 实质民主与程序民主之争

关于民主的内涵,前文已经从历史角度回顾了古希腊的民主实践,但作为政体的民主的却只能上溯到西方社会 18 世纪末的社会动荡。到 20 世纪中叶,作为一种政体的民主一直是根据政府权威的来源、政府所服务的目的和组成政府的程序来界定的。[①] 民主政治的核心程序是被统治的人民通过竞争性的选举来挑选领袖。民主概念的这一最重要的现代内涵是由约瑟夫·熊彼特在 1942 年提出来的。在其开创性的研究《资本主义、社会主义与民主》一书中,熊彼特指出了他所谓的"古典民主理论"的缺陷——这种民主理论根据"人民的意志"(来源)和"公益"(目的)来界定民主。熊彼特有效地推翻了研究民主的这些着眼点,并提出他所称的"另一种的民主理论"。他说,"民主的方法是为做出政治决定的一种制度安排,在这种制度安排中,个人通过竞取人民手中的选票而得到做出决定的权力"[②]。第二次世界大战后,西方学术界曾发生过一次有关民主的辩论。这场辩论发生在决心用来源和目的来界定民主的古典派与坚持用熊彼特模式中程序性民主概念的那些人数越来越多的理论家之间。到 20 世纪 70 年代辩论结束时,理论家们越来越注重在两种民主概念之间做出区分,一种是理性主义的、乌托邦的和理想主义的民主概念,即实质民主;另一种是经验的、描述的、制度的和程序的民主概念,即程序民主。辩论的结果是,只有程序民主才能够提供分析上的准确性和经验上的参照物,从而使之成为有用的概念。

本研究着眼于程序民主,在国家与市民社会之间的关系背景下,以民主和权力为切入点,分析互联网技术对公民社会转型的影响机制。本研究分析虚拟公民社会时所用的理论工具之一即话语民主,下文在对民主模式进行概述的基础上,引出话语民主这个分析性工具。

(二) 参与和协商:话语民主的内涵

根据查德威克的研究,民主政治意义上的政治参与起源于古希腊直接民主中的"阿哥拉"集市——一个融交易、娱乐和政治一体的地方。[③] 18 世纪

---

① [美]塞缪尔·亨廷顿.第三波——20 世纪后期民主化浪潮[M].刘军宁,译.上海:上海三联书店,1998.

② Joseph Schumpeter A. Capitalism,Socialism and Democracy[M]. New York:Harper,1947.

③ [英]安德鲁·查德威克.互联网政治学:国家、公民与新传播技术[M].任孟山,译.北京:华夏出版社,2010.

晚期和19世纪早期，很多政治哲学家探讨了民主政治中的参与问题：卢梭的解决方案是“发展自治政府，即人们所知的直接民主”；托克维尔认为应该“提升公民社会的公民参与”；潘恩则认为“只有积极地公民社会与不可剥夺的个人权利相结合才能满足人民需要”。19世纪中期开始，现代官僚制国家弱化了公民与其代表的政治联系，增加了技术专家在政治和行政决策中的发言权。持多元主义观点的学者和政治活动家们认为“国家权力的增长必须由无数的自由组成的公民协会来核查，在这些协会中公民更能够参与并将政策建议提升至政府层面”。20世纪60年代的女权主义、公民权利以及和平运动等社会运动导致政治理论对政治参与僵化的担忧，巴伯和哈贝马斯等人开始重新思考参与式民主；20世纪80年代新保守个人主义的兴起则激发了一些社会学家和政治学家开始思考社区问题，罗伯特·贝拉等人号召新社群主义道德准则，詹姆斯·菲什金则提倡公民聚到一起议事而进行协商民意测验。参与式民主和新社群主义不仅在实践上为民主政治提供了有力途径，而且也在理论上推动了民主模式的演进，为“话语民主”的提出奠定了基础。

政治哲学中“话语民主”概念的提出，与20世纪哲学的语言学转向有密切关系。正因为如此，直接或间接抑或浅显或深入地提出“话语民主”的学者很多。此处，本研究围绕“虚拟公民社会”的主题对其中几位重要学者的观点进行评述，以便引出互联网情境下的话语民主及其与公民社会的关系。

哈贝马斯是德国法兰克福学派社会批判理论的继承者，试图综合多种理论资源以重建历史唯物主义。在此理论建构中，与话语民主有关的理论资源主要有普遍语用学、交往行动理论和公共领域理论。

在美国实用主义哲学，奥斯丁、维特根斯坦和塞尔等分析哲学以及乔姆斯基的语言学基础上提出普遍语用学，摒弃经验语用学强调的知觉性经验即观察，转而强调交往性经验即理解。哈贝马斯认为交往主体具备三种语言能力：选择陈述性语句的能力、表达言者本人意向的能力和以言行事的能力。以此为基础，哈贝马斯认为语言在交往中具有三大功能：陈述和判断事实、理解媒介以及表现功能，分别用于处理行为者与客观世界、行为者与社会世界以及行为者与自身主观世界的关系。普遍语用学还以韦伯有关社会行为的类型划分为基础，以“利益目的的合作行为——习惯行为和策略行为”和“意见一致的合作行为——习惯行为和论证的一致”为参考框架，提出了以成就为取向和以理解为取向两种社会行为，进一步强调了语言在交往实践和交往理性中的作用。

在对黑格尔、马克思、雅斯贝尔斯和阿伦特有关交往的观点进行综述的基础上,结合社会学中的互动理论、功能主义、普遍语用学,提出了交往行动理论。哈贝马斯认为交往关系有三个层面:认识主体与事件或事实事件的交往层面,实践主体间的互动关系层面,以及成熟的主体与其自身的内在本质、与他者的主体性关系层面。在交往行为理论中,哈贝马斯借鉴胡塞尔现象学中作为认识来源和目的的"生活世界",将交往者面临的客观世界、社会世界和主观世界统一为作为认识产物、背景和前提的"生活世界",并借鉴波普三个世界理论中的"无认识主体的认识论",提出"无本体的本体认识论"——即主体间性的认识论。

在马克思、霍克海默、阿多诺特别是阿伦特的影响下,哈贝马斯在其教授资格论文《公共领域的结构转型》中提出了公共领域理论。该论文经扩充后作为著作在 1962 年出版,1999 年被译成中文,被称为"第一部在汉语学界产生重大影响并被广泛运用于各个学科的哈贝马斯著作",使得公共领域理论受到中国知识界的普遍关注。哈贝马斯在该著作中首先明确了"公共领域"(最早由康德提出)或"公共性"范畴的历史起源,然后沿着社会结构、政治功能以及意识形态等路径对此范畴的现代转型问题逐一论述。哈贝马斯认为,"所谓'公共领域',我们首先意指我们的社会生活的一个领域,在这个领域中,像公共意见这样的事物能够形成。公共领域原则上向所有公民开放。公共领域的一部分由各种对话构成,在这些对话中,作为私人的人们来到一起,形成了公众。那时,他们既不是作为商业或专业人士来处理私人行为,也不是作为合法团体接受国家官僚机构的法律规章的规约。当他们在非强制的情况下处理普遍利益问题时,公民们作为一个群体来行动;因此,这种行动具有这样的保障,即他们可以自由地集合和组合,可以自由地表达和公开他们的意见。当这个公众达到较大规模时,这种交往需要一定的传播和影响的手段;今天,报纸和期刊、广播和电视就是这种公共领域的媒介。当公共讨论涉及与国家活动相关的问题时,我们称之为政治的公共领域(以之区别于例如文学的公共领域)"[①]。虽然从该界定可以看出,哈贝马斯的"公共领域"包含公众、公共意见或公众舆论以及公众媒介和公共场所等三个结构性要素,但哈贝马斯并没有对公共领域进行严格的类型学划分。在《公共领域的结构转型》以及其他相关著作中,哈贝马斯使用了大量与公共领域的类型学划分有关的概念,例如代表型公共领域、资产阶级公共领域、平民公共领域、公共领域的自由主义模式、福利国家大众民主模式以及文学

① 尤尔根·哈贝马斯.公共领域[M]//汪晖,陈燕谷.文化与公共性.上海:上海三联书店,1998.

公共领域、政治公共领域等。我们可以将公共领域大致划分为四种类型：代表型公共领域、资产阶级公共领域（公共领域的自由主义模式）、平民公共领域以及公共领域的福利国家大众民主模式。[①] 公共领域之于哈贝马斯就如同新教伦理之于韦伯：它是一个社会哲学家的理想类型，而不是一个社会史家对现实的描述[②]，但这种具有理想型和规范性的概念仍然是社会批判的有力工具，这一点可以从哈贝马斯对资产阶级公共领域的详尽分析中看出来。哈贝马斯总结的资产阶级公共领域处于国家和市民社会之间，与私人领域和公共权利领域相区分，逻辑关系可表示如下：私人领域→市民社会→公共领域←国家←公共权利领域。17 世纪和 18 世纪自由资本主义时期的资产阶级公共领域是处于政治权力之外的作为民主政治基本条件的公民自由讨论事务、参与政治的活动空间，如咖啡馆、酒馆和报刊。但资产阶级公共领域在 19 世纪中期达到顶峰后，随着 19 世纪末资本主义进入垄断时期，资本主义社会福利化导致国家过多参与社会事务，私人领域和公共领域、市民社会和国家之间的界限逐步模糊，公共领域独立存在的重要条件也不复存在。公共领域的主体逐渐变成政党和利益团体，成为垄断舆论的工具，公共领域开始衰落。

哈贝马斯在重建历史唯物主义的理论建构中提出的普遍语用学、交往行为理论和公共领域理论为话语民主理论奠定了坚实基础。哈贝马斯在研究国家和市民社会的关系以及民主问题时，系统地评价了自由主义和共和主义，并在此基础上提出了第三种模式，即“话语民主”，也称为“话语政治”或“协商政治”。哈贝马斯认为，自由主义和共和主义争论的核心是民主和自由的关系，自由主义认为自由有内在价值，民主只是实现自由的工具；而共和主义在认为民主作为政治参与和主体自我实现的过程，其本身具有内在价值，个人权利是保障民主集体参与的工具。[③] 哈贝马斯还指出，自由主义强调道德与政治的关系，重视机会平等的公正原则。自由主义将政治秩序的产生归结于自然法（道德自我立法），认为法律不依赖人民意志，只依赖不证自明的道德规范。而共和主义强调民主与政治的关系，重视积极参与的包容原则。共和主义将政治秩序的产生归结于社会契约（公意），认为法律是公民集体意志的自我规定，是政治共同体自我实现的工具。哈贝马斯

---

① 陈勤奋.哈贝马斯的“公共领域”理论及其特点[J].厦门大学学报(哲学社会科学版)，2009(1).

② 魏斐德.市民社会和公共领域问题的论争——西方人对当代中国政治文化的思考[M]//邓正来，J C 亚历山大.国家与市民社会——一种社会理论的研究路径.北京：中央编译出版社，2002.

③ 汪行福.通向话语民主之路：与哈贝马斯对话[M].成都：四川人民出版社，2002.

还系统地比较了自由主义和共和主义在公民地位、法律秩序、政治过程、社会与国家的关系等方面的差别。① 自由主义认为公民有否定性的消极权利，在法律秩序上强调个人自由，在政治过程上看重行政权力之争(竞选是政纲和选民的利益交换)，认为社会是自发的经济交换场所，社会与国家的界限很清楚。共和主义认为公民有积极的政治参与权，在法律秩序上强调政治自律，在政治过程上看重对话(观点、思想和价值的交换)，认为社会是社会成员自主调节的伦理领域，国家在社会之中(社会的国家化和国家的社会化)。在比较研究的基础上，哈贝马斯引出了不同于自由主义和共和主义法律秩序的第三种法律秩序，即基于话语权力或话语民主的法律秩序，认为此种法律秩序的立基为公共舆论和意识的形成以及对话过程的制度化。② 实际上，话语政治概念的内涵就是主张一种程序主义政治，要求把交往行为理性当中的商谈原则贯彻到政治领域，以达到超越自由主义政治和共和主义政治的目的。哈贝马斯所谓的第三种法律秩序中，法律与道德平行，其规范正当性必须通过理性话语来证明。正因为如此，哈贝马斯认为，民主即理想对话情境的制度化。

除了哈贝马斯在哲学的语言学转向和重建历史唯物主义的大背景下提出话语民主之外，其他学者也从不同的视角提出了类似概念。

福克斯等学者认为，在公共行政领域，传统的治理模式正面临着两种替代模式的竞争:宪政主义或新制度主义;社群主义或公民主义。③ 他们在对传统的治理模式及其替代模式进行批判之后，基于后现代社会理论提出第三种理论，即话语理论。其话语理论的核心内涵可以归纳为以下几个方面:首先，政策网络中的"部分人的对话"是话语理论的核心。他们总结出了公共政策对话中的三种形式，即"少数人的对话"、"多数人的对话"和"部分人的对话"，为实现公共政策对话的正当性提供了坚实的基础。"一些人的对话优于少数人的对话和多数人的对话，它的针对特定语境的话语和不愿遭受愚弄与任意差遣在某种程度上限制了参与，切合情境的意向性和真诚性的提高大大超过了它的缺点"④。其次，强调"能量场"在公共政策领域的重

① 哈贝马斯.民主的三种规范模式:关于协商政治的概念[EB/OL].[2012-3-13].http://www.sociologyol.org/yanjiubankuai/fenleisuoyin/fenzhishehuixue/zhengzhishehuixue/2008-02-26/4684.html

② 汪行福.通向话语民主之路:与哈贝马斯对话[M].成都:四川人民出版社,2002.

③ 肖其明,梁莹.话语民主理论:渊源与发展[J].广西社会科学,2005(8).

④ [美]查尔斯·J.福克斯,休·T.米勒.后现代行政——话语指向[M].楚艳红,等,译.北京:中国人民大学出版社,2002.

要作用。公共“能量场”是具有制度化特征的重复性实践的竞技场,“能量场”的概念似乎与哈贝马斯所言的“公共领域”的内涵有异曲同工之处。哈贝马斯认为公共领域是与统治阶级的政治权力相抗衡且向所有公民开放的公共生活领域。最后,公共政策基于话语的真实性和合法性。话语意义的真实性或者说真实话语的条件是,交谈者的真诚、表达的清晰、表达内容的准确以及言论与讨论语境的相关性;话语合法性的条件则包括真诚、切合情境的意向性、参与意愿以及实质性的贡献。

还有学者认为,话语民主是指公众在公共领域中,围绕公共事务进行自由平等的对话、商讨和辩论,从而形成政治共识并影响政治过程的一种民主形式。[①] 民主的本质是协商,而不是投票。[②] 相对而言,话语民主比较接近于20世纪80年代兴起的一致性民主和协商民主的精神内涵。20世纪末21世纪初,英国学者基恩和美国学者舒德森结合世界各国民主实践和新媒介技术的发展,提出了“监督式民主”的概念。监督式民主试图克服以往基于议会的代议制民主的缺陷,将各种议会外的权力审查监督机制纳入权力运行机制中。这些监督机构扎根在“国内”的政府和公民社会之中,同时也存在于由帝国、国家和商业组织控制的“跨界”机构中……行使权力的人和组织现在常常受到各种各样议会外机构的公共监督和讨论。[③] 这种监督式民主充分体现了话语民主所要求的参与和协商,因为议会外社会机构或社会权力的介入使得公民个体和压力集团的利益表达和利益聚合更加有效,并能在很大程度上影响和优化政府决策。20世纪90年代,西方政治学界兴起协商民主,意指公民通过自由而平等的对话、讨论和审议等方式,参与公共决策和政治生活。[④] 互联网赋予公众公民更多的话语权,使得公众具备了更好的利益表达工具,能更好地实现知情权、参与权、监督权和表达权。这使得协商民主的思想成为互联网时代的话语民主最好的注解。

综上所述,本研究将“话语民主”界定为以公共领域为活动场域,以语言为主要媒介,以平等主体间的交往为基本形式,以参与和协商为主要机制,以形成公共舆论和影响公共政策为主要目的的民主政治实践模式。话语民主的逻辑关系如图3-2所示。

---

① 熊光清.网络公共领域的兴起及其影响:话语民主的视角[J].马克思主义与现实,2011(3).

② [澳]约翰·S.德雷泽克.协商民主及其超越:自由与批判的视角[M].丁开杰,等,译.北京:中央编译出版社,2006.

③ John Keane.监督式民主:新媒体时代民主实践的新理念[J].开放时代,2009(2).

④ [美]詹姆斯·博曼,威廉·雷吉.协商民主:论理性与政治[M].陈家刚,等,译.北京:中央编译出版社,2006.

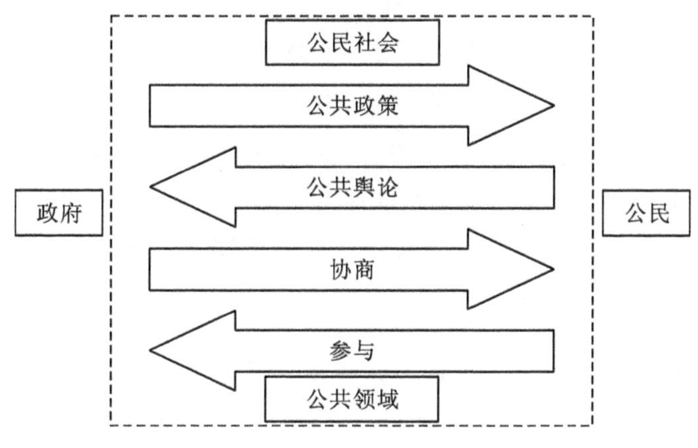

图 3-2　话语民主的逻辑关系图

二、话语民主与传统/互联网媒介话语权

话语民主是平等主体间基于语言媒介的民主实践模式，其实现有赖于平等主体在政治参与和协商中能否“真实”、“诚实”和“有效”（哈贝马斯语）地表达自我观点。话语民主模式中的主体表达具有理论或价值上的必要性和可行性，但具有实践上的或然性。实践或然性大小在很大程度上取决于交往主体、交往环境和国家，具体来说，交往主体自身语言媒介的应用能力会影响政治参与和协商的可能性，话语民主交往依托的公共领域可能不是制度化的理想对话情境，作为话语民主诉求对象的国家可能在公共决策中不注意或降低公共舆论的作用。

可见，话语民主的实现与交往主体的话语表达能力、可能性及其效力密切相关。如果暂时忽略交往主体的话语表达能力，单从话语表达可能性及其效力的角度考虑，则与文化研究和媒介研究具有密切关系的“话语权”可以用来解释作为理想交往情境的公共领域。其原因在于，公众参与和政治协商不是在私人领域中进行的，这种社会互动往往发生在公共空间中。公共空间的载体或形式随着信息和通信技术的发展而几经历史变迁：在以口耳相传为主要沟通方式的古希腊，这种公共空间主要是市政厅大广场或大剧场；在口传媒介和印刷品并重的 17 世纪的英国和 18 世纪的法国，这种公共空间主要指的是报纸、咖啡厅和小酒馆；在印刷媒介和电子媒介并重的 19 世纪末到 20 世纪后半叶，这种公共空间主要指的是报纸、杂志、广播和电视；在 20 世纪 90 年代以来的以互联网为主的网络时代（含通信网、广电网和互联网的“三网合一”），虚拟的网络世界则成为公共空间的重要载体。正是由于沟通技术和媒介在话语民主中具有重要作用,而且沟通技术和媒介深刻地塑造着话语权,考察媒介话语权成为研究话语民主的重要切入点。

(一) 话语权与媒介话语权

"话语权"是目前文化与传媒研究的热点问题。西方马克思主义及法兰克福学派的批判理论(以意识形态批评为中心)、索绪尔、罗兰·巴特的符号学(以语言、文本为中心)及后现代各种社会文化理论从不同视角关注话语权问题,使其成为当代文化与传媒研究中的重要概念,也为研究媒介话语提供了理论基础。

在对"话语"的认识上,西方马克思主义者葛兰西较早从意识形态斗争的角度涉及话语及话语权的问题。他认为,国家作为政治社会和市民社会的统一体,"一个社会集团的最高权力通过两个方面表现出来,即'统治'的方面和'精神、道德领导'的方面"[①]。第一方面即政治社会,它通过监狱、法庭、军队等专政机构行使强制职能;第二方面即市民社会,它是制定和传播统治阶级意识形态的民间机构,包括教会、学校、新闻机构、文艺团体等。现代国家通过文化领导权或话语权对国家进行精神和道德领导,必须借助市民社会以获得被统治阶级的赞同。而且,无产阶级要取得统治权,也必须首先获得市民社会的文化领导权,才有可能获得"政治社会"的领导权。从社会实践、社会秩序或社会控制的角度看,实际上区分出了硬秩序/控制和软秩序/控制,类似于"枪杆子"和"笔杆子"的区分。从理论研究角度看,它突破了"经济基础-上层建筑"二元结构的意识形态,奠定了文化研究的基础。哈贝马斯以普通语用学理论和交往行动理论为基础,强调了平等主体交往中语言的重要性。他认为交往应该是主体间性的,交往原则是平等、参与和协商,交往一方不应该是另一方的手段。更重要的是,交往权力是话语权的基础,因为体现于公共领域的交往权力能对政治国家的行政权力(主要体现为公共政策的制定和执行)产生影响。

依据葛兰西的文化领导权理论,统治阶级通过包括新闻机构(媒介)在内的民间机构获取市民社会的文化领导权,从而为获得政治国家的领导权奠定基础;根据哈贝马斯的交往行动理论,媒介是公民政治参与和协商的一种特殊的公共空间。总之,媒介都是政治工具——统治阶级的文化领导工具或社会公众的民主政治工具。因此,从政治哲学的角度看,媒介话语权的本质即媒介控制能力和应用能力。媒介话语权的来源是国家(如官方电视台)、市场(如民间报社)或公众(如公众口碑);媒介话语权的内容是传播工

① [意]安东尼奥·葛兰西.狱中札记[M].曹雷雨,等,译.北京:中国社会科学出版社,2000.

具或沟通渠道的竞争；媒介话语权的功能主要是意识形态的生产和传播；媒介话语权的表现形式是单向传播（如电视新闻）、双向互动（如互动广播）或多对多的不定向传播（如网络论坛）。下文将结合话语民主的相关理论，对传统媒介（如广播、电视、报纸、杂志）和新型媒介（如互联网）的话语权进行分析。

（二）传统媒介的话语权

麦奎尔认为，媒介是使我们看到身外世界的窗口，是帮助我们领悟经历的解说员，是传送信息的站台或货车等。[①] 加拿大传播学家麦克卢汉则不同意把媒介仅仅看做是承载物质或信息的工具，他认为"媒介即是讯息"，媒介形式本身就会给人类社会带来某种信息，"所谓媒介即是讯息只不过是说任何媒介即人的任何延伸对个人和社会的任何影响，都是由于新的尺度产生的我们的任何一种延伸或任何一种新的技术，都要在我们的事务中引起一种新的尺度"[②]。我们采纳传统观点，认为传统媒介主要指的是广播、电视、报纸和杂志。其中，新闻媒体在社会中的角色越来越重要，其功能已经从单纯的信息传播扩展到舆论监督和大众娱乐，成为影响大众日常生活、经济发展、公共政策甚至政治生活的重要工具。西方资本主义国家甚至将新闻记者称为"无冕之王"，将新闻媒体的权力称为"第四种权力"。媒介权力的扩张改变了政治系统、行政系统和经济系统对媒体的态度：政治家们利用媒介塑造政党和个人形象，通过电视辩论和报纸专题采访等形式为执政竞选造势；政府利用媒体倾听民意、宣传公共政策或进行危机公关，并试图尽可能通过控制媒体来引导舆论；企业则在市场竞争中通过广告与媒介角力，尽可能低成本地宣传企业、产品或服务。与此同时，不同类别的媒体之间或同类媒体内部的竞争也日趋激烈，在迎合政府管制、采集新闻事件、凝聚受众群体和吸纳广告客户等方面展开竞争。在此背景下，笔者认为，传统媒介话语权指的是广播、电视、报纸和杂志等传统媒介影响公众的能力、媒介自身的竞争能力以及媒介对各种社会管制的反控制能力。

媒介影响公众的能力，指的是媒介通过信息传播的方式改变受众心理、态度和行为的能力。这种影响能力既可以从受众心理、态度和行为的改变程度上进行直接分析，也可以从媒介信息传播的数量、质量、频率和范围等层面进行间接分析。另外，媒介对公众的影响既可以从西方国家媒介对后

---

① [美]斯蒂文·小约翰.传播理论[M].陈德民，等，译.北京：中国社会科学出版社，1999.

② [加]马歇尔·麦克卢汉.理解媒介——论人的延伸[M].何道宽，译.北京：商务印书馆，2000.

发第三世界国家的入侵中看到，又可以在后发国家（例如中国）自身媒介发展过程中看到。依据英国著名学者约翰·汤姆林森在《文化帝国主义》中对文化帝国主义的区分——媒介帝国主义、民族国家的话语、批判全球资本主义的话语及对现代性的批判，笔者认为，国际的媒介入侵将从媒介帝国主义走向民族国家的话语，但随着政府和市场对媒介的控制和影响，媒介批判全球资本主义的话语及对现代性的批判前景并不明朗。西方资本主义国家尤其是美国的媒介工业霸权说明，随着信息传播国际化进程的加速，西方国家的各种媒介利用自身技术优势和先发优势，向后发国家"倾销"产品和服务广告、宣传民主和自由等意识形态的力度不断加大，正在从单纯的媒介帝国主义向更高层次发展。早在 1985 年，日本权威的新闻研究机构——新闻协会研究所就对亚洲各国主要报纸的"国际报道"进行过实证研究，研究发现亚洲各国报纸"国际新闻"的主要提供者是西方国家，其中，美联社占了 60% 以上，各报的"本报讯"总计只有 21.2%。同年发表的一项题为《电视中的外国文化》研究报告则揭示日本对美国的电视新闻的"输出"和"输入"比例为 1∶20，逆差反映了美国的电视文化对日本文化的巨大影响。① 在中国，媒介发展在基础设施建设、市场进入和内容审查等方面受到政府较为严格的管制。例如：公司申请开办互联网新闻业务和个人申请开通网络论坛，都会在网站备案、服务接入和新闻审查等方面受到政府相关部门的影响。因此，研究中国媒介对公众的影响时必须纳入政府或者政治等因素，将公众权利和媒介话语权置于国家权力运行系统中进行全面分析。

传统媒介自身的竞争能力也是反映媒介话语权的重要指标。电视曾经在传统四大媒体之间的话语权争斗中表现突出。从 1924 年英国科学家贝尔德发明第一台电视机开始，几十年间已经从传统的阴极射线管 CRT 电视发展到液晶 LED 和 LCD 电视，从黑白电视机发展到彩色电视机，从单纯"看"发展到"互动点播"，从有线电视发展到卫星电视和网络电视，电视已经成为人们休闲娱乐、信息获取甚至工作的重要工具。理查德·戴尔曾经总结了电视表现的四个特点：作为世界真实的一种再现，首先要服从于电视的选择和艺术的审美；作为代表性的典型的现实世界，电视表现的种族矛盾、妇女儿童问题都是现实生活中有代表性的问题；被平等再现的民主概念；有关受众的，即电视表现给谁看，为谁而表现。② 电视的媒介话语权可以从其广告收入上"窥一斑而见全豹"。2008 年全球金融危机中，除了有线电视和互联

① 郭庆光．传播学教程[M]．北京：中国人民大学出版社，1999.

② [英]理查德·戴尔．明星[M]．严敏，译．北京：北京大学出版社，2010.

网外，美国的其他所有媒介广告营收均显著下滑。美国报纸业广告收入跌幅最大（广告收入下降近 30%），电视（主要是有线电视）广告则保持增长。有线电视广告增长或话语权增加的主要原因是，除了稳定的用户订阅费外，在美国 2008 年总统大选中获得了大量政治广告及其随之而来的选民观众数量的增长。作为新兴媒介的互联网广告收入却达到创纪录的 234 亿美元，其中，互联网与美国政治的关系功不可没。单单是奥巴马竞选团队就向谷歌、雅虎、Facebook、新闻网、广告网以及游戏内置广告公司 Massive 贡献了近 800 万美元的广告费。由此可见，媒体竞争能力与政治紧密相连，媒体间的话语权竞争日趋激烈。而且，随着媒体发展的"第三次技术革命"的到来，网络传播变得越来越具有影响。在这种情况下，传统意义上的电视媒体和其他传统媒体的影响将变得有限。

媒介话语权还与媒介对各种社会管制的反控制能力有密切关系。随着媒介与政治、经济的互动关系日趋紧密，政府和市场对媒介的影响也越来越大，媒介话语权不可避免地会受到政府和市场的影响。排除基于产权或投资关系的管制关系，我们可以从政治（政府管制）的角度进行初步分析。民族国家或政治国家可能出于国家安全或意识形态考虑，对媒介进行行政干预。2009 年 5 月，美国政府授意微软公司切断古巴、伊朗、叙利亚、苏丹和朝鲜五国的 MSN 即时通信服务端口，理由是担心这 5 个"敌对国家"会以某种方式损害美国的国家利益。同时，一国政府还可能直接利用"市场准入审批权"对媒介在一国范围内的经营活动进行直接干预。2010 年 1 月，美国众议院通过决议，将三家中东电视台列入黑名单，表示将"抵制所有助长反美情绪的中东地区电视台"。此外，政治与媒介交织，但作为"企业公民"，在一国地域管辖范围内的企业必须承担一定的"社会责任"，不应该做出违背经济伦理、损害企业市场份额和形象的不得已行为。尽管民族国家出于国家安全或意识形态等种种考虑对媒介进行各种干预，但由于媒介还可能作为正面的有效政治工具，更重要的是，大型传媒集团本身拥有的"第四种权力"具有很强的公众影响力，因此，媒介在与政府的博弈中仍然保留了较大的话语权。

（三）互联网的话语权

前文述及，传统媒介话语权指的是传统媒介影响公众的能力、媒介自身的竞争能力以及媒介对各种社会管制的反控制能力。从技术层面看，互联网是计算机技术、网络技术和通信技术的结合物；从社会层面看，互联网是个人生活、企业经营和国家管理的新工具。互联网不仅仅是类似广播、电视、报纸和刊物的媒介，还是一种多主体参与并涉及个人生活、企业经济和国家政治的整合型的特殊虚拟空间。因此，网络话语权比起传统话语权更复杂——不仅涉及国际的互联网技术控制权，还涉及世界范围内互联网内容的生产和传播的不平衡性；不仅涉及国家内部的网络话语权在国家、市场和公众间的博弈，还涉及国家内部互联网与传统媒介间的话语竞争。我们可以从宏观、中观和微观三个角度，对网络话语权进行分析。

从宏观层面看，互联网建设和管理中不仅涉及国与国之间的互联网话语，还涉及一国内部政治国家、企业和公众的互联网话语。从互联网的建设和管理看，互联网诞生于美国，根服务器和 IP 地址分配由美国政府把持，如何在国际平衡互联网管理就成了问题。互联网使用的语言也是各个网络话语权的指针。从互联网诞生直到 2009 年，互联网域名都只能用印欧语系的 26 个字母或阿拉伯数字表示，2009 年年底才可以在一级域名的后缀中使用中文、印地语文字、阿拉伯文、韩文和俄文等非印欧语系文字；从互联网语言使用状况来看，根据 Internetworldstats. com 网站的统计，截止到 2011 年 5 月 30 日，互联网上使用英语的用户比例为 26.8%，中文用户数量猛增至全球第二位，所占比例为 24.2%，排名第三的西班牙语用户比例仅为 7.8%。[①] 在一国内部，由于互联网基础设施由国家建设，因此，网络话语权似乎应该掌握在国家手中。但由于互联网具有匿名性、分散性和动态性等众多传统媒介不具备的特点，国家很难对互联网各种应用中的内容进行不间断的全面审查。因此，国家只能制定相关法律并将部分管理权转移给市场（主要是企业），即网络服务提供商（ISP）和网络内容提供商（ICP）。由于同样的原因，市场还会将部分管理权转移给个人，即作为网民的公民。网民自身通过习俗、惯例和自律公约进行自我管理，这实际上意味着网民在互联网管理权转移中获取了一定的网络话语权。尽管如此，与政府对传统媒介的态度一样，一旦互联网危及国家安全或涉及意识形态问题，政府就会采取法律、行政手段对互联网进行干涉，在一定程度上增强或削弱网络话语权。例如，2009 年 6 月，伊朗总统大选后局势动荡，美国政府下令著名的社交网站 Twitter 推迟网络维护时间，以便伊朗反对派能利用社交网站及时传播信息。在北非一些国家发生的所谓“茉莉花革命”中，以互联网和手机为代表的新媒体发挥了举足轻重的作用——突尼斯和埃及的大量受过良好教育而无工作的青年在社交网站 Twitter 上发布了大量有关游行的信息。突尼斯政府意识到了手机和网络等新媒体在“革命”组织过程中的作用，对

① 根据 Internetworldstats 的数据计算所得。资料来源：http://www. internetworldstats. com/stats7. htm，资料获取日期：2011 年 12 月 30 日。

部分游行示威者的电子邮箱进行了监控,但后来并没有进一步对新媒体应用予以控制而助长了"革命"爆发的速度和规模;与此相反,埃及政府在抗议者聚集之初就采取技术手段,下令国家网络管理部门和国内部分网络企业,封杀了 Twitter 和 Facebook,甚至干脆采用强制手段切断全国的互联网服务和干扰手机通信。美国网络公司谷歌 2006 年进入中国市场以来,一直试图要求"不接受审查地运营在华业务",成为"谷歌在中国"而不是"中国的谷歌"。前者意味着能享受类似"治外法权"的优惠,后者则必须入乡随俗按照中国的法律运营公司。早在 2010 年 1 月,美国谷歌公司就曾宣布停止对谷歌中国搜索服务的"过滤审查",并将搜索服务由中国内地转至香港,并将用户转接至设在香港的未审查版"谷歌搜索"、"谷歌新闻"和"谷歌图片"等服务。但最终考虑到中国市场的巨大潜力、广大网民的正面舆论(如"G 粉"发帖"谷歌,今夜为你失眠"的帖子和举办"挽留谷歌万人大签名"活动)和负面舆论(如激进愤青发帖"谷歌爱走不走,不送"和"没有什么大不了的影响,少了谁地球照样转。谷歌把自己做筹码,充当美国政府的走狗,与中国人民和政府讨价还价,只能自取其辱"),而与中国政府回到谈判桌。

中观层面的网络话语权主要体现在,作为整体的互联网媒介与传统媒介的竞争以及不同互联网媒介之间的话语权竞争。互联网技术的传播速度、容量、彰显主体性、匿名性和多媒体等优点,使得作为整体的互联网媒介在与传统媒介的竞争中处于绝对优势地位。正因为如此,目前全球都掀起了"媒体融合"运动。传统的报纸、电视、杂志和广播等纷纷"触网"。例如,美国《纽约时报》等传统报纸纷纷上网,微软和 NBC 环球共同投资 MSNBC 频道和其门户网站 MSNBC. com,NBC 控股(持股占 82%)有线频道 MSNBC,而 MSNBC. com 则由两家公司对半持股。这在一定程度上反映了传统媒介和新媒体的融合趋势。中国中央电视台也于 2009 年年底彻底上网,而且使用了全新的品牌"中国网络电视台",即 China Network Television,简称 CNTV。它融网络特色与电视特色于一体,在对传统电视节目资源再生产、再加工以及碎片化处理的同时,着力打造网络原创品牌节目,鼓励网友原创和分享。同时,还汇集网络电视、IP 电视、手机电视、移动传媒等各种媒体终端(汽车、火车、民航、地铁、楼宇、广场大屏幕等),努力争夺在互联网这个虚拟社会和现实的实体社会中争取话语权。除了传统媒介与互联网媒介的竞争外,互联网上各种不同的媒介也进行着激烈的话语权争夺。以搜索引擎为例,不仅存在着以美国谷歌为首的外国互联网公司与以百度为首的中国互联网公司的市场份额之争,还存在中国众多搜索引擎公司之间的网络话语权之争。①

微观层面的网络话语权，主要体现为网民的话语权。如果网民能通过各种网络渠道自由发表有关公共事务的观点，能形成力量强大的网络舆论并对公共政策产生影响，就意味着网民有较大的网络话语权。网民话语权的产生涉及公众议题、媒介议题和政策议题之间的复杂关系，总的来说，网民话语权的产生途径主要有两条：第一，由媒介到网民再到决策层。传统媒介或互联网媒介通过新闻报道或其他形式提出议题后，网民跟帖讨论后形成力量强大的网络舆论，并最终对政府决策层产生影响。2003 年是中国的"网络舆论年"，"孙志刚事件"导致我国收容遣返制度的废止，其中体现出的网络话语权是通过第一条途径获得的。《南方都市报》首次报道《被收容者孙志刚之死》，并配发评论《谁为一个公民的非正常死亡负责？》随后某门户网站贴出《南方都市报》的新闻报道，跟帖在几个小时内就达到上万条，并有网民当天就建立了名为"孙志刚，你被黑暗吞没了"（后更名为"天堂里不需要暂住证"）的纪念网站。网络舆论汹涌又影响了法学界向政府上书，最终，国务院于 2003 年 6 月 20 日发布第 381 号令，宣布废止《城市流浪乞讨人员收容遣送办法》，并决定于当年 8 月 1 日起施行新颁布的《城市生活无着的流浪乞讨人员救助管理办法》。第二，由网民到媒介再到决策层。网民私下发帖讨论某项公共事务后引起传统媒介或互联网媒介的关注，经由媒体报道后引起决策层关注。第二条途径与 Mathes 和 Pfetsh 在实证研究中提出的"溢散效果"类似，媒介议题可以从边缘媒体流向主流媒体（意见领袖媒介）。2011 年的"郭美美事件"中显示出的网络话语权是通过第二条途径获得的。2011 年 6 月 21 日，新浪微博上一个名叫"郭美美 Baby"的网友发帖自称"住大别墅，开玛莎拉蒂"。年龄 20 岁的女孩，其认证身份居然是"中国红十字会商业总经理"。微博炫富加上炫富者自爆的特殊身份，引发了网友对中国红十字会的广泛而强烈的批判。虽然中国红十字会出面澄清无此机构无此人，但微博、门户网站和传统媒介的推波助澜形成了强大的社会舆论，不仅导致中国红十字会形象受损——公信力下降，更对中国慈善事业带来了严重影响——全国社会捐款由 6 月份的 10.2 亿元锐减至 7 月份的 5 亿元（降幅超过 50％），慈善组织 6—8 月接受的捐赠数额降幅更是达到 86.6％。②

---

① 搜索引擎（search engine）是指根据一定的策略、运用特定的计算机程序，从互联网上搜集信息，在对信息进行组织和处理后，为用户提供检索服务，将用户检索相关的信息展示给用户的系统。

② 根据民政部网站（http：// www.mca.gov.cn）公布的统计公报数据计算。

第三节　基于互联网话语民主的虚拟公民社会

“话语民主”的核心是参与和协商,它是以公共领域为活动场域,以形成公共舆论和影响公共政策为主要目的的民主模式。这种特殊的民主模式倡导平等主体间的对等交往,其主要交往媒介是语言。互联网作为特殊媒介能否为话语民主的实现成为可能?这个问题涉及传播媒介与民主的关系。“什么是正常的民主与传播媒介的关系?在20世纪末实现报纸、广播和电视的传播自由这个目标是不是现实的?传真、卫星通信和电子邮递等新传播新技术,是加强还是阻碍着民主化的进程?”[①]从技术与社会的关系看,网络话语权的实现可能性与互联网能否作为制度化的理想对话情境密切相关。根本问题还是搞清楚互联网究竟是不是公共领域?互联网能否成为哈贝马斯所说的“理想的对话情境”,互联网话语民主的可能性和限度是什么?互联网话语民主对虚拟公民社会的形成究竟有无影响,或者说,基于互联网话语民主的虚拟公民社会能否形成?这些都是本节关注的问题。

一、互联网话语民主的可能性和限度

网民作为公民参与公共事务讨论的途径一般有以下两类:参加各种公共的BBS论坛、贴吧和聊天室;通过私人博客(包括微博和播客等)和社交网络中的状态、日志、转发、评论、分享和收藏等功能发表观点或参与讨论。这些互联网应用为政治参与和协商提供了多样化的技术手段,大大增强了个人的主体性。但网络空间真的是理想化的对话情境吗?互联网能否成为公民社会的土壤?目前,学术界看法不一。有学者认为,公共领域是话语民主得以展开的重要条件,网络的兴起为话语民主提供了更有利的空间和平台,网络的开放性和平等性使话语民主的展开获得了更好的条件;网络的批判性和互动性使话语民主的影响力得到提升;网络使话语民主获得了更加制度化的形式和力量。网络公共领域的话语民主为公共权力系统的合法性提供了新的来源,为公众参与公共政策的制定提供了新的途径,为民主政治提

① [英]约翰·基恩.民主与传播媒介[M]//中国社会科学杂志社.民主的再思考.北京:社会科学文献出版社,2000.

供了更活跃的形式。[①] 但同时也有持悲观论调的学者认为,由于网络空间话语主体的政治身份难以界定、网民私人角色与公共性原则的冲突、网络话语理性与非理性交织、言论的分散化、碎片化等特点,使得哈贝马斯"话语民主"所必须遵循的原则与条件在网络空间里难以实现。[②] 本书认为,要想评判互联网是否有助于形成公民社会,关键要看基于互联网的特殊公共空间是不是公共领域,以及能否为平等协商和公共参与提供条件。

互联网是不是理想的对话情境,能否成为国家与公民之间的理想中介或公共领域,并最终形成"虚拟公民社会"呢?我们可以以网络论坛为例进行初步分析。网络论坛(BBS)要成为真正的虚拟公共领域并在互联网政治中发挥作用,真正成为政治协商和公共参与的网络工具,必须满足以下几个条件:开放性、独立性和关注公共利益。

(一)互联网是否满足开放性?

开放性的基本内涵就是互联网对不同个人、不同利益集团和不同文化的包容,不因为政治、经济、文化和宗教等问题给任何参与主体设置障碍。这种开放性体现为互联网与主体的双向开放:一方面,在技术和制度上,互联网能为所有行动主体提供平等的入口和参与起点;另一方面,在心理和行为上,所有行动主体能在网络实践中也具有思想和行动的开放性。

从技术和制度的角度看,互联网特殊的技术条件基本能满足入口和参与起点的开放性。就中国当下的互联网发展状况看,几乎所有的论坛类网站都能对所有公民免费开放注册,所有论坛的内容也能开放给百度和谷歌等公共搜索引擎以建立索引和快照。目前存在的几种特殊情况是:有些论坛需要有推荐人提供推荐码才能正常注册;有些网站要求注册用户身份证实名验证、电子邮箱验证码验证或者手机短信验证;有些论坛短时期限制新注册用户的发言权或回复权,等等。尽管如此,从理论上和长期来看,几乎所有的论坛类网站都能满足公共领域开放性这个要求。

从心理和行为上看,所有行动主体在网络实践中也应该具有思想和行动的开放性。一般认为,开放性与市场经济、公民社会、多元化密切相关,约翰·密尔曾经说过,在人类求进步的现阶段中,与不同于自身的人接触,以及与不熟悉的不同思想模式接触,这是再怎么强调都不为过的价值,尤其对现在来说,是我们进步的主要来源之一。当互联网为网民提供平等的入口和参与起点后,网民是不是能用开放的心态去接触不同的文化呢?美国芝

① 熊光清.网络公共领域的兴起及其影响:话语民主的视角[J].马克思主义与现实,2011(3).

② 胡玲.网络公共表达离"话语民主"有多远?[J].新闻爱好者,2009(15).

加哥大学法哲学教授凯斯·桑斯坦在其著作《网络共和国——网络社会中的民主问题》给出了悲观的答案。他认为，网络社会中可能出现所谓的“信息窄化”和“群体极化”的现象，网民要么面对的是被媒体筛选和过滤后推送过来的信息，要么面对的是自己为了加强自己的观点去搜寻那些思想相似的意见，而避免接触有着不同思想的意见。这在一定程度上也反映了网民媒介素养的下降，不能主动地以多角度的、批判性的方式去接近、分析、评价和响应互联网这种特殊的大众媒介。“除非你有意识地把自己暴露在各种各样的，甚至是矛盾的信息和包含不同视角的信息前，否则你不可能了解各种观点和各类媒介”[①]。

（二）互联网是否满足独立性？

对于独立性这个要求来说，中国当下互联网还不太满足。达尔伯格曾经指出，理性协商是公共领域的条件，具体包括摆脱国家的经济权力而自治、推理而不是断言、自反性、理想的角色扮演、真诚、无层次的融入与平等。[②] 这些条件中的前两条与独立性有一定关系，但我们将互联网情境中的独立性界定为信息发布权、评论自由性以及内容搜索权等。一般来说，危及国家安全的信息在所有国家都不允许公开发帖；涉嫌暴力和色情的信息在绝大多数国家都不允许，尽管在特殊网站和特殊人群范围内允许。在互联网普及率的确很高和民主化程度据说较高的美国，发生过一起有关言论自由受限的经典案例。1999 年，美国发生了一起网络公司因纵容网络用户发布针对公务员的侮辱性信息而遭受起诉的案件。[③] 起诉方（美国联邦贸易委员会）的理由是在线侵犯隐私权，被诉方认为匿名发送信息是合理的，但最终美国最高法院裁定其行为违反了 1996 年颁布的《传播净化法案》，该法案禁止“为了骚扰、辱骂、威胁或困扰他人，而发送侮辱的、下流的、挑动情欲的、污秽的或猥琐的信息”。侮辱性言论并不受美国宪法第一修正案的言论自由条款的保护，尽管采用美国宪法第一修正案规定“国会不得制定关于下列事项的法律：确立国教或禁止信教自由；剥夺言论自由或出版自由；或剥夺人民和平集会和向政府请愿申冤的权利”。

号称世界上最自由、民主的美国尚且如此，中国的情况如何呢？当下中国的互联网上，不管是论坛类网站发言还是公共搜索引擎的关键词搜索，都

---

① [美]朱莉娅·伍德. 生活中的传播[M]. 董璐，译. 北京：北京大学出版社，2009.

② Dahlberg L. The Internet and Democratic Discourse: Exploring the Process of Online Deliberative Forums Extending the Public Sphere[J]. Information Communication and Society, 2001; 4(1).

③ [美]朱莉娅·伍德. 生活中的传播[M]. 董璐，译. 北京：北京大学出版社，2009.

会或多或少地受到管制。例如，技术层面的关键词过滤，管理层面的删帖、警告、冻结甚至封号，以及制度层面的经济、行政甚至刑事惩罚。中国当下互联网缺乏独立性的原因主要有：个人自由与国家安全或统治者的统治权危机的张力导致涉及政治、暴力、色情和宗教等信息不能在公共网络上随意发布和传播，只能以适当的形式在特殊网站的有限范围内适当传播；集体主义思想浓厚和公民权利意识缺乏，使得发言者可能无法正确表达自身利益诉求；意见领袖的引导、群体认同的压力和群体极化的冲击，都可能导致网民扭曲地表达自身意见，以和他人达成"虚假的共识"。但随着我国经济自由主义的发展和政治意识形态的淡化，公民的个人主义和权利意识逐步强化，互联网公共参与和协商中的独立性可能越来越强，并最终促使互联网成为有利于实现话语民主的理想的公共领域。

（三）互联网是否关注公共利益?

公共利益是公共领域的工具价值所在，"关注公共利益"是形成公共领域的基本条件甚至可以最重要的条件。究竟什么是公共利益？公共利益和私人利益有何区别？网民关注的利益是不是以及能不能成为公共利益？我们首先对公共利益及其与私人利益的关系进行阐述，再以此为基础对互联网上网民关注的利益进行分析。就"公共利益"本身来看，对该概念中的"公共"的理解经历了从数量到质量的转变。早期的"公共"以受益人多寡确定，这与民主中所讲的少数服从多数的原则一致。只要大多数的不确定数目的利益人存在，即属公益。一般来说，判断不确定多数人的标准有两个：以地域为标准，即一定地域范围内大多数人的利益就是公益；以人为标准，即"某圈子之人"的利益就是公益。"某圈子之人"具有两个特征：该圈子具有隔离性，并不是对任何人都开放；圈内成员数量不大。从这两个特征可以反推出"公共"的大致标准，即非隔离性以及达到一定数量的多数。由于单纯根据数量判断"公共"在一定程度上掏空了价值，并且操作性不强，因此，德国学者纽曼提出所谓的"客观公益"，将判断公益的标准由主观公益的纯粹数量（受益者）标准转为偏向质方面的价值标准。就公共利益与私人利益的关系看，西塞罗曾提出了"公益优先于私益"的主张；18 世纪的功利主义学派也认为，一个社会的公共利益，就是这个社会中所有人的个人利益之和。德国公法学者雷斯纳认为，下列个人利益可转化为公共利益："不确定多数人"的利益；具有相同性质的个人利益；少数人的某些权利利益。

那么，互联网上的政治协商和公共参与所涉及的利益究竟是不是公共利益？如果按照地域标准看，网民宣称的大多数利益恐怕都不能称作"公共利益"。原因是，除了少数那些以现实社区为基础建立的虚拟社群之外，互联网上绝大多数的网络空间中的网民都来自五湖四海，只不过以虚拟身份在某网络社区齐聚一堂。但问题在于，如果我们承认虚拟空间具有一定的地域属性，特别是那些以某民族国家的公民为主形成的虚拟社群，则在某种程度上也可以将虚拟社群成员宣称的利益称为公共利益。如果以"某圈子之人"的标准看，互联网上几乎所有网络空间的网民宣称的利益都可以称作"公共利益"。原因在于，互联网群体很少基于传统的地缘、血缘和业缘而建立，几乎都是基于共同的兴趣，例如汽车爱好者群体、环保组织社区、同性恋群体等。新近兴起的社交网络服务似乎有向传统回归的趋势，因为社交网聚集人群的基础主要是"关系"，例如同学关系、同事关系和血缘关系等，但"兴趣"在社交网上仍然是非常重要的关系扩张基础。因此，由于互联网的跨时空性和现代社会的流动性，这种群体所表达的利益从地域标准看仍然不属于公共利益，但从"某圈子之人"的标准来判断却基本都属于公共利益。

从以上三个方面的判定综合来看，当下中国的互联网还不是西方民主意义上的公共领域，但已经具备了成为公共领域的潜力。或者说，当下中国互联网只是一个"未完成的公共领域"。尽管如此，它已经在某种程度上成为公民参与公共事务、形成公共舆论和影响公共政策的平台和工具，基于互联网的话语民主已经初露曙光，成为一种可欲的理想。

二、互联网话语民主与虚拟公民社会

虽然基于互联网的公共空间还不是标准的公共领域，互联网话语民主还有待发展，但就当下中国现实来看，这种不太完美的互联网话语民主对虚拟公民社会的形成仍然具有较大作用。其原因在于，话语民主的核心是协商和参与，而虚拟公民社会则是多元主体参与公共事务的特殊公共领域或社会形态。两者的核心价值具有重合之处，都强调平等主体间的交往。利用互联网参与公共事务已成为当前中国大多数关心政治事务的公民采用的重要手段，互联网已经成为国家制定公共政策时非常重要的民意征询平台。由于公共事务参与的核心是通过议程设置影响公共政策，因此，互联网话语民主与虚拟公民社会的关系可以通过互联网话语民主对公共政策的影响进行分析。下文在探讨公共政策议程设置模式特别是传媒议程的特殊性和重要性的基础上，结合公众舆论与互联网媒介的关系，分析互联网话语民主与虚拟公民社会的关系。

（一）公共政策议程设置模式

公共政策是公共权力机关经由政治过程所选择和制定的为解决公共问

题、达成公共目标、以实现公共利益的方案，是对社会的公私行为、价值、规范所做出的有选择性的约束与指引。它通常是通过法令、条例、规划、计划、方案、措施、项目等形式表达出来的。制定公共政策的前提是某个涉及公共利益的问题进入决策者视野，即进入政策议程。从学术角度最早提出该问题的是美国政治学家巴查赫和巴热兹。他们 1962 年在《美国政治科学评论》上发表了题为"权力的两方面"的论文①，指出了权力的两个方面，即影响决策过程；影响议事日程的设置。

议程设置是指对各种议题依重要性进行排序。西方学者在公共政策决策研究中已经提出了诸如理性主义模式、有限理性模式、渐进主义模式和垃圾桶模式等模式，但此处我们仅仅聚焦公共政策议程设置问题。传统的公共政策议程一般包括公众议程和政府议程两种。前者指社会大众关注的问题；后者指决策者（主要政府或其部门）认为非常重要的问题。但随着媒介技术的发展，自美国"水门事件"以来，特别是网络媒介在政治过程和公众生活中的应用越来越多，媒介在公共政策议程中的作用日益凸显。甚至有学者（如王绍光）提出了所谓的"传媒议程"，意指"大众传媒频频报道和讨论的问题"。有关媒介或新闻传媒在公共政策议程设置中的重要作用，科恩的经典总结是传媒很难影响公众"怎么想问题"，却很容易控制受众"想什么问题"。② 依据政策议程提出者身份（决策者、智囊团或民间）与民众参与的程度（高或低）区分出六种议程设置的模式（见表 3-1）。中国当下虽然六种模式并存，但随着专家、传媒、利益相关群体和人民大众发挥的影响力越来越大，关门模式和动员模式逐渐式微，内参模式成为常态，上书模式和借力模式时有所闻，外压模式频繁出现。③

表 3-1 公共政策议程设置的模式

民众参与程度	议程提出者		
	决策者	智囊团	民间
低	关门模式	内参模式	上书模式
高	动员模式	借力模式	外压模式

---

① Peter Bachrach, Morton Baratz. Two Faces of Power[J]. American Political Science Review, 1962, 56(4).

② Bernard Cohen C. The Press and Foreign Policy[M]. Princeton: Princeton University Press, 1963.

③ 王绍光. 中国公共政策议程设置的模式[J]. 中国社会科学, 2006(5).

外压模式中的议程主体一般有两种：一是公民或公民组织，二是新闻媒介。特别是在互联网时代，公民或公民组织和新闻媒介的互动程度越来越高，导致外压模式在公共政策议程设置中的作用越来越重要。

（二）公众舆论与互联网话语民主

公众舆论或舆论是指，在一定社会范围内，消除个人意见差异，反映社会知觉和集合意识的多数人的共同意见。它不仅与社会风气密切相关，像"道德法庭"一样成为影响个人行为和组织决策的无形因素，还与政治密切相关，与意识形态一起成为改革或革命的先导。一般来说，舆论包含的要素有三个，即议题、公众和共同意见，而意见又是最重要的组成部分，它是对某种态度、信念或者价值的言语表现，是对各种选择方案经过慎重考虑后产生的理性抉择。

外压模式中公民或公民组织、企业、压力集团和新闻媒介的互动在很大程度上体现了话语民主的基本原则。前文已述及，"话语民主"是以公共领域为活动场域，以语言为主要媒介，以平等主体间的交往为基本形式，以参与和协商为主要机制，以形成公共舆论和影响公共政策为主要目的的民主政治实践模式。首先，公共行动中的各行为主体主要通过互联网表达利益。由于互联网具有匿名性、开放性、大容量、高速度、低成本和跨时空等特性，这使得利益表达较前互联网时代更加有效。互联网在某种程度上已经成为与欧洲 18 世纪的咖啡馆、酒吧、沙龙和报纸具有相同功能的"准公共领域"。特别是网络新闻媒介的引导和影响，使得互联网在聚合利益和组织集体行动上更加顺畅，进一步推动了互联网的公共领域转型。其次，当下中国的互联网交流主要通过语言文字进行，广义的语言包括文字、图像、声音和视频等。计算机技术的发展使得多种形式的表达工具更加容易被公民掌握，而且其成本更低、效果更好。再次，互联网交流是典型的主体间性的交流。各行动主体在现实社会中的财富、权力和声望可能有所不同，但由于互联网技术的特殊性，现实社会中的不平等并不会影响互联网话语表达权的不平等。在网络时代，主要体现为互联网技术的知识将权力的重要来源，知识是托夫勒所说的"高质权力"。托夫勒认为，"高质权力的含义非常丰富。它意味着效率，即能用最少的权力之源达到某个目标。你可以经常用知识让另一方按你的议程行动。知识甚至可以说服最初创造它的人改变初衷。……知识可用于惩罚、奖励、劝说甚至转化工作。它可以化敌为友。如果知识运用得好，人们可以首先避开糟糕的环境，以免浪费物力或财富"[①]。美国著名政治

---

① [美]阿尔温·托夫勒．权力的转移[M]．刘江，等，译．北京：中共中央党校出版社，1991．

学家达尔认为，不平等现象源于三种主要政治资源的不均衡分布：容许暴力压迫的政治资源；源于经济地位的政治资源；涉及知识、信息和认知技能的政治资源。达尔认为第三个因素的影响作用最大，但同时他认为最有希望的补救方式是"电信"，"信息技术的演化增强了政治日程相关信息的可及性，该信息的可及性反过来又有利于促使公众参与政治……技术发展的一个基本的结果是减少了第三类资源分布不均衡给政治平等带来的障碍"①。可见，掌握了互联网技术的行动主体可以在某种程度上克服现实社会中基于财富、权力或声望的不平等，成为互联网话语民主中的平等主体。又次，参与和沟通在互联网中更加容易实现。"这个崭新的电子空间，将帮助现代人类找回久已失落的参与感、附属感和被需要感，而民主的真谛——人民意志的集体真实表达（而不是代议的寡头政治）——也将在此状似虚拟却又如此真实的场景中获得实践"②。最后，外压模式的基本内涵是，各行动主体采取的都是工具理性行动，以形成公共舆论和影响公共政策为主要目的。这就促使我们进一步思考：互联网的利益表达和利益聚合的基本动力和机制是什么？互联网话语民主如何推动虚拟公民社会的成长？

（三）互联网传媒议程与虚拟公民社会

考虑到中国互联网管制的特殊性以及互联网媒介的特殊作用，笔者认为，互联网媒介在话语民主与公民社会之间扮演了非常重要的角色——通过互联网传媒议程设置，各行动主体的话语民主最终影响公共决策，即最终导致了某种形式的虚拟公民社会。那么，互联网媒介议程设置的基本动力是什么？互联网媒介议程设置是如何推动基于互联网话语民主的虚拟公民社会？这促使我们对媒介的本质和功能、媒介的传播模式以及媒介与政治的关系等问题进行思考。

从最一般的价值中立的角度看，媒介的基本作用是信息传播。但是基于事件的信息传播往往会产生心理和社会后果。正如英国传播学家麦奎尔所说的媒介的四个作用：消遣（逃避烦闷、减轻日常工作的负担等）；做伴（把传播工具作为受传者个人的朋友和联系社会的桥梁）；认同（弄清楚个人生活中的问题，帮助探索现实，加强已有的价值观）；警戒（采集信息以增强安全感）。③ 在对媒介的社会分析中，政治学视角的分析可能最为复杂和重要。

---

① [美]布鲁斯·宾伯.信息与美国民主：技术在政治权力演化中的作用[M].刘钢，等，译.北京：科学出版社，2011.

② 刘文富.网络政治——网络社会与国家治理[M].北京：商务印书馆，2002.

③ 崔保国.媒介变革与社会发展[M].南京：南京师范大学出版社，1999.

政治精英主义的思想基础之一可以追溯到19世纪末法国勒庞的著作《乌合之众:大众心理研究》和塔尔德的《传播与社会影响》。美国人李普曼的《公众舆论》(1922年)和贝奈斯的《晶化舆论》(1923年)更是提出通过媒体对公众舆论进行影响和控制,并进而通过媒介议程设置来影响政府的公共政策。媒介的复杂性特别是其政治作用在英国学者麦克奈尔的《政治传播学引论》中得到了较为完整的阐释,他认为媒介主要具有五个功能:第一,媒体必须告知民众在他们的身边发生了什么,我们把这个称作媒体的"侦察"或"监控"功能;第二,媒体必须教育民众,让他们知晓发生了的"事实"的意义和重要性;第三,媒体必须为政治讨论提供一个公共平台,促进公共舆论的形成,并把舆论回馈给公众;第四,媒体必须给予政府和政治机构曝光率;第五,民主社会的媒体同时作为鼓吹政治观点的一个渠道。① 我国学者郑世明在对电视媒体进行研究时,对电视媒体的性质进行了三种界定:作为一种经济权力的电视媒体,是消费欲望的生产工具;作为一种政治权力和权威的电视媒体,是国家合法化的机器;作为一种精神-文化和信息权力的电视媒体,是一种特殊的空中规训学校。②

总之,现代传播媒介是一种对个人或社会进行影响、操纵、支配的力量;它具有事件得以发生和影响事件怎样发生、界定问题以及对问题进行提供解释与论述,由此形成或塑造公共意见的种种能力。③ 那么,大众传媒的议题设置受到哪些因素的影响呢?政治力量是如何介入传播过程的?我们必须对大众传媒的利益相关者进行分析,通过对媒介外在环境因素的解析来搞清楚影响媒介议程设置的主要因素。中国学者吴飞和王学成总结出四种机制:第一,利用媒介对消息来源的依赖;第二,利用媒介自身利益之诉求;第三,利用广告投放的软控制;第四,积极主动开展政府公关活动。④ 乔姆斯基和赫尔曼基于美国媒介的"宣传模型"则认为,一个新闻要经过五重过滤,才能成为美国媒介的"新闻"。对新闻具有过滤作用的因素主要包括:代表政治权力的官方新闻来源;媒体的集中与利润追求;广告商的压力;媒体对外部反击的忧惧(如担心遭到诽谤诉讼);反共的意识形态("冷战"之后则变为反对政治独裁)。⑤ 从以上学者的分析可以看出,影响媒介议程设置的因

---

① [英]布赖恩·麦克奈尔.政治传播学引论[M].殷祺,译.北京:新华出版社,2005.

② 郑世明.权力的影像:权力视野中的中国电视媒介研究[M].北京:中国传媒大学出版社,2006.

③ 王怡红.认识西方"媒介权力"研究的历史与方法[J].新闻与传播研究,1997(2).

④ 吴飞,王学成.传媒·文化·社会[M].济南:山东人民出版社,2006.

⑤ 张巨岩.权力的声音:美国的媒体和战争[M].上海:上海三联书店,2004.

素可区分为经济、政治和社会等三类。在美国这样以私有化媒体为主的资本主义国家中，媒介议程设置更加容易受到经济因素的影响；而在中国这样以国家公有媒体为主的社会主义国家中，媒介议程设置则更多地受到政治因素影响。

互联网媒介议程设置的具体机制是什么？我们可以归纳出两种不同路径的机制：第一，由媒介到网民再到决策层。传统媒介或互联网媒介通过新闻报道或其他形式提出议题，网民跟帖讨论后形成力量强大的网络舆论，并最终对政府决策层产生影响。第二，由网民到媒介再到决策层。网民私下发帖讨论某项公共事务后引起传统媒介或互联网媒介的关注，经由媒介报道后引起决策层关注。这两条不同的路径中，作为公共领域的新闻媒体（传统媒介和互联网媒介）和作为公民的网民存在着复杂的互动，尽管互动过程中会受到意识形态国家机器、文化传统和其他社会因素的影响，但总的来看，互联网技术的特殊性和虚拟公共领域的特殊性带来的话语民主能形成特殊的公民社会（本书所称的“虚拟公民社会”），并对政府的公共决策产生一定影响。

关于互联网媒介议程设置与虚拟公民社会的关系，我们可以借助怀特的相关观点进行进一步阐述。怀特认为，公民社会在削弱权威主义政府、建立和维持民主政体以及改善民主政体的治理质量等方面都可以发挥关键的政治作用。他提出的四种作用方式有助于解释互联网媒介议程设置在话语民主推动公民社会形成中的作用。这四种作用方式是：改变国家和社会间的力量对比使之有利于后者，因此有助于形成“势均力敌的反对派”；通过实施公共伦理标准和行为准则并改进政治家和行政人员的责任制来限制国家；作为媒介物和（双向）传送带，决定着单个公民和正式的政治制度之间的关系因而发挥着潜在的关键作用；通过沿着民主的线路重新界定政治游戏的规则，公民社会可以发挥创制的作用。[①] 互联网技术的特性和互联网媒介的议程设置的特性使得公民个体和利益团体的利益表达和聚合更加有效，虚拟公民社会中更容易形成一种与国家“势均力敌的反对派”。互联网媒介特殊的监督功能和虚拟公民社会中的公民以及公民组织的跨时空性相结合，可以促使政治家和行政人员更好地遵守公共伦理标准和行为准则。作为公民社会与国家的中间人，互联网媒介可以发挥重要的联系作用。互联网媒介“除了继续保持传统的自由主义的目标——‘看门狗’式的

---

① [英]戈登·怀特．公民社会、民主化和发展：廓清分析的范围[M]//何增科．公民社会与第三部门．北京：社会科学文献出版社，2000．

监督、信息、争论和代言——之外，我们还要强调两个在传统的自由主义的理论分析中未做充分展示的目标：一个是促进冲突和差异的表达；另一个是帮助实现社会和解”[①]。借助网络媒介，虚拟公民社会通过更好地参与公共事务，通过协商和舆论影响政治游戏规则和公共政策，从而发挥创制作用。

本章小结

本章以网络媒介为技术背景，以话语民主为理论切入点，阐述了虚拟公民社会的运行机制。首先，从宏观理论层面论述了民主和技术的关系。认为辩论、投票、选举等民主技术的发展与媒介技术有密切关系：口头传播媒介作为重要因素之一决定了古希腊的直接民主模式；印刷和书面媒介则影响了现代资产阶级的间接民主（代议制民主）；以电视、广播和传真等为代表的电子媒介通过将间接民主逐步推向直接民主而催生了“准直接民主”；以互联网为代表的网络技术在未来将以“否定之否定”的方式在更高层次上恢复源于古希腊的直接民主。

其次，论述了话语民主及其互联网转型。媒介技术对民主模式的影响为我们论证互联网对虚拟公民社会的影响提供了理论背景。互联网技术催生了一种被很多学者从不同角度提出的“话语民主”，即以公共领域为活动场域，以语言为主要媒介，以平等主体间的交往为基本形式，以参与和协商为主要机制，以形成公共舆论和影响公共政策为主要目的的民主政治实践模式。

最后，以网络媒介为技术背景，阐述了话语民主对虚拟公民社会的影响。互联网时代的话语民主借助网络媒介的力量，通过公共舆论对公共政策产生影响。其依据在于，互联网在某种程度上具备开放性、独立性和关注公共利益，形成了一种特殊的公共领域，我们称之为“虚拟公共领域”或“未完成的公共领域”。

虚拟公共领域已经在某种程度上成为公民个体和利益集团参与公共事

① ［英］詹姆斯·卡伦. 媒体与权力[M]. 史安斌，董关鹏，译. 北京：清华大学出版社，2006.

务、形成公共舆论和影响公共政策的平台和工具。话语民主的核心是协商和参与,而虚拟公民社会则是多元主体参与公共事务的特殊公共领域或社会形态。两者的核心价值具有重合之处,都强调平等主体间的交往。公共事务参与的核心是通过议程设置影响公共政策,因此,互联网话语民主主要通过互联网媒介的公共政策议程功能影响事务决策,从而催生虚拟公民社会。

第四章

虚拟社群与微观权力:权力视野下的虚拟公民社会

前文对虚拟公民社会的内涵进行了界定,并对其社会—技术基础进行了阐述。认为虚拟公民社会的社会基础是话语民主,技术基础是融合了计算机技术、网络技术和通信技术的互联网。更重要的是,互联网对社会的渗透深刻地改变了话语民主的运作机制,形成了所谓的“互联网话语民主”。互联网话语民主通过改变政治主体的沟通方式而对其产生了增权和赋权作用,提升和优化了政治主体的利益表达、利益聚合和制度创制能力,从而增强了政治主体的社会行动能力。

互联网对政治行动主体的增权和赋权机制是什么?政治主体是如何利用互联网进行利益表达、利益集合和制度创制?本章试图通过微观权力来解析增权和赋权机制,通过基于互联网的虚拟社群来透视利益表达、利益集合和制度创制过程,并通过对微观权力与虚拟社群之间关系的厘清,在总体上对虚拟公民社会进行微观分析。

第一节　微观权力及其互联网转型

社会行动是微观社会学分析的起点,权力则是分析社会行动的重要切入点。权力是资源拥有者对资源匮乏者的影响力,是政治主体的特殊交换媒介；同时，权力也是政治过程顺利进行的基础，是政治秩序得以维持的基础。互联网在政治生活中的应用在某种程度上重构了政治主体，并以“微观权力”作为其增权和赋权机制的核心，对虚拟公民社会的形成起到了较大的推动作用。

一、作为社会权力的微观权力

权力是资源拥有者对资源匮乏者的影响力，“从最一般的意义上讲，权力指由对象、个人或集团相互施加额任何形式的影响力”[①]。它是政治过程得以顺利进行的基础，也是政治秩序得以维持的基础。国外学者对权力的研究一般有五个视角：第一，权贵论者的权力观。又称为公共机构权贵统治论，或权力精英论，代表人物是美国社会学家赖特·米尔斯，1959 年《权力精英》。第二，多元论者的权力观。在民主开放的西方工业社会中，资本家阶级已经被许多有竞争能力的“领导者集团”所代替，任何集团都没有垄断权力，只是作为相互抵消和相互平衡的力量发挥作用。国家只是仲裁者，人民通过压力集团、公众咨询、政治党派等途径广泛参与国家政治生活。第三，“统治阶级”论者的权力观。与多元论相反，认为在美国有一个上层社会阶级，就是凭借经济上和政府里的支配作用统治美国。判断统治阶级的三个标志是谁受益、谁管理、谁获胜，即是否拥有大量财富和收入；在公共机构内担任重要职务的比例大小；在决策过程中的行动是否获胜。第四，结构功能主义的权力观。权力在目标实现子系统中的作用与货币在适应子系统中的功能相似，即“流通媒介”，都是基于“同意”而合法化。第五，集权主义者的权力观。一个政党或者一个政治集团持久掌握国家权力，用政府或非政府的手段压制政治上的反对派，政治上的讨论和批评自由被牢牢地限制于执政党官方所允许的框架之内，公众并无有效的宪法途径监督政府，政府几乎握有无限的权力，以实现自己的目标，干预个人和社会生活，并通过立法或其他措施限制或取消公民的政治权利。[②]

权力和权利的关系是什么？权力是政治概念，一般是指有权支配他人的强制之力，它总是和服从联结在一起。任何社会都是一定的权力和一定的服从的统一。权力有两层含义：一是政治上的强制力量，如国家权力，就是国家的强制力量，像立法权、司法权、行政权等；二是职责范围内的支配力量，它同一定的职务相联系，即有了一定职务就有了相应的某种权力，如行

---

① [英]罗德里克·马丁.权力社会学[M].陈金岚，陶远华，译.石家庄：河北人民出版社，1992.

② 卢少华，徐万珉.权力社会学[M].哈尔滨：黑龙江人民出版社，1989.

使大会主席的权力。权利则是法律概念，一般指赋予人们的权力和利益，即自身拥有的维护利益之权。它表现为享有权利的公民有权做出一定的行为和要求他人做出相应的行为。权利和义务相对应而存在，权利的行使必须以法律为依据，依照宪法和法律行使正当的权利，同时，权利的实现和救济需要以权力为基础。

权力是政治学研究的核心问题，在民族国家背景下的权力研究一般偏重国家权力，即国家的立法权、司法权和行政权等政治强制力。虽然二战以后的福利国家思想大大增强了国家对社会的权力，但20世纪70年代资本主义经济危机却又削弱了国家权力。起源于英国撒切尔政府并扩展到其他主要资本主义国家的政府改革已经大大削弱了国家权力。这场名为“新公共管理运动”的政府重塑大潮要求打破政府对公共事务的垄断，在分权化的公共部门中促进绩效导向的组织文化，注重效率、效果以及服务质量等结果的管理。中国自1978年改革开放以来也进行了类似的改革，例如，多次调整政府组织结构和精减人员。虽然总体成效甚微，但总的趋势仍然是国家权力下放和分散化，试图构建被学者们称为“小政府、大社会”的国家治理结构。

国家权力的转移导致与其相对的社会权力的增加。广义的社会权力包括经济、政治、思想文化等一切权力在内的权力；狭义的社会权力则特指国家权力之外的广泛散落于社会和民间的各种权力的总和，主要掌握在利益集团或民间权势集团手里。民间权势集团有大有小，形形色色，包括经济、劳工、艺术、文化、教育、学生、性别、种族、语言、职业、行业、学术、行为和宗教等各领域，而且在每个国家都有着不同的存在形式。民间势力集团的权力作用主要通过对政党和立法机构成员施加外在压力，从而对政治决策施加影响。[①] 也有学者认为，社会权力即社会主体以其所拥有的社会资源对国家和社会的影响力、支配力。社会主体主要指的是享有知情权、参与权、选举权、监督权、诉讼权以及自主权和自治权的公民个体和社会组织，而社会资源则包括物质资源（资本、信息、科技和文化产业等）与精神资源（人权与法定权利、道德习俗、社会舆论、思想理论、民心和民意等），还包括各种社会群体（民族、阶级、阶层和各种利益群体等）、社会组织（政党、人民团体、各种社团组织、企业事业组织和各种行业协会等非政府组织）、社会特殊势力（宗教、宗族和帮会等）。[②]

社会权力是与国家权力相对的权力，它掌握在公民个体和利益集团手

① 卢少华，徐万珉．权力社会学[M]．哈尔滨：黑龙江人民出版社，1989．

② 郭道晖．社会权力与公民社会[M]．南京：译林出版社，2009．

中。作为与国家或政府相对的政治主体，这两类权力主体在行使权力时往往不能以国家机器为基础，但网络社会[①]却给公民个体和利益集团提供了特殊的权力行使工具。一方面，上层建筑为了经济和社会发展需要，在政治权力配置和行政管理模式上进行革新，国家充分利用信息网络技术优化国家治理模式，使得权力结构由控制型向分权型发展，决策结构由垂直式向交互式发展[②]；另一方面，公民个体和利益集团在“小政府、大社会”背景下，充分发挥信息网络技术优势，增强自身的公共决策影响能力。

社会权力与福柯提出的微观权力有一定的相似之处。微观权力与传统的宏观权力（国家权力）相对应。传统权力研究从权力的中心入手，关注的是运行权力的核心部位，探究权力自上而下的路径，从中心向四周扩散的规律。这是一些宏观权力，是自上而下地通过镇压或压抑来实施的一种被占有的权力。传统权力研究忽视了微观的、底层的、边缘的权力形态。后现代主义哲学家福柯认为，微观权力不是自上而下的单向权力，不是集中于某些机构或阶级，而是有无数的作用点；微观权力不只是压抑，还具有传播、训练、塑造和生产功能；另外，微观权力不应从所有权角度理解，它是被行使而不是被占有的权力。总之，福柯从后现代和反结构主义的视角勾勒出的微观权力远离政治、统治权、服从支配、系统功能等概念，而呈现出具体的、多样性的、关系的、生产性的特点。从微观权力的无中心性和弥散性来看，微观权力和社会权力在某种程度上可以画等号。其原因在于，相对于传统宏观权力（国家权力）的中心性、暴力性和压抑性，社会权力与微观权力一样，都是处于边缘的、底层的和弥散的。

二、互联网微观权力的产生

与话语民主一样，微观权力也用于解释公民个体和利益集团影响公共决策的能力的增强。特别是在互联网时代，微观权力中的“微观”与网络虚拟空间中流行的诸多以“微”或“小”开头的新词紧密相关。例如，技术领域的微博和微信，艺术领域的微电影和微小说，生活世界中的小幸福和小悲伤，等等。这些与技术、艺术和社会心理相关的新词体现出某种“自下而上”的反抗性和分散性。同时，微观权力反映出系统和生活世界在某种程度上

① “网络社会”在某种程度上也称为知识社会、后工业社会或信息社会，指的是以信息技术(IT)，特别是计算机技术、网络技术和通信技术为主要沟通技术的特殊社会形态。由于本研究仅从信息沟通角度研究互联网的影响，所以不深入辨析这些概念的细微差异。

② 刘文富．网络政治——网络社会与国家治理[M]．北京：商务印书馆，2002.

的融合。一方面,以政治和经济为基础的技术系统开始侵蚀生活世界;另一方面,个体对互联网技术的广泛应用也在很大程度上对技术、经济和政治产生影响,即生活世界也开始对系统进行反向渗透。系统和生活世界在互联网时代的逐步融合,也在一定程度上反映出个体主体性在互联网时代的觉醒和增强,预示着互联网可能通过对公民个体和利益集团的增权和赋权,重塑公民社会并对公共决策产生越来越大的影响。正是考虑到互联网对政治和社会的影响力,北京大学学者胡泳提出"网络社会力",他认为,一个独立而富有参与性、抵抗性的公民社会正出现在中国的互联网上,与那些享有相对充分的政治自由的国家相比,互联网在中国的政治功能存在较大的不同;它不可能以一种戏剧性的方式改变中国的政治生活,但它可以增进建立在公民权利义务基础上的现代社会资本,导致独立于国家的社会力量的兴起和壮大。[①]

虚拟公民社会的形成不仅与互联网技术营造的虚拟公共领域和互联网话语民主有关,而且还与国家治理模式和权力监督机制的转型有关。当前中国的国家治理模式正在由"大政府、小社会"向"小政府、大社会"转型,国家权力监督机制也由国家权力内部的"权力制约权力"机制向社会微观权力的"权利制约权力"转型。这两大转型与互联网技术的相遇,为虚拟公民社会的形成提供了机遇和条件。两大转型在互联网中生成了被我们称为"微观权力"的社会权力。"互联网微观权力"由公民个人和利益集团所拥有,以基于社会资本的资源动员为主要方式,以监督和制约国家宏观权力为基本指向。从互联网政治学角度看,网络微观权力的主体是什么?其基础或来源是什么?网络微观权力通过何种方式影响公民社会,并通过公民社会影响国家的公共决策?这些问题引导我们进一步思考微观权力与公民社会的关系,特别是互联网微观权力与虚拟公民社会的关系。为了便于清晰地表达并且从总体上把握上述几个问题,笔者将下文即将讨论的这几个问题中的主要要素之间的关系用图形表示,称为"互联网微观权力的结构和运行过程图",如图 4-1 所示。

(一) 互联网微观权力的政治背景

互联网对权力的影响产生了一种被称为微观权力的特殊权力。在互联网时代,公民个体、利益集团和非政府组织可以凭借自身的知识优势、信息优势甚至想象力获得这种权力。互联网微观权力的实施必须借由虚拟公民社会来进行,这意味着微观权力的形成过程与虚拟公民社会的形成过程基

---

① 胡泳.2011,中国网络舆论的三大变化[N].中国新闻周刊,2012-01-13.

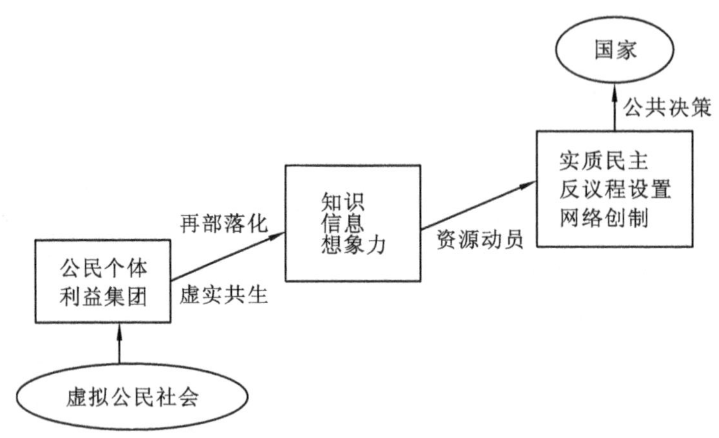

图 4-1 互联网微观权力的结构和运行过程图

本重合。

从“权力制约权力”到“权利制约权力”，是互联网微观权力形成的主要政治背景。权力制约或权力控制是权力运行中的重要问题，但历史和现实都表明，国家权力内部的相互制约并不能很好地解决。美国新宪政论者达尔在《多元主义民主的困境——自治与控制》一书中认为，为了防止多数人或少数人的暴政，重要的因素是社会上的多元制约，而不限于宪法上规定的分权制约，尽管后者也是民主得以实现的重要条件。新宪政论者认为，与其说权力制约和权利保障是政治学或法学问题，不如说更多的是社会学问题。也就是说，对权力进行社会监督或社会制约，是现代权力制约的重要发展方向。“民主被描述为‘体现大多数人最大意愿的政府’的日子一去不返了。无论是在地方、国家或超国家政府领域中，还是在非政府组织和网络的权力制约中，其中一些形态触及日常生活的根基和外延，遍布世界各地”①。一方面，公民个体和利益集团的权利实现需要由国家权力来保障；另一方面，公民个体和利益集团的权利也可以对国家权力进行监督。权利制约权力也需要由权力作为基础，这种权力就是我们论及的微观权力，即与宏观的国家权力相对的由公民个体和利益集团掌握的微观权力。互联网为这种微观权力的产生提供了技术基础，权力制约模式的转变则为微观权力的产生提供了政治基础。

（二）互联网微观权力的来源

韦伯曾根据权力来源将权力划分为传统型、法理型和个人魅力型等三

① John Keane. 监督式民主：新媒体时代民主实践的新理念[J]. 开放时代，2009(2).

种，这意味着权力可能来源于文化传统、法律制度或者个人特征。韦伯的权力研究主要针对是工业社会及其以前的社会形态，可用来解释原始社会、奴隶社会、封建社会和资本主义社会的权力问题。罗德里克·马丁在其《权力社会学》一书中就反映出韦伯的权力研究的影响。他从资源及其依赖关系的角度出发研究权力问题，认为"不同的劳动剥削制度——奴隶制、封建制和资本主义制度——产生出独特的依赖关系类型……对生存所需资源的不同控制导致依赖产生。这些不同的控制，部分地取决于遗产，部分地取决于在特定时期特定资源的不同的'重要'程度。而资源的'重要'程度主要由占主导地位的生产力、特别是技术和资源不足所决定。概言之，技术和资源不足导致资源'重要'；资源的重要程度和遗产导致对所需资源的控制；对资源的控制和行为目标导致依赖；依赖和逃避依赖的有限的可能性导致权力关系"①。

对权力的上述研究虽然在一定程度上可以解释网络时代的权力问题，但其解释力已经大打折扣。网络时代可作为贝尔所说的后工业社会的一种特殊形态。网络时代的技术基础是计算机技术、通信技术和网络技术，网络时代的社会基础则是信息和知识的生产、存储、传播和应用的社会化。网络时代的特性导致权力的来源和类型发生了不同于工业时代的变化。正如美国学者托夫勒在《权力的转移》中所说，后工业时代的权力发展已经由前工业时代的暴力阶段和工业时代的经济阶段逐步过渡到后工业时代的知识阶段；贝尔在《后工业社会的来临》中也认为，知识/信息产业将成为社会的支柱产业。可以看出，尽管我们不能否认文化传统、法律制度和个人魅力在互联网时代对权力的产生仍有很大影响，但我们也必须认识到知识将成为互联网时代越来越重要的权力来源。特别是对于公众个体和非官方的民间利益集团来说，知识将成为其微观权力的重要来源。

其实，知识在任何时代都是权力的重要来源，只不过在互联网时代中知识对权力的影响越来越大。生产力水平和媒介技术在知识和权力的关系中发挥中重要作用。知识是人类特有的现象，是长期实践和思维的结果，是对自然界、人以及社会的系统化认识。在生产力水平相对低下的前工业时代，人类对自然界的控制能力和对人类社会的理解水平相对较低，这导致巫医、祭祀和其他的宗教神职人员在解释自然界、人和社会方面起着很重要的作用。他们对知识生产的控制导致其相对其他人来说拥有特殊权力(神圣权力)。但在工业时代这个宗教衰落的世俗化时代，人类对自然界、人和社会

① ［英］罗德里克·马丁．权力社会学[M]．陈金岚，陶远华，译．石家庄：河北人民出版社，1992．

的认识能力和水平都大大提高，知识分子和工程技术人员的权力却明显增强（世俗权力）。同时，媒介技术对知识生产、存储、传播和应用的影响，对于强化知识和权力的关系也起到了一定作用。在印刷时代以前的口头传播时代，口口相传使得知识总是由特定人员生产，并在特定阶层（如贵族、士大夫或僧侣）中传播和应用，这在一定程度上强化了他们的权力；印刷时代没有改变知识生产的模式，但印刷术改变了知识的存储模式，并加速了知识传播的速度和数量，扩大了知识传播范围，这在某种程度上弱化了特殊阶层的权力；电子时代也没有根本改变知识生产模式，但电子时代知识存储量、传播速度和范围有了巨大改变，这大大增强了公众个体的权力，促进了权力来源的多元化和分散化；以互联网为主要技术基础的网络媒介则对知识生产、存储、传播和应用产生了巨大影响。知识生产的主体不再是士大夫和僧侣，也不仅仅是知识分子和工程技术人员，互联网时代个体性的增强使得社会公众也加入了知识生产的行列。类似维基百科和百度知道这样的网络应用能充分发挥个体主体性，跨时空和高协作性的技术将工业时代及其以前时代分散的个体紧密连接起来，形成了特殊的知识生产主体。互联网的大容量和高速度使得知识传播数量和传播范围都大大增加。不仅如此，互联网的深度商业应用，特别是商业竞争带来的低成本和易用性，使得社会个体更容易接入互联网并通过互联网找到知识。

尽管存在数字鸿沟、知识超载和信息烟尘等负面影响，但互联网毕竟为社会一般个体提供了张扬主体性的空间，使得微观个体在某种程度上具有了与国家权力对话的微观权力。有学者认为，网络空间存在三种权力：网络空间的个人权力、网络空间的技术权力（如比尔·盖茨、黑客）和网络空间的想象权力。[①] 这一分类尽管存在分类标准不统一的缺点，但也能从某种程度上说明互联网及其知识效应对权力的影响。总之，以互联网技术为基础的知识生产、存储、传播和应用，成为互联网微观权力的重要来源。

（三）互联网微观权力的特征

知识与权力的关系在互联网时代被强化，互联网成为微观权力的重要来源。一般来说，宏观权力（也称为国家权力、主权或法权）具有中心化、政治性和总体化等特点。作为与宏观权力相对的微观权力，特别是基于互联网的微观权力却具有复杂特征。

---

① 刘文富.网络政治——网络社会与国家治理[M].北京：商务印书馆，2002.

1. 权力主体的分散化导致互联网微观权力具有分散化和集群化并存的特点

互联网是技术平台，也是政治工具，在经济、文化和政治中具有多元化应用。互联网的跨时空特点可以使得网民变为公民，便于公民和利益集团在虚拟空间讨论公共事务，对公共事务决策产生影响。一方面，“生活世界中的网民”是一种分散化的个体存在，或者借由互联网进行生产活动，或者利用互联网度过休闲时光；另一方面，公共事务、突发事件或决策参考等可能将“生活世界中的网民”迅速集群化为“系统中的公民”，使分散化的个体存在转换为集群化的群体存在。互联网技术在这种主体转换中起到了重要作用，“农业社会没有技术手段和生产力基础，按照主体的意志，使理想国所要求的志同道合者，跨越时空障碍，组成一个稳定的社会；而信息社会则不同，由于有了具有计算能力的网络，人们完全可以按照‘物以类聚、人以群分’的原则，自由组合，形成一个个‘虚拟社会’，从而把人的主体性发挥到极致”[①]。有学者曾经提出过“网络权力”的概念，认为网络权力具有知识化、扁平化和分散化等特征。[②] 其实，这三个特征具有密切联系，知识化是权力基础的内在的内容特征，扁平化权力结构的外在形式特征，而分散化则是权力主体的外在形式特征。权力内容决定权力形式，权力形式是对内容的反映。但从主体和主体性角度特别是从互联网政治的角度看，权力主体的分散化无疑在微观权力形成上具有十分重要的作用。

2. 权力主体的匿名性导致互联网微观权力具有主体模糊化(“准主体性”)和可控性差的特点

匿名性在当前西方发达国家互联网中仍然是重要原则，但中国互联网发展中的实名制却在某种程度上损害或削弱了互联网应有的匿名性。尽管如此，主体悬置和主体虚化的现象在中国互联网上仍然广泛存在。参与公共事务的大多数主体仍然只是一个符号(网名或 ID)，其社会经济特征被隐藏起来。主体被模糊化，使得这种“戴着面具的互动”成为准主体的互动。这种互动的基础是匿名主体的知识，而知识的表达形式则体现为帖子的文字。主体模糊性使得互联网政治商谈的可控性减弱，这可能对虚拟政治秩序甚至对现实社会秩序产生负面影响。

---

① 崔保国.媒介变革与社会发展[M].南京:南京师范大学出版社,1999.

② 刘文富.网络政治——网络社会与国家治理[M].北京:商务印书馆,2002.

3. 互联网技术的低门槛导致互联网微观权力具有直接相关利益者与无直接相关利益者并存的特点

政治以权力为核心,权力则以利益为导向。利益表达和聚合机制是政治学研究中的基础问题,对互联网政治行动的研究也必须紧扣权力及其背后的利益问题。也就是说,对互联网政治行动赖以存在的互联网微观权力的研究,应该从政治行动者的利益诉求为基础。一般来说,政治行动者采取政治行动的利益诉求都是与自身有直接相关的利益,在资本主义制度和个体主义文化环境中尤其如此。但互联网的政治应用却在某种程度上改变了直接相关利益与政治权力的关系,其主要原因有:互联网的低成本使得政治参与的成本越来越低,关注他人利益不再以大幅度增加自身成本为代价;互联网的跨时空性提高了互联网参与和协商的便利性,使不同利益集团更容易在虚拟空间中"面对面"商谈公共事务。在中国这种以社会关系为导向的集体主义文化环境中,互联网对无直接利益相关者的聚合作用更加明显。

4. 互联网微观权力的实施必须借由虚拟公民社会来进行

国家宏观权力的实施依靠的是国家机器,公民个体和利益集团的微观权力实施则依赖于舆论压力。在网络时代,古希腊时代的广场和市政厅被互联网虚拟公共领域替代。公共领域成为公民和利益集团集群化的重要空间,成为虚拟公民社会的物质基础。虚拟公民社会中网络舆论的形成基础是大量主体围绕公共事务的讨论,而网络讨论的组织形式主要有三种:由国家发起,邀请公民和利益集团参与;由公民和利益集团发起,通过公开讨论引起国家关注;由新闻媒体发起,在上(国家)下(公民社会)沟通中起协调作用。总之,微观权力与宏观权力的对话,必须借由虚拟公民社会进行。

第二节　作为微观权力来源的虚拟社群

虚拟社群是互联网政治主体(包括公民个体和利益集团)在互联网上的主要存在形式,也是他们开展政治行动主要平台和空间。正因为如此,笔者认为虚拟社群是互联网微观权力的来源。虚拟社群对微观权力的影响起源于虚拟公民社会中的主体重构,公民个体被再部落化,利益集团则一般采用虚实共生的存在方式。政治主体通过知识应用和资源动员产生微观权力。

一、虚拟公民社会中的主体重构

关于“主体”的含义,《辞海》的解释有四种:事物的主要部分;为属性所依附的实体;哲学名词(与主体客体相对应);法学用语。① 作为万物之灵的人对“主体”的追问和探索可追溯至古希腊镌刻在阿波罗神庙上最有名的箴言——认识你自己。可以说,主体和主体性研究是西方哲学最核心的研究问题之一。随着人类实践和认知能力的不断发展,人对人与自然的关系、人与人的关系以及人与自身的关系的认识也不断发生变化。随着 20 世纪 90 年代互联网的兴起,人类实践的时空范围和样式都大大扩展,人类认识和改造世界、认识和改造自身的能力都大大增强,有关主体和主体性的认识也大大深化。互联网在公共领域(特别是政治公共领域)中的应用,增强了政治实践主体的主体性,对虚拟公民社会的生成起到了基础性作用。

(一)“主体”与“主体性”考辨

1. 西方哲学中的主体和主体性研究

主体问题是哲学研究中最重要的问题之一。在西方哲学从本体论到认识论,再到人本学和语言学的诸多转向中,主体和主体性问题的研究视角也几经变迁,从古希腊的实体主体性过渡到近代的认知主体性和现代的生命主体性。人本学转向中的生命主体性视角关注的核心问题,是关注人类生存的价值和意义问题;而语言学转向则深化了生命主体性研究,具体体现为两种不同的研究取向:“一种是立足于现代性,从历史过程和主体间关系来削弱和修正中心性主体,以重建人本学的主体性理论。另一种是后现代性的立场,主张差异和多元,反对霸权话语,消解作者的中心地位,从而根本否定人本学思维和中心性主体,在他们的理论中蕴含着一种对主体性的同以往完全不同的理解,即离散的主体性”②。

古希腊和中世纪哲学关注的是本体论问题,致力于探究世界的本原。一切形而上学(包括实证主义)都说着柏拉图的语言。③ 不管是古希腊哲学家强调的“金”、“水”、“土”和“火”等客观物质,还是中世纪哲学家心目中的上帝,都反映出此阶段哲学的本体论诉求,即对终极原因、终极解释和终极存在的追问。如果排除人类的求知本性或好奇心,这种本体论追问实际上

---

① 辞海编辑委员会. 辞海(缩印本)[M]. 上海:上海辞书出版社,1979.

② 李楠明. 价值主体性:主体性研究的新视域[D]. 哈尔滨:黑龙江大学,2004.

③ [德]M. 海德格尔. 哲学的终结和思想的任务[J]. 孙周兴,译. 世界哲学,1992(5).

蕴含着人类对自身主体存在的关注。但问题在于，古希腊和中世纪哲学家的素朴性和直观性，使得他们诉诸物质本原或精神本原等超验之物。对人在世界中的位置和存在意义的这种探求，因脱离了现实生活而具有超验性。

近代西方哲学以文艺复兴为开端，从笛卡儿开始则进入以认识论为主要内容的时期。从理论层面看，西方哲学的这一转向与"自然哲学"和"道德哲学"的知识区分，特别是与此对应的科学与哲学的分裂有密切关系。按照传统看法，只有真理性的认识才称得上是"知识"，所以认识论研究的核心问题就是真理问题，哲学家们开始追问认识活动的基础，开始从认识活动中寻求理性，开始了对知识的确定性的追求。从现实层面看，随着资产阶级民主革命的爆发、工业革命导致的生产力水平的大幅度提高，人类改造世界的能力大幅提高。特别是数学和实验科学的发展，使得哲学家们相信人类理性能认识世界和征服世界。培根的"知识就是力量"、笛卡尔的"我思故我在"、康德的"理性为自然立法"、黑格尔的"实体即主体"等哲学思想，都或多或少或直接或间接地体现出理性在人类认识自然和人自身中的重要作用。

总的来看，近代西方哲学提倡以人为本，高扬人性和理性的旗帜，将人类从超验的天国拉到理性的俗世。在近代哲学唯理论和经验论的争论中，唯心主义和唯物主义对主体的认识具有根本差异。近代唯心主义过于强调人的主观、精神或意志等层面，因此，可以将其称为先验的理性主体性理论。例如，黑格尔在《精神现象学》中提出，"实体在本质上即是主体，这乃是绝对即精神这句话所要表达的观念"①，而近代唯物主义（包括自然唯物主义和人本唯物主义）的看法则不同。萌芽于古希腊米利都学派的自然唯物主义，因为片面强调物质统一性原则，而忽略甚至敌视人的主体性。例如，近代唯物主义哲学家霍布斯将人比喻成钟表，探讨人与自然的统一性；拉美特利"人是机器"的观点就受到了牛顿经典力学和笛卡尔自然哲学的影响，对世界进行机械的唯物主义的解释。"人体是一架会自己发动自己的机器；一架永动机的活生生的模型。"②以法国唯物主义哲学家爱尔维修"现实的人道主义"思想为基础，人本唯物主义哲学的集大成者费尔巴哈将关注点转移到人本上。他不仅关注自然唯物主义哲学家关注的"第一性问题"，还关注"统一性问题"，"思维与存在的统一，只有将人理解为这个统一的基础和主体的时

① [德]黑格尔.精神现象学(上卷)[M].贺麟，王玖兴，译.北京：商务印书馆，1979.

② 北京大学哲学系外国哲学史教研室.西方哲学原著选读(下卷)[M].北京：商务印书馆，1982.

候,才有意义,才是真理”[①]。尽管费尔巴哈的致思理论将唯物主义与人本主义紧密结合起来,但他的人本唯物主义哲学却只是把“现实的人”看做是自然的或生物学意义上的感性实体,将人作为主体所具有的历史条件和社会关系抽离掉,最终未能揭示人作为主体的本质规定,从而否定了人通过实践确立主体地位的可能性。

黑格尔以降的现代西方哲学流派众多,但从主体性角度可区分出侧重于人的“人本主义”和侧重于自然的“科学主义”。现代西方科学主义哲学思潮渊源于近代英国的经验主义,强调归纳、实证、逻辑、实用,关注自然科学的哲学问题。而现代西方人本主义哲学思潮则渊源于欧洲大陆的唯理主义,强调演绎、普遍、绝对、直觉、关注人的存在意义。黑格尔的历史观和辩证法经由卢卡奇的《历史与阶级意识》而引起马克思主义者的重新关注。卢卡奇认为,在辩证法中,“最根本的相互作用,即历史过程中的主体和客体之间的辩证关系”[②]。马克思哲学的重要基础是黑格尔哲学和费尔巴哈哲学,它以“现实的人”为出发点,以历史性和生成性的方式挖掘人的本质和解释人与外部世界的关系。马克思哲学的突出特点是其实践性,“一个种的全部特性,种的类特性就在于生命活动的性质,而人的类特性恰恰就是自由的自觉的活动”[③]。马克思认为主体是人,客体是自然。[④] 就客体而言,自然是与主体发生了一定对象性关系的、“为我而存在”的自然,其本质、关系和过程只有通过人的实践才能显示出来,“自在之物”只有经实践转化为对象,只有在主客体互动才能显现其所是。就主体而言,必须将人置入特定的历史情境之中予以历史的、生成性的把握,要从费尔巴哈的抽象的人转到现实的、活生生的人,就必须把这些人当做在历史中行动的人去研究。[⑤] 这样才能使“现实的人”既不会淹没于黑格尔抽象唯心主义的“绝对精神”中,也不会遮蔽于费尔巴哈的直观唯物主义中,这种观点强调了人在世界中的中心地位,凸显了人作为万物之灵所具有的主体性。

2. 主体性生成演化的三个阶段

马克思哲学以实践为基础,历史性地生成性地理解主体性。主体的历

---

① [德]路德维希.费尔巴哈.费尔巴哈哲学著作选集(上卷)[M].荣震华,等,译.北京:商务印书馆,1984.

② [匈]卢卡奇.历史与阶级意识—— 关于马克思主义辩证法的研究[M].杜章智,任立,燕宏远,译.北京:商务印书馆,1999.

③ 马克思恩格斯全集(第42卷)[M].北京:人民出版社 1979.

④ 马克思恩格斯选集(第2卷)[M].北京:人民出版社 1995.

⑤ 马克思恩格斯全集(第21卷)[M].北京:人民出版社,1965.

史生成可以从主体意识、主体地位和主体能力等三个方面进行分析。是否具有意识是人与动物的重要区别，只有人才具有真正意义上的意识，只有当人产生自我意识和对象意识的时候，才可能自主地参与实践。主体地位的确立与主体能力密不可分，主体的对象化能力和“超越”客体的能力也是历史性的生成的。主体能力从大的方面可以区分为智力和体力等两个方面，具体体现为思维能力、知识能力（包括知识水平与结构）以及使用工具的能力等，这些能力都是在各种实践中慢慢培育和生成的，主体能力高低与主体性成正比，主体能力越高，人的主体性就越强。具有主体意识和主体能力的人在生产领域和交往领域中发挥自身能动性，就可以慢慢促使主体性的历史生成，前者主要是通过调整人与自然的关系来确立人的主体地位，后者则强调在人与人的交往中确立自身主体地位。人的主体性发展经历了一个由低级向高级生成和发展的过程，在由“自在的人”到“自为的人”再到“自在自为的人”，主体性也经历了三种历史形态：自在的群体形态的主体性，自为的个体形态的主体性和自在自为的类形态的主体性。我们可以从图 4-2 中发现人类社会的不同发展阶段中主体和主体性的发展历程。

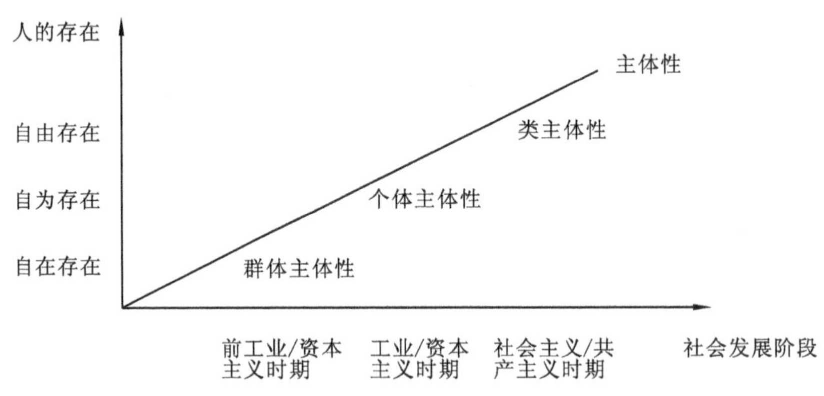

图 4-2　主体与主体性发展历程图

第一，人的自在存在与群体形态的主体性。人的自在存在与群体形态的主体性萌芽于以采集和狩猎为主要生产活动的原始社会，初步确立于以农耕为主的农业社会（包含奴隶社会和封建社会）。从人与自然的关系看，人的存在是一种自在的存在。在原始社会中，人类对自然力量的敬畏主要体现为巫术、神话和图腾崇拜等。由于意识不到自身认识和改造自然的能力，人类活动主要是自然的、不假思索的重复性活动，此阶段的主体性仍然是潜在的或自在的；同时，由于原始社会人类意识活动与肉体组织和生理机能的紧密关系也表明，此种主体性是生存本能的心理反应。农业时代的人类虽然有了一定的自我意识和自觉地社会活动和社会组织管理，但引导和支配人类活动的仍然主要是经验、常识、习俗和情感等因素。农业文明条件下“日出而作，日入而息”、面朝黄土背朝天、春夏秋冬循环往复的自然经济和日常生活是人的自在自发的存在状态的最典型的表现形态。① 虽然农耕促使人类开始深入思考人与自然的关系，在这种主客体关系思考中逐步确立了人的主体性，但由于生产力水平低下，人类在很大程度上仍然是受制于而不是控制和改造自然的主体，维持生存仍然是主体性确立和发挥的主要原因，换句话说，人类的主体性仍然体现在求生存的无意识本能。从人与自然的关系看，人类的主体性体现为群体形态的主体性，生产力水平低下使得人的生存在很大程度上依赖于群体生存，此即马克思所说的“人的依赖关系”。在前资本主义社会中，以各种血缘关系为依托的人的非独立的发展，即所谓的“人的依赖关系”。具体表现为原始社会中个人对原始部落的人身依赖和思想意识依赖；奴隶社会和封建社会中奴隶对奴隶主的人身依附和农民对地主的依附。按照马克思的说法，此阶段的人不过是“一定的狭隘人群的附属物”②。他们与动物的不同之处仅仅在于此阶段的人能够以某种特殊方式结合成某种共同体，以合作或相互依赖来提高生存能力。总的来说，“人的依赖关系”形态下，人的主体性只能是一种群体形态的主体性。

第二，人的自为存在与个体形态的主体性。人的自为存在与工业文明（主要是资本主义）息息相关，自为存在体现的是个体形态的自主性。个体化、市场化和理性化等是工业文明的显著特征，人类活动开始摆脱传统、习俗、惯例和情感等因素，理性、契约和法律等因素的作用使人由自在存在转向自为存在。就人类群体来说，自为存在意味着人类开始有意识地主动改造客观对象，在维持自身生存的同时确证人类相对于自然界的本质力量；就个体人来说，建立在劳动分工基础上的分化使得人的能力和个性得到充分发展，个人的主体地位经由市场交换而获得承认和确立，经济活动中的主体地位进而影响了其他领域中个体主体地位的确立。以“人的依赖关系”为特征的萌芽状态的主体性向马克思所说的“以物的依赖性为基础的人的独立性”发展。在资本主义社会中，以交换价值或货币为媒介的人际依赖的直接表现是，对具有交换价值的活动、产品、商品、货币等的依赖。人的依赖纽带、血统差别、教育差别等事实上都被打破了、被粉碎了（一切人身纽带至少都表现为人的关系）；各个人看起来似乎独立地、自由地相互接触并在这种

---

① 衣俊卿．论人的存在——人学研究的前提性问题[J]．学习与探索，1999(3)．

② 马克思恩格斯全集(第46卷)[M]．北京：人民出版社1979．

自由中相互交换。[①] 虽然自为存在的个体自由大大增强,主体性主要体现为个体形态,但对物的过度依赖却可能导致各种拜物教,并使个体迷失自我和丧失自主性。因此,以"物的依赖性"为基础的个体形态的主体性并不完美。

第三,人的自由存在与类形态的主体性。自由存在即自在自为的应然性存在,是共产主义社会中人的真正独立、自由的存在。只有摆脱了"人的依赖关系"和"物的依赖关系"后才会出现。自由存在阶段的主体性是人的主体性发展的第三个阶段,即所谓真正实现"建立在个人全面发展和他们共同的社会生产能力成为他们的社会财富这一基础上的自由个性"的阶段。物质极大丰富后人类生存问题已经解决,生存性实践必然向更高阶段发展,即自由自觉的创造性的实践。这种实践一方面表现为物质层面的政治、经济和社会管理中的有计划有组织的活动,另一方面变现为精神层面的科学、艺术、宗教和哲学等创造活动。类形态的主体性是人的主体性发展的最终结果和最高境界,只有马克思所说的"狭隘地域性的个人为世界历史性的、真正普遍的个人所代替"真正实现了,人与人才能真正平等,个人才能全面发展并成为真正自由的人。只有从依赖人和依赖物的人发展成为高度融合和统一的"类"的人时,人的主体性才能从群体形态走向个体形态并最终走向类形态。

(二) 互联网与政治主体重构

主体性是人在实践中历史性地生成的,主体的历史性生成可以从主体意识的形成、主体能力的提高和主体地位的确立等三个方面进行分析。人不是一种"永恒现时"的在场者,而是一种由未来支配的、由"不在场"引导的筹划者在生存活动的筹划中面向未来敞开自我超越的空间,不断地否定和超出自身,不断地生成新的可能性。[②] 在虚拟公民社会中,主要的政治主体可以区分为个体(作为公民的网民)和利益集团(作为民族和阶级代言人的特殊组织等)两类。互联网技术特别是虚拟社群在政治事件中的广泛应用,使得这两类政治实践主体的存在方式发生了改变,沟通方式和行为方式也发生了相应变化。

1. 再部落化:公民个体的存在方式

作为个体的公民在互联网中可以使用不同的虚拟账号,即创造自我身份并扮演不同的角色,或者说,虚拟主体身份具有以下几个特征:虚拟性、想

---

① 马克思恩格斯全集(第 46 卷)[M]. 北京:人民出版社 1979.

② 贺来. 马克思哲学与"人"的理解原则的根本变革[J]. 长白学刊,2002(5).

象性、多样性、随意性。① 但在互联网政治实践中，公民个体要想成为有影响力的虚拟角色，必须保证虚拟账号的稳定性和可识别性，并尽可能减少个体主体性，通过再部落化而获得特殊的“群体主体性”。

从社会制度的角度看，前资本主义时代的人是自在存在的，其主体性是以依赖人为基础的群体主体性；资本主义时代的人是自为存在的，其主体性是以依赖物为基础的个体主体性；共产主义时代的人是自由存在的，其主体性是以依赖己（反求诸己）为基础的类主体性。现代社会所倡导的个人主义表面上使人获得了自由，但个体主义却在某种程度上削弱了个体权力，特别是与国家权力对抗或对话的权力。马克思认为，农民由于居住分散，像一堆马铃薯那样，很难组织起来追求政治目标。② 福柯也认为，在传统社会向现代社会过渡的转型期，国家发明了所谓个人主义，借此获得了规范行为的权力：人人天真地以为个人主义就是获得自由，实际上个人主义只是一种控制手段，结果是制造出千人一面的个体。③ 这种对抗或对话权力必须以一定形式的集体或一定数量的人群为基础，而互联网技术特别是虚拟社群恰恰提供了聚集人群的技术。从媒介技术的发展看，互联网可能使印刷时代的个体主体性在更高层次上重返主体性——麦克卢汉所说的“再部落化”。“再部落化”是麦克卢汉提出的，他区分了人类社会媒介的演变的三个阶段（口语→书面/印刷→电子），认为这三个阶段对应着人类文化发展的三个阶段（部落化→非部落化→再部落化）。口语时期的信息传播限制使得人们生活在比较集中的部落中，彼此间关系亲密；但书写和印刷时代对理性的强调却使得人与人的关系开始疏远，导致线性、自省和个人主义；电子传播（特别是网络）的跨时空性使得信息传递更便捷，人们可在更大的范围内重新聚集，即所谓再部落化。互联网的跨时空性和即时性为个体主体性向再部落化回归提供了技术可能性，公共利益对人数的要求则为再部落化提供了政治和社会基础。公共政策针对的是公共利益，影响公共决策就不可能是单个公民。因此，享有政治权利的单个公民必须聚合起来，才能形成具有影响公共政策的能力的政治权力主体。互联网正好为单个公民身份的转变和政治权力的生成提供了便利，它通过再部落化将大量具有相同利益的单个网民聚集起来。网民变成公民，单个人成为部落成员，形成具有影响力的特殊压力

① 崔保国.媒介变革与社会发展[M].南京：南京师范大学出版社，1999.

② 郑永年.地方民主，国家建设与中国政治发展模式——对中国政治民主化的现实估计[J].当代中国研究，1997(2).

③ [法]埃里克·麦格雷.传播理论史：一种社会学的视角[M].刘芳，译.北京：中国传媒大学出版社，2009.

集团,才能形成虚拟公民社会。

2. 虚实共生:利益集团的存在方式

利益集团代表了人群和组织的利益,利益集团往往通过开展社会运动(集体行动),形成强大的公共舆论,以达到影响政府公共决策的目的。传统的利益集团主要通过政治献金、街头游行示威、公园演讲宣传、院外游说以及在现实社会中组织社会运动等方式进行表达和聚合利益,并试图影响政府决策。这些前互联网时代的"离线"行动具有组织成本高、政治风险大但收效不一定理想等缺点,导致很多传统的利益集团往往由于资金问题而压缩活动范围、改变组织方式或降低行动目标。

随着互联网的广泛应用,很多利益集团开始进行转型,甚至有些利益集团的存在方式"虚拟化",以最大限度地降低成本。但互联网时代绝大多数利益集团则采用虚实共生的存在方式:除了借助传统的街头活动和院外游说等方式外,还借助互联网进行成员管理、动员社会资源并开展社会运动。到21世纪早期为止,即使不是全部,大多数美国主要利益集团已经建立了在线信息发布,并且使用电邮、网站、电子公告板和即时通信工具,来组织现有的支持者、进行资金募集和接触支持他们的新旧选区。[①] 互联网技术的跨时空、高速度传播和大容量等特点,使得利益集团在线吸纳新成员、动员社会资源和开展社会运动的成本大大降低。尤其值得关注的是,互联网为利益集团扩大规模提供了支撑,大量无直接利益相关者借助互联网成为利益集团网站的免费注册会员。这些免费注册会员在社会运动中的作用非常特殊,他们不像正式会员那样直接为社会运动提供资金支持,而是利用其社会资本为利益集团扩展影响。例如:免费注册会员利用关系网络动员自己的亲戚朋友给某政协委员发电子邮件,或者号召亲朋好友参与网络讨论,短期内通过大量网络回帖使得私人事件变成公共事务,成为门户网站或虚拟社区的头条新闻或热门话题。这些免费会员的自发行动与利益集团组织的离线活动和在线活动一起,可以通过议题设置形成公共给舆论,并最终影响政府部门的公共决策。

二、虚拟社群对互联网微观权力的影响

(一) 计算机与社会行为

早在互联网产生以前的单机时代,学者们就开始探讨计算机技术对人

---

① [英]安德鲁·查德威克.互联网政治学:国家、公民与新传播技术[M].任孟山,译.北京:华夏出版社,2010.

类心理和行为的影响。乐观派认为计算机将改变人类的工作方式和休闲方式，对人类由正面影响。“以社会层次而言，电脑将有助于社会资源依‘效率’及‘增产’的原则而重新分配……在个人的层次上，电脑也有能力将个人从单调的、例行的工作生活中彻底解放出来，因而使得人人能够有更多的时间去发展各自独有的潜能和兴趣。”①悲观派则认为电脑将减少人与人的互动，这将对人类现实社会中的交流造成负面影响。电脑科技的发展，无论是软件或硬件，都有愈来愈让即使是第一次的使用者都能轻易玩上手的趋势。如此一来，导致许多人宁愿和电脑打交道，也不愿多花一些时间在与其他人的沟通和互动上。②

互联网时代的到来，在很大程度上改变了人机互动模式——人机互动被以计算机为中介的沟通所替代。尽管“没人知道对方是不是一条狗”，但毕竟每台电脑屏幕和每个虚拟 ID 背后都有一个活生生的人，作为生产实践和历史产物的社会人。国外学者沃特提出的社会信息处理模型认为，以计算机为中介的沟通比现实社会中的面对面沟通更缺少社会氛围，但这并不影响虚拟社群中社会关系的发展。与现实社会中关系发展不同的是，虚拟社群中的关系发展需要长时间的社会氛围积累。该理论模型所提出的观点被实证研究所证实。③ 罗伯特等人对网络聊天室的实证研究也发现，虚拟社群互动虽然与面对面互动不同，但在利用文字进行互动的虚拟社群中也可以形成社区感。④ 在虚拟环境中的关系形成研究上，Postmes、Spears 和 Lea 提出的社会认同的去个人化影响模型进行了独特的解释。该模型认为，在有关个人身份的线索较少时，虚拟社群中的行动者更加匿名化。匿名化将产生更多的群体沉浸和社区认同，进而导致诸如更加团结和一体化等正面的群体产出。但与此同时，网络沟通中以姓名和图片等形式出现的个人信息强化了虚拟社群中的个人身份，而减少了群体的社会身份。也就是说，社区成员在群体的认识上从强调“我们”转向强调“你和我”。⑤ 张堃对虚拟社

① Deken J, The Electronic Cottage[M]. New York: Bantam Books, 1981.

② Brod M. Technostress: The Human Cost of the Computer Revolution[M]. Reading, MA: Addison-Wesley, 1984.

③ Walter J B. Interpersonal Effects in Computer-mediated Interaction: A Relational Perspective [J]. Communication Research, 1992: 19(1).

④ Roberts L D, Smith L M, Pollock C M. Mooing Till the Cows Come Home: the Sense of Community in Virtual Environments[M] // Sonn C C. Psychological Sense of Community: Research, Applications, Implications. New York: Kluwer Academic /Plenum, 2002.

⑤ Postmes T, Spears R, Lea M. Breaching or Building Social Boundaries? Side Effects of Computer-mediated Communication[J]. Communication Research. 1998(25).

群与现实社区进行的比较分析认为，由于虚拟社群成员是自愿加入的，对公共讨论、公共事务本身就具有较强的参与意识，所以对所在社区具有先天的认同感。①

(二) 虚拟社群及其政治应用

“社区”这一概念源于德国社会学家费迪南德·滕尼斯 1887 年所著的《社区与社会》。社会学中的社区一词有多种定义。尽管解释不尽相同，但大多数人都认为社区一般包含了以下四层意思：第一，社区总要占有一定的地域，社区之“区”是人文区位，是社会空间与地理空间的结合；第二，社区的存在总离不开一定的人群；第三，社区成员因某些共同的利益、问题和需要而结合起来；第四，社区的核心内容是社区中人们的各种社会活动及其互动关系。② 美国社区论专家桑德斯在其著作《社区论》中采取环境体系分析架构，把社区作为一个独立存在来进行观察，认为社区是一个地方，是一群居民，是一种社会体系的持续，是一种社会不平等的冲突，又是一种行动的场域。他将社区分为三个方面进行研究：一是研究系统本身的结构和功能，如社区的群体组织、主次体系等结构以及经济、政治、宗教、教育、福利等多种功能；二是研究互动关系，如沟通、合作、竞争、冲突、调试、同化；三是研究社会场域(社会互动的场所)。③ 基于以上对社区的一般认识，笔者认为，虚拟社群不仅仅是微观视角下以个人需求为驱动力的基于社会互动的集合体，即虚拟社群研究先驱莱因格德所说的“一群通过电脑网络相互沟通的人们，彼此之间有某种程度的认识、分享某种程度的知识与信息、相当程度如同对待友人般彼此关怀，所形成的群体”④；从宏观角度看，虚拟社群也是帕森斯结构功能分析意义下的“社会系统”，具有基于个人需求和社会互动却高于个人需求和社会互动的特点，即虚拟社群是社会行动系统。

人们为什么要加入虚拟社群？根据社会心理学对人类行为的需求和动机研究，笔者认为原因在于虚拟社群能满足社会主体的某种或某些需求。美国学者哈格尔三世和阿姆斯特朗提出，虚拟社群能满足人类的四种需求，即兴趣、幻想、人际关系或交易。⑤ 这一分类影响了后来很多的虚拟社群研

---

① 张堃. 虚拟社群与现实社区的分析比较[M]. 上海：上海三联书店，2003.

② 郑杭生. 社会学概论新修[M]. 3 版. 北京：中国人民大学出版社，2000.

③ 刘华芹. 天涯虚拟社区——互联网上基于文本的社会互动研究[M]. 北京：民族出版社，2005.

④ Rheingold H. The Virtual Community: Homesteading on the Electronic Frontier [M]. Reading, MA: Addison-Wesley Pub. Co., 1993.

⑤ [美]约翰·哈格尔三世，阿瑟·阿姆斯特朗. 网络利益——通过虚拟社会扩大市场[M]. 王国瑞，译. 北京：新华出版社，1998.

究者，但这一分类忽略了虚拟社群的政治功能。虚拟社群不仅具有心理、社会和经济功能，还具有利益表达、利益聚合和社会运动等政治功能。其原因在于，虚拟社群具有如下特点：无时空的、非物理空间；扩展的、可以自由表达意愿和进行辩论的；民主精神；不断扩展。[①] 这意味着虚拟社群可以将分散的跨地区甚至跨文化的单个政治主体连接来，通过结成特殊的利益集团获得基于互联网的微观权力。有学者从公民社会的角度谈谈了互联网技术的政治应用，认为公民社会的主体是各种各样的民间组织，也就是公民的"结社"；公民利益需求的增多，意味着公民结社的内在动力的增大，民主政治的进步则意味着公民外部自由活动空间的增大，现代的信息技术又为公民结社提供了先进的技术条件。[②]

（三）虚拟社群中微观权力的主要生成机制

从虚拟社群的角度看，互联网微观权力的形成的主要机制是基于社会资本的资源动员。知识是网络时代非常重要的权力来源，更是微观权力的重要基础。但知识生产和传播本身并不能必然产生权力，正如福柯所说，权力不是被占有的，而是被使用的。只有利用知识参与公共事务，才能显示出知识在权力产生中的作用。例如：一个由于车祸导致不能工作的年轻律师，可以利用互联网在家参与公共事务，比如为农民工讨薪提供在线法律援助。他掌握的知识只有在参与法律援助的过程中才能转化为权力——对农民工、包工头和政府劳动管理相关部门的权力。但问题在于，该律师的知识如何才能转变为权力？这涉及知识与权力的转换机制问题。笔者认为，资源动员是非常重要的中间机制。美国学者麦卡锡和扎尔德提出的资源动员理论认为，可利用的资源和专业运动组织在社会运动中起到非常关键的作用。[③] 实际上，美国的利益集团已经利用新的网络传播方式延伸到支持者和媒体那里，或对政治精英施加压力。网络已经促使团里利用其潜力完成招募、募集资金、提高组织的灵活性和提高效率。[④]

互联网为地理上分散的不同专业领域的人提供了绝好的知识共享工具，但问题在于，如何才能将这些人聚集起来，并通过知识再生产和利用而产生权力。笔者认为聚集人群和动员资源的途径至少有两条：一是专业组织利用专业网络平台，成立网络虚拟组织；二是由知识所有人（公民个体）利

---

① 崔保国．媒介变革与社会发展[M]．南京：南京师范大学出版社，1999．

② 闫健．民主是个好东西——俞可平访谈录[M]．北京：社会科学文献出版社，2006．

③ 刘颖．反全球化运动：新社会运动理论的视角[J]．欧洲研究，2005(2)．

④ [英]安德鲁·查德威克．互联网政治学：国家、公民与新传播技术[M]．任孟山，译．北京：华夏出版社，2010．

用个人关系网络（社会资本）动员资源。斯诺等学者很早就指出，社会运动和社会网络具有密切关系，社会网络通过资源聚集为社会运动提供支持。[①]通过专业组织和个人两条途径，知识可以通过互联网转换成微观权力，从而在公共事务中产生影响。

第三节 基于虚拟社群微观权力的虚拟公民社会

微观权力是一种自下而上的权力，其基础不是暴力，而是人群聚集。虚拟社群为公民个体提供了快捷和低成本的聚集方式。以虚拟社群为基础的微观权力为公民个体的利益表达和公共事务参与提供了绝佳的工具。它通过推动实质民主、强化公民个体的议题设置能力和创制能力等方式，促进了虚拟公民社会的产生。

一、从程序民主到实质民主：互联网话语民主的实现

（一）程序民主及其缺点

程序民主是指民主的程序和形式，与"实质民主"相对应。"实质民主"，即体现民主的内容及其所要服务的价值，民主的内容就是要体现人民的意愿，民主的价值就在于实现国家的良好治理和人民高品质的生活。它主要考虑的是民主行为的结果要符合大多数人的利益。而程序民主则看中行为结果对参与人的意见的反应程度。2010 年，河南洛阳某初中发生过一起无实质民主的程序民主害死人的事件，班上 26 个同学投票选择让她离开教室，12 个同学选择再给她一次机会，按照简单多数的民主原则，该同学被民意赶出教室，最后 15 岁的花季少女选择了自杀。可见，这种简单多数的民主很容易形成"多数人暴力"，以多数人的名义损害少数人的利益。

不仅如此，作为程序民主具体形式的代议制还存在其他更为严重的问题。在 18 世纪晚期和 19 世纪早期，许多政治哲学家开始思考：如何在两次大选之间提升公民的影响力。卢梭认为应该发展直接民主，定期通过全民

① Snow, David A, Louis A Zurcher, Sheldon Ekland-Olson. Social Networks and Social Movements: A Micro structural Approach to Differential Recruitment [J]. American Sociology Review, 1980(45).

公决来决定尽可能多的事项,而不是等待下一次大选;托克维尔认为应该提升公民社会的公民参与;潘恩也认为只有积极的公民社会与不可剥夺的个人权利相结合才能满足人民需要。尽管政治哲学家们提出了很多设想,但大致于19世纪中期到20世纪中期兴起的官僚国家却在一定程度上加重了代议制民主存在的问题,即公民和代表之间的联系弱化以及政策制定中技术专家的兴起。① 尽管如此,我们对以公民政治参与为核心的直接民主不应该持悲观态度。其原因在于,互联网为公民参政议政提供了良好的平台,公民在某种程度上可以直接与专家和政府对话。

(二) 虚拟社群对实质民主的影响

在国家政治中,程序民主也往往容易产生悲剧。程序民主的最大缺点是其过程容易被强势利益集团控制,最终导致不民主的结果。在虚拟社群的公共事务商谈中,如果公民个体按照价值理性进行商谈,则商谈结果就体现出实质民主;如果一些人被利益集团收买而成为混淆视听的"五毛党",则虚拟社群中的最终商谈结果就只能体现程序民主。所以,只有道德理想主义的公民和有社会责任感的政治家才能保证程序民主和实质民主的统一,但这种期望可能很渺茫,因为绝大多数的个体公民和政治家都按照利益最大化的原则行事。尽管如此,我们不能悲观地接受程序民主的虚伪性和不现实性,因为互联网提供了对程序民主进行渐进修正的工具。"这个崭新的电子空间,将帮助现代人类找回久已失落的参与感、附属感和被需要感,而民主的真谛——人民意志的集体真实表达(而不是代议的寡头政治)——也将在此状似虚拟却又如此真实的场景中获得实践。"②互联网平台(特别是虚拟社群)为直接民主提供了便捷渠道,也促使程序民主向实质民主靠拢,主要原因在于互联网允许公民个体直接面对国家决策者,而且在技术上可以保证深度参与和充分协商。

西方发达国家在20世纪70年代开展的一系列电子民主项目已经探索出两种不同的协商模式——咨询模式和协商模式。咨询模式强调公民对政府的意见交流(垂直交流),通过应用电子网络的速度和即时性,政府能够寻求选民在特定问题上的意见以指导政策制定;协商模式则采用更为复杂的横向交流和多向互动,此种模式存在角色模糊和容易被政客控制的缺点。③

---

① [英]安德鲁·查德威克.互联网政治学:国家、公民与新传播技术[M].任孟山,译.北京:华夏出版社,2010.

② 刘文富.网络政治——网络社会与国家治理[M].北京:商务印书馆,2002.

③ [英]安德鲁·查德威克.互联网政治学:国家、公民与新传播技术[M].任孟山,译.北京:华夏出版社,2010.

互联网的政治应用可以克服传统咨询和协商的缺点,因为"面对面交流涉及面小,个人卷入程度高,可能使人害羞,也可能造成人与人之间的暴力。远程传播使人际关系普遍化,同时又去掉了各自的上下文,让人仿佛有了跳板,可以进入他人。远程传播还促成有距离、有保护的介入,能确保联系不中断,有利于冲突或对立(包括私密的冲突)的仪式化表达"①。那么,如何有效地利用互联网在咨询和协商中的优势呢?对中国人来说,目前比较可行的途径是,以咨询模式为主,以协商模式为辅。在具体应用中可以分两个层次展开:第一层次是公民在非官方论坛上的协商讨论。公民就官方设置的议题或涉及公共利益的事件或政策进行充分讨论,经过民意代表或意见领袖引导和汇总意见,准备反馈给官方。第二层次是民意代表或意见领袖将集中后的意见和建议,通过咨询模式反馈到官方网站。这意味着,国家权力机关必须在其网站上开设虚拟社群,允许公民注册后提供信息、反馈意见和发表看法。公民个体信息被严格保密,而且所有帖子既受法律保护,又受法律约束。这种两层次的模式设计既可以最大程度地保证实质民主,维护绝大多数人的公共利益,又可以遵循程序民主的原则,合理合法地向决策者传达公众意见。通过这种两层次的、跨时空的参与和协商,互联网推动了话语民主的实践,从而有利于形成真正的虚拟公民社会。

二、反议程设置:虚拟公共领域的形成

(一) 传统媒介的议程设置

议程设置是大众传播媒介影响社会的重要方式,该理论起源于 1922 年李普曼在其经典著作《舆论学》中的观点:新闻媒介影响我们头脑中的图像。20 世纪 70 年代,美国传播学者麦库姆斯和肖通过实证研究发现,在公众对社会公共事务中重要问题的认识和判断与传播媒介的报道活动之间,存在着一种高度对应的关系,即传播媒介作为"大事"加以报道的问题,同样也作为大事反映在公众的意识中;传播媒介给予的强调越多,公众对该问题的重视程度越高。根据这种高度对应的相关关系,麦库姆斯和肖认为大众传播具有一种形成社会"议事日程"的功能,传播媒介以赋予各种议题不同程度"显著性"的方式,影响着公众瞩目的焦点和对社会环境的认知。议程设置功能,传媒的新闻报道和信息传达活动以赋予各种议题不同程度的显著性的方式,影响着人们对周围世界的大事及重要性的判断。

---

① [法]埃里克·麦格雷.传播理论史:一种社会学的视角[M].刘芳,译.北京:中国传媒大学出版社,2009.

《新闻学大辞典》将议程设置理论解释为大众传播媒介在一定阶段内对某个事件和社会问题的突出报道会引起公众的普遍关心和重视，进而成为社会舆论讨论的中心议题。美国学者沃纳·赛佛林和小詹姆斯·坦卡德在《传播理论：起源、方法与应用》一书中认为，媒介的议程设置功能就是指媒介的这样一种能力：通过反复播出某类新闻报道，强化该话题在公众心目中的重要程度。而在中国学者郭庆光教授的《传播学教程》一书认为，议程设置的中心思想是：大众传播具有一种为公众设置"议事日程"的功能，传媒的新闻报道和信息传达活动以赋予各种"议题"不同程度的显著性的方式，影响着人们对周围世界的"大事"及其重要性的判断。

（二）虚拟社群的"反议题设置"

以虚拟社群为代表的互联网技术增强了政治实体的反议程设置能力，大大削弱了大众传媒对公众的影响。媒介议程对公民的影响有时还会反过来，而且这种影响通常是相对的，不是任何时刻对任何人都产生影响，公民会利用自己的信息和价值对抗报刊的信息和价值，公众对大众传媒的关注也取决于大众传媒自身的可信度。[①] 这种反议程设置的能力与网络政治主体的特性紧密关联，也与虚拟社群的大众传媒特性有密切关系。

1. 互联网分权对信息鉴别的影响

互联网是一个分权型的分散的网络，大量地理上分散的具备各种专业知识和黑客精神的个体公民，可以轻易地对大众传媒提供的信息进行真伪鉴别。这个电脑网络沟通系统，若要能继续维持其正常的运作，其关键不在于有一个"有力的"类似中央政府的管辖机构的监督，而在于有赖广大民众（网络使用者）的积极志愿的共同努力工作。[②] 具备专业知识的普通网民很容易称为虚拟社群中的意见领袖，将经过鉴别的大众传媒信息二次传递给其他网民，并引导网民进行深度讨论。这种特殊的二级传播和讨论在很大程度上削弱了传统媒介对公众的影响，是一种很重要的特殊的反议程设置的机制。

2. 互联网媒体的议程设置

互联网本身就是一个媒体，可以自行进行议题设置。美国新闻学会的媒体中心于 2003 年 7 月出版了由谢因波曼与克里斯威理斯联合提出的"We

---

① [法]埃里克·麦格雷. 传播理论史：一种社会学的视角[M]. 刘芳，译. 北京：中国传媒大学出版社，2009.

② 刘文富. 网络政治——网络社会与国家治理[M]. 北京：商务印书馆，2002.

Media（自媒体）”研究报告。研究报告对自媒体的定义是：自媒体是普通大众经由数字科技强化、与全球知识体系相连之后，一种开始理解普通大众如何提供与分享他们本身的事实、他们本身的新闻的途径。互联网为普通网民提供了低成本的平台，例如 BBS、博客、个人微博、个人主页和社交平台等，成为网民信息生产、积累、共享、传播内容兼具私密性和公开性的方式。自媒体具有自主性、自由性、平民化、个性化、技术门槛低、经济成本低、交互性强、传播速度快等优点，但由于其传播主体是普通大众和社会组织（并非专业新闻机构），而且其往往依赖的是第三方技术平台（匿名且缺乏主体责任感），因此，自媒体具有可信度低、缺乏相关法律约束等缺点。

尽管如此，自媒体的出现是个体主体性增强的重要标志，也是个体公民反议题设置能力的重要体现。具体体现在自媒体空间是一个兼具私人性和公共性的虚拟空间，个人凭借兴趣爱好“生产”新闻或信息。但自媒体的社会性和技术性使得这些新闻和信息可以迅速传播开来：一方面，六度分隔理论和弱关系强度理论等说明互联网上的社会关系对信息传播具有重要作用①；另一方面，分享、转发、评论、加精、推荐、置顶和收藏等社会性媒体上经常使用的功能为自媒体信息的传播提供了技术基础。自媒体甚至影响了传统新闻及其网络变体（网络新闻），使得网络新闻呈现出以下特点：参与其制作的行动者更多样，不再以记者和记者的独白为中心，对渴望水平交流的公众予以更多关注；注重不同参与者之间的协调，而传统新闻主要是记者与新闻源之间的简单互动。② 总之，以虚拟社群为主要表现形式的互联网使得深度参与和平等协商成为可能，为虚拟公共空间的形成奠定了基础。

通过意见领袖对传统媒介议题设置的抵消和过滤，以及自媒体本身的议题设置功能，以 BBS、博客和社交网等为代表的互联网应用逐步形成虚拟公共领域。虚拟公共领域利用互联网的技术优势，以公共利益为导向，对公共政策产生影响，从而推动了虚拟公民社会的形成。

三、创制能力：价值和规范的确立

（一）政治权利与创制权

随着现代文明的普及，国家主权在民成为普世真理，人民行使当家做主

---

① 六度分割理论也称为小世界理论，是指你和任何一个陌生人之间所间隔的人不会超过六个，也就是说，最多通过六个人你就能够认识任何一个陌生人。弱关系强度理论最早由美国社会学家格兰诺维特在 1973 年提出，认为在找工作中弱关系比强关系更有用。

② [法]埃里克·麦格雷.传播理论史：一种社会学的视角[M].刘芳，译.北京：中国传媒大学出版社，2009.

的权利。公民政治权利一般是指公民依法享有参与国家政治生活,管理国家以及在政治上表达个人见解和意见的权利。公民政治权利一般包括如下权利:选举权、被选举权、创制权、复决权、监督权、罢免权;集会自由、结社自由;言论自由、出版自由;请愿权、诉愿权、诉讼权;民族和种族平等权、法律平等权等。所谓创制权,指的是享有投票权的一定人数的公民依法创设特定宪法法案、普通法案或重大政策预案,提交立法机关(议会)讨论或交由全民公决使之成为法律或政策的一种民主活动形式。创制权也就是在形式上承认公民有立法提案权。

创制权起源于法国大革命期间提出的"制宪权",西耶尔根据民主法则首次提出"制宪权"问题,认为它不仅存在于而且先于"国家宪政权力"。19世纪和20世纪之交,中国的公车上书和戊戌变法等开创了与"创制权"类似的由民间人士推动的宪政民主,但真正从理论上将创制权纳入公民政治权力的是孙中山的民权主义。孙中山晚年批判了西方资产阶级的代议制民主,提出"直接民权"的主张,使"民有选举官吏之权,民有罢免官吏之权,民有创制法案之权,民有复决法案之权,此之谓四大民权",即人民理应享有选举权、罢免权、创制权、复决权四项直接民权。他的"以权制能"思想的核心是,以人民的四权控制政府的五权(立法、行政、考试、监察、司法)。

创制权可以根据不同标准区分为不同类别。第一,制宪创制和立法创制。前者是指承认公民有权利就宪法修正问题提出建议案,并要求付诸全民公决;后者是指承认公民有权利就普通法律的制定提出建议案,而要求付诸全民公决。第二,直接创制和间接创制。前者是指提出立法建议案不经立法机关讨论而直接交付公民投票表决;后者是指将立法建议案先交立法机关讨论,如获通过则成为法律,如被否决则提交公民投票表决。第三,原则创制和草案创制。前者是指由公民提出制定或修正法律的原则,再由立法机关根据这些原则制定成法律;后者是指由公民提出完整的法律草案,经立法机关讨论通过后成为法律。

(二) 虚拟社群、创制权与虚拟公民社会的关系

1. 虚拟社群对公民创制能力的影响

作为一种新型的政治主体实践平台和活动空间,虚拟社群可以在一定程度上增强公民的创制能力。创制能力的改变既依赖于国家政治制度、行政管理模式和权力配置方式的转型,又与公民可利用的创制技术有关。从国家与社会的关系看,前者体现为国家转型对创制能力的影响,后者则体现为互联网技术对创制能力的影响。

从国家转型与创制能力的关系看,国家政治制度、行政管理模式和权力配置方式的转型,对公民创制权的实现和创制能力的提高都具有很大意义。在从传统的工业社会到信息社会和网络社会的转型中,国家转型体现出以下特征:权力阶层转变为参与授权;由秘密决策到信息公开的两难;所有权观念的过时;社会结构由不公平转为公平;地理距离不再重要。国家转型为公民创制权的实现提供了制度上的可能性,但创制权的实现,特别是创制能力的提高,还有赖于新的民主沟通技术。

从互联网技术与创制能力的关系看,以虚拟社群等互联网应用为代表的新型沟通技术大大提高了公民的创制能力。首先,互联网匿名和开放的商谈氛围对公民具有一定的民主启蒙作用,同时,互联网海量资料库和高速度低成本的应用也为公民政治素质的提高奠定了基础,这为创制权的高质量实现提供了群众基础。其次,互联网的人群聚集能力和跨时空的交流技术为民主沟通提供了技术基础。一方面,公民相互之间可以通过互联网探讨公共事务和汇聚民意,并可以通过充分协商形成法律和制度文本;另一方面,公民还可以利用电子政务平台直接与行政和立法部门沟通,对创制或修订法律提出意见和建议,通过网络公共舆论影响法律创制。最后,互联网是法律意识培养、法制原则传导和法律文本宣传的重要平台。互联网特殊的知识共享和信息传播模式不仅可以增强公民对法律文本的认识,而且还可以培养公民的法律意识和原则。这反过来又会增强公民的民主意识,增强公民的创制权使用意识并提高其创制能力。

2. 公民创制能力对虚拟公民社会的影响

虚拟公民社会以虚拟公共领域为空间,以公民个体和利益集团为主要政治实践主体,通过政治献金、社会运动、院外游说和投票等方式,对公共事务和公共政策产生影响。公民创制能力的提高对虚拟公民社会的形成具有积极影响,这主要体现在公民创制能力对虚拟公民社会的价值和规范的影响上。互联网有些方面与公民社会的基本原则是相符的,比如分权化、言论自由,也有一些方面与公民社会的原则不相符,又如缺少一些基本的标准。[①]尽管如此,基于互联网技术的参与和协商在长期看可以产生特殊的价值规范,这些特殊的价值规范与原则创制具有紧密联系。

实际上,由于法律制度具有很高的专业性,绝大多数的普通公民很难提出完整的立法草案以供立法机关投票或全民公决。绝大多数普通公民的创制权主要体现在立法咨询或听证环节,公民在咨询听证环节中既可以对法

① 陈乐民,史傅德.对话欧洲:公民社会与启蒙精神[M].上海:上海三联书店,2009.

律条文提出具体的修改意见,也可以对立法原则和价值导向提出建议。前者类似于创制权中的草案创制,而后者则近似原则创制。原则创制指的是由公民提出制定或修正法律的原则,再由立法机关根据这些原则制定成法律。公民创制能力对虚拟公民社会的影响,主要体现在公民创制权中的原则创制对虚拟公民社会的影响上。例如:在我国 2003 年发生的"孙志刚事件"中,《南方都市报》在其门户网站贴出新闻报道后,几个小时内的跟帖就达到上万条。绝大多数帖子都是充满感情色彩的义愤之辞,在对《城市流浪乞讨人员收容遣送办法》表达不满的同时,折射出对流浪乞讨人员的人文关怀,并要求将人文价值渗透到相关立法中。虽然也有一些帖子比较专业地探讨了城市流浪乞讨人员管理创新和相关的立法修改等问题,但总的来看,公众情绪中投射出得人文价值和公共舆论对立法机关的影响要远远大于对相关法条修改的理性建议。也就是说,此案例中原则创制的作用大于草案创制。饱含人文关怀的网络公共舆论折射出虚拟公民社会的巨大力量,这股力量激发了法学界的社会责任感,专家联名向政府上书。政府则召集相关部门和专家对管理条例的内容进行修改,几个月后就颁布并实施了新的《城市生活无着的流浪乞讨人员救助管理办法》。

本章小结

本章以虚拟社群为技术背景,以微观权力为理论切入点,阐述了虚拟公民社会的运行机制。首先,从宏观理论层面论述了微观权力背景、特征和互联网转型。认为微观权力是当前中国的国家治理模式正在由"大政府、小社会"向"小政府、大社会"转型,国家权力监督机制也由国家权力内部的"权力制约权力"机制向社会微观权力的"权利制约权力"转型过程中必然出现的社会权力。两大转型与互联网技术的相遇,为虚拟公民社会的形成提供了机遇和条件,催生了被我们称之为"微观权力"的社会权力。"互联网微观权力"由公民个人和利益集团所拥有,以基于社会资本的资源动员为主要方式,以监督和国家宏观权力为基本指向,是处于边缘的、底层的和弥散的权力。微观权力的主要特征为具有无数作用点,具有除压抑之外的传播、训练、塑造和生产功能,它是被行使而不是被占有的权力。互联网微观权力指的是,政治主体利用互联网技术而产生的影响力,其主要来源是知识。互联网微观权力的政治背景是从"权力制约权力"到"权利制约权力"的国家-社会与社会之间关系的转型。互联网微观权力的主要特征：权力主体的分散化导致互联网微观权力具有分散化和集群化并存的特点；权力主体的匿名性导致互联网微观权力具有主体模糊化（“准主体性”）和可控性差的特点；互联网技术的低门槛导致互联网微观权力具有直接相关利益者与无直接相关利益者并存的特点；互联网微观权力的实施必须借由虚拟公民社会来进行。

其次，阐述了互联网微观权力的重要来源——虚拟社群。虚拟社区对微观权力的影响起源于虚拟公民社会中的主体重构。人的主体性与社会发展阶段紧密联系：前工业/资本主义时期的人处于自在存在状态，呈现出群体主体性；工业/资本主义时期的人处于自为存在状态，呈现出个体主体性；社会主义/共产主义时期的人处于自由存在状态，呈现出类主体性。在互联网时代，公民个体被再部落化，利益集团则一般采用虚实共生的存在方式，政治主体通过知识应用和基于社会资本的资源动员产生微观权力。

最后，论述了虚拟社群对互联网微观权力的影响机制。以虚拟社群为基础的微观权力为公民个人的利益表达和公共事务参与提供了绝佳的工具。虚拟社群通过推动实质民主实现互联网话语民主，通过强化公民个体和利益集团的议题设置而催生虚拟公共领域，通过提升政治行动主体的创制能力影响价值规范的确立，最终促进了虚拟公民社会的产生。

第五章

虚拟公民社会的网络管制研究

民族国家和经济全球化是互联网发展的政治和经济背景，互联网跨时空的技术特性有利于经济全球化的发展，但却可能对民族国家的生存造成一定威胁。公民社会总是以民族国家为背景，传统上存在于一定的国家疆域内，但基于互联网的虚拟公民社会却很容易跨越国界。虚拟公民社会中的微观权力对国家权力的冲击比以往任何时代都要大，虚拟公民社会中的话语民主对代议制的影响也尤其引人注目。正因为如此，各国对互联网的政治应用特别互联网与公民社会的关系极为关注，都试图通过对互联网实施某种程度的管制以规范公民社会与国家的关系。就中国来说，2004 年十六届四中全会审议通过的《中共中央关于加强党的执政能力建设的决定》就已经强调，国家要高度重视互联网等新型传媒对社会舆论的影响，加快建立法律规范、行政监管、行业自律、技术保障相结合的管理体制，加强互联网宣传队伍建设，形成网上正面舆论的强势。2010 年 6 月发布的《中国互联网状况》白皮书又进一步完善了中国的互联网管理体系——法律规范、行政监管、行业自律、技术保障、公众监督和社会教育相结合。

虚拟公民社会的技术基础是互联网，因此，网络管制是国家对虚拟公民社会进行管理的重要途径。网络管制的理论依据何在？网络管制在实践上有何必要性？网络管制对虚拟公民社会相关利益主体的影响如何？更进一步，网络管制对虚拟公民社会的影响如何？本章将从宏观层面对这些问题进行深入探讨。

第一节　网络管制的理论依据与实践必要性

互联网早期是因军事目的而发展起来的,后来扩展到教育、经济、行政乃至政治领域,成为企业的电子商务工具和普通公民休闲娱乐和参政议政的手段。单纯应用于军事目的的互联网在技术上比较简单,社会影响也很小,对国家权力和国家统治几乎没有影响,因此,国家没必要对其进行管制;但互联网应用领域的扩展和渗透能力的加深,却在某种程度上改变了民族国家内部的政治生态,也可能对国际政治格局产生影响,因此,从国家治理的高度和角度看,网络管制的必要性不言而喻。但另一方面,网络的技术特性为公民个体和利益集团的权利实现提供了便利。过多的网络管制造成社会国家化,甚至可能破坏国家与社会的关系。因此,必须对网络管制的必要性和可能性以及合法性和合理性等问题进行理论思考。为了方便讨论,并从总体上把握网络管制中的核心范畴及其关系,我们先用图 5-1 表示网络管制的一般机理,然后再详加论述。

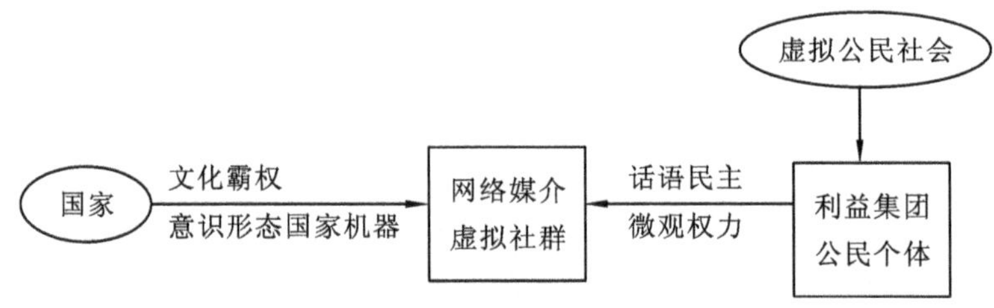

图 5-1　网络管制的一般机理图示

一、网络管制的理论依据

从纯技术角度看,互联网的无中心性和流动性使得它不属于任何主权国家,世界上任何地方的网络都不是属于法律实体,不在任何一套国家的法律或法规掌控的范围里。网络管制的正当性和合理性在于,民族国家的地域性和网络使用者的政治属性赋予互联网一定的政治属性,这就要求互联网使用者必须遵守居住地国家的法律并接受相关国际法的管理。

（一）葛兰西：完整国家与文化领导权

传统的马克思主义观点认为，国家是阶级统治的工具，是基于警察、监狱、法庭和监狱等暴力的国家机器。作为信息传播和沟通的工具，互联网在这些传统国家机器中的应用有助于国家的统治，因此，国家有必要对互联网发展进行宏观的整体规划，甚至在微观层面对互联网核心技术和产品的研发和销售（特别是出口）进行直接干预。在传统马克思主义看来，社会对国家的反抗就是对国家机器的直接反抗。资本主义国家工人阶级早期的消极怠工、罢工和损毁机器就是这一理论的现实体现。19世纪末资本主义进入垄断时期，资本主义国家的主要职能开始由阶级统治走向社会治理。西方发达国家普遍建立起福利制度，公民权利也开始由政治权、经济权逐步向文化和社会权扩展。尽管工人阶级仍然没有生产资料，但蓝领工人数量急剧减少。与此同时，工人阶级的地位改善导致其阶级意识淡化，暴力反抗的革命意识也逐渐被和平争取权利的改革意识所取代。

与资本主义国家阶级斗争的变化趋势相伴随的是，西方国家社会主义和共产主义运动普遍遭受挫折。与此同时，西方的马克思主义者开始对传统的国家观念和阶级斗争理论进行反思。西方著名的新马克思主义者、意大利共产党创始人葛兰西结合意大利和欧洲其他国家的阶级斗争史，在《狱中札记》中较为系统地阐述了自己的历史文化观、国家观和哲学观点。[①] 葛兰西基于历史分析提出了“完整的国家”的概念，认为国家发展要经历市民社会阶段、政府阶段和完整的国家阶段。在葛兰西看来，完整的国家由政治国家和市民社会共同组成。政治国家是基于强制性支配和强制机关的强制，实施政治领导权，而和市民社会则基于合法化权威和领导权机关的同意，实施的是文化领导权。如果一个国家发生了危机，则这种危机一定是领导权危机，特别是文化领导权的危机；如果一个阶级要夺取国家政权，则一定要先夺取市民社会领域的文化领导权；如果市民社会被普遍化，意即形成了一个无政治社会的市民社会，则国家也就随之消亡。

葛兰西对国家性质和构成的重新认识，特别是他对文化领导权在政治斗争中的重要性的认识，既为我们提供了一个对国家权力进行微观分析的视角，也为我们分析网络管制提供了理论资源。本研究所关注的微观权力主要指的是公民个体和利益集团在基于互联网公共领域的虚拟公民社会中具有的权力，这种权力是获取文化领导权的政治保障，是与国家权力进行博弈的政治工具，也是对国家权力进行反思的重要维度——这个问题将在本

① [意]安东尼奥·葛兰西．狱中札记[M]．曹雷雨，等，译．北京：中国社会科学出版社，2000.

章第二节详细阐述，此处重点关注葛兰西的文化领导权对网络管制的理论意义。葛兰西文化领导权意味着国家合法性的基础正在经历转变，反映了历史和逻辑的一致性。从历史上看，现代资本主义国家的合法性基础已经由工业时代的暴力转向工业时代的经济，而且20世纪后半叶正在转向知识；从逻辑上看，作为时代精华和反思性科学的哲学也经历了由本体论、认识论再到语言学、文化学转向。文化领导权将国家分析的逻辑重点由政治国家的基于暴力和支配的统治权转向社会层面的基于同意的文化领导权，这一转向的确在某种程度上反映了唯物主义历史观关照下的人类社会的历史现实，也反映了意识决定于物质并能动地反作用于物质的辩证唯物主义关照下的人类知识的发展规律。

合法性基础由暴力和经济向知识的转变，意味着政府必须在知识生产和应用上占据主导地位，或者更明确地说，必须将统治阶级的主导意识形态融入知识生产和应用中。作为计算机技术、网络技术和通信技术的统一，互联网是高度的知识密集型产业；同时，作为技术、社会、文化和政治的统一，互联网又是特殊的虚拟社会。这一方面意味着互联网在知识的生产、传播和应用，以及人际沟通和组织传播等方面的作用将越来越大；另一方面也说明公民社会将通过互联网获得越来越大的微观权力，在与政府权力博弈中将越来越有力。因此，政府必须利用立法和司法工具、经济和产业政策甚至行政手段对互联网技术和相关的行业发展进行管制。统治阶级意识形体在互联网知识生产和应用的渗透，意味着政府对公民社会影响力的强化，也意味着政府对文化领导权的掌握。此处应该注意哈贝马斯在《公共领域的结构转型》中提出的政府和社会相互渗透导致资产阶级公共领域衰落的问题。他认为垄断资本主义时期公共领域开始转型，由自由公民和公共舆论组成的公共领域转变成为政党团体垄断舆论的工具；晚期资本主义的公共领域分崩离析，私人领域和公共领域，公民社会和政府之间的界限开始模糊。这种渗透和模糊可被称为“政府的社会化”和“社会的政府化”。笔者认为，在互联网技术条件下，政府与社会的相互渗透将愈演愈烈。在当下中国，这两个过程共同发展，而且政府通过互联网对社会进行控制的可能性也开始加强。从技术与政治的关系分析原因，主要是因为政府在互联网发展中拥有天然的控制权，民主政府的政治疆域很自然地成为互联网传播的天然屏障；从社会与政治的关系分析原因，主要是因为现代政府对知识精英的掌控，以及占统治地位的政党对自身统计权受到威胁的惧怕。

对中国来说，文化领导权的行使更具复杂性。葛兰西曾经提出，知识分子是社会结构和上层建筑的中介，是市民社会的主角和文化领导权的主要行使者，而作为领导阶级非人格化体现的党则是“集体知识分子”。这一思想对我们分析中国国家与公民社会的关系提供了新的视角，对于我们理解中国知识分子的特殊作用提供了理论资源。现阶段中国知识分子对国家的影响主要有三种途径：最重要的途径是加入国家智囊团，成为体制内的所谓“御用文人”；接着是形成利益集团（如成立政治类民间组织），并主要借助互联网公共舆论对国家决策产生影响；理论上作用最小但在互联网时代作用越来越大途径是作为公共知识分子的公民“单兵作战”，利用政府、企业或个人论坛参与公共事务讨论。在当下中国的政治生态下，加入智囊团的体制化知识分子自然会受到政治和行政影响，出于对自身利益的保护，很难发挥公共知识分子为公共利益代言的作用；而形成利益集团则由于宪法上的结社自由在实践上往往受到行政控制而容易搁浅，这导致有组织的参与政治讨论在当下中国比较难；相比而言，由于互联网的技术优势和所谓的“长尾效应”的存在，最后一条途径在基于公民社会的参政议政中最具现实性。

总之，完整的国家必然是由公民社会和政治社会构成的，公民个体和利益集团通过公民社会参与公共事务，国家通过公民社会建立对被统治者的文化统治权。公民社会与政治社会相互制约，体现出“权利制约权力”的政治哲学。完整国家的思想和文化霸权的提出，一方面对我们理解互联网技术与知识，公民社会与微观权力，以及宏观权力与国家统治之间的关系都具有重要意义；另一方面，也为国家的网络管制提供了政治哲学的理论基础。

（二）阿尔都塞：意识形态与意识形态国家机器

阿尔都塞在《意识形态和意识形态国家机器（研究笔记）》一文中，提出了自己有关意识形态国家机器的观点。从学理上看，阿尔都塞的“意识形态国家机器”受到葛兰西“文化领导权”的影响，两者都建基于对马克思主义的传统国家观的批判。但阿尔都塞有关“意识形态国家机器”的观点在更加微观的层面上解释了国家统治的秘密，对于我们理解国家的网络管制具有极大的启发意义。

传统马克思主义认为，阶级斗争的目标是国家政权，手段是国家机器。无产阶级夺取国家政权，就需要打碎现存的资产阶级国家机器，代之以完全不同的无产阶级国家机器；要彻底消灭国家，就必须终结国家政权和一切国家机器。阿尔都塞补充了以上观点，其要点主要有①：

(1) 将国家机器进一步区分为意识形态国家机器和镇压性国家机器，并认为镇压性国家机器只有一个，而意识形态国家机器却有许多。这两类国家机器都会综合采用镇压和意识形态两种方式发挥作用，但前者更多采用镇压方式，而后者更多采用意识形态方式；统一的镇压性国家机器完全属于公共领域，而绝大部分的意识形态国家机器（它们显然是分散的）是私人领域的组成部分。教会、党派、工会、家庭、某些学校、大多数报纸、各种文化投机事业等等，都是私人性的；任何一个阶级掌握的正确要想持久存在，必须在掌握政权的同时在意识形态国家机器也掌握领导权。

(2) 成熟资本主义社会占统治地位的意识形态国家机器是教育的意识形态机器。法国大革命首要的目标和成就，不仅在于把国家政权从封建贵族手中转交到商业资本主义的资产阶级手中，打碎了一部分以前的镇压性国家机器而代之以新的镇压性国家机器（如国民卫队），而且在于打击了头号的意识形态国家机器——教会。因此才出现了民间的教士机构，没收了教会财产，创造了新的意识形态国家机器来取代宗教的意识形态国家机器占统治地位的作用。学校已经取代教会而发挥作为占统治地位的意识形态国家机器的作用。

(3) 意识形态无处不在，它表述了个人与其所处的生存条件之间的想象关系，并且具有物质性。"'人们'在意识形态中'对自己表述'的并不是他们的实在生存条件、他们的实在世界，相反，在那里首先对他们表述出来的是他们与这些生存条件的关系。正是这种关系处在对实在世界的任何意识形态的（即想象的）表述的中心。"与此同时，看似属于意识层面的意识形态却具有物质性，因为仅就单个的主体（某个个人）而言，他所信仰的观念具有一种物质的存在，因为他的观念就是他的物质的行为，这些行为嵌入物质的实践，这些实践受到物质的仪式的支配，而这些仪式本身又是由物质的意识形态机器来规定的——这个主体的观念就是从这些机器里产生出来的。没有不借助于意识形态并在意识形态中存在的实践；没有不借助于主体并为了这些主体而存在的意识形态。

虽然阿尔都塞认为意识形态国家机器绝大部分处于私人领域，但笔者认为，它们实际上与葛兰西眼中根植于公民社会的文化统治权大致类似。阿尔都塞之所以提出意识形态国家机器，与西方国家社会主义运动实践有

① 本段所有观点（含直接引文）都引自阿尔都塞的《意识形态和意识形态国家机器（研究笔记）》，吉林人民出版社2003年版。

密切关系，同时与哲学的文化转向也有一定关联。镇压性国家机器与意识形态国家机器的区分，对统治阶级和被统治阶级来说，都有重要的实践意义。对被统治阶级来说，预示着解放斗争必须关注意识形态领域，从与国家宏观权力的直接对抗走向微观的多点反抗；对统治阶级来说，预示着国家必须加强意识形态领域控制，特别是在教育的意识形态国家机器中行使领导权。从社会学观点看，教育是儿童社会化的重要工具，学校（特别是小学和中学）是传授科学知识和灌输价值观念的重要场所，不管是微观层面上儿童和青少年的心理和个性养成，还是中观层面上社会结构的维持，抑或是宏观层面上社会文化的传承，都与教育有密切关系。互联网社会也是知识社会，知识生产和传播的主体较传统工业社会和农业社会有了重要改变。究其原因，除了价值观念多元化、社会流动性增强以及民办教育机构发展之外，互联网对知识和教育的冲击不可小视。互联网情境下知识权威的解构、知识生产主体多元化、知识传播的大容量和跨时空化，都对传统的知识观念和行为产生了冲击，也使得国家对教育的意识形态国家机器的管控复杂化。因此，从教育的意识形态国家机器的角度看，网络管制具有必要性。

对中国来说，除了从教育的意识形态国家机器角度理解网络管制的必要性之外，还必须从新闻媒体和互联网的关系出发进行分析。中国实行的是中国特色的社会主义制度，特别注重新闻媒体的宣传和教化功能。早在20世纪30年代的长征时期，毛泽东就提出了“长征是宣言书，长征是宣传队，长征是播种机”的观点。新中国成立后，中共中央宣传部和国家新闻出版广电总局对新闻媒体的管理更加严格。2007年，胡锦涛在中共中央政治局集体学习中，对网络文化建设和管理提出五点意见，其中，第一点是“要坚持社会主义先进文化的发展方向，唱响网上思想文化的主旋律”；第三点是“要加强网上思想舆论阵地建设，掌握网上舆论主导权”。可见，党和国家非常重视互联网的新闻媒体属性特别它的宣传教化功能，在这种背景下，中国网络管制的必然性自然不言而喻。

从政府来看，国家对互联网的管制是在“国家与社会”关系的大框架下展开的：“大国家、小社会”的格局必然伴随严格的国家管制；反之，“小国家、大社会”的格局则伴随着较松的国家管制。严格的国家管制会在一定程度上限制网络媒体的自由度，减少虚拟中的公共参与和协商，并最终延缓或限制虚拟公民社会的发展。公民社会在完整国家中具有“以权利制约权力”的重要作用，没有公民社会的政治国家必然是独裁专断的暴力国家，因此，公民社会的培育对国家良性发展功不可没。在互联网时代，国家的网络管制固然具有合理性和合法性，但应该适当把握网络管制的度，防止过犹不及而影响国家发展。实际上,世界上绝大多数国家在网络管制上都在探索必要性和管制程度之间的平衡。

(三) 霍尔:文化政治与解码编码理论

英国伯明翰学派(2002 年 6 月伯明翰大学 CCCS 被校方关闭)集大成者,后马克思主义者斯图亚特·霍尔吸收了阿尔都塞、葛兰西、拉克劳等人对马克思主义的修正观点,试图克服文化研究中的结构主义范式和文化主义范式之争。他发展了葛兰西的"文化霸权"和拉克劳的"接合理论",从文化角度阐释和发展了对媒介的意识形态研究,认为意义的生产不是传递者"传递的",而是接受者"生产"的,突出了受众的主导、主体和主动地位。霍尔文化研究的葛兰西转向使文化研究走出了文化主义和结构主义的范式。

文化研究学派拓展了法兰克福学派对大众传媒异化的批判,将大众传媒看作公共空间。在这个公共空间中,不同的社会利益集团相互斗争。统治阶级的意识形态通过"语言的阶级斗争"而演变成全社会的意识形态。霍尔文化研究的核心问题是政治文化或文化政治,用文化(表意实践)去诠释政治等意识形态的问题,也是霍尔彰显文化政治中的"表征的政治"、"差异的政治"、"认同的政治"以及"接合的政治"。[①] 宗教、教育、大众传播、文学艺术、娱乐、工会等都是制造共识的工具。西方国家的大众传媒既能保持某种独立,又能遵从占支配地位的文化规则。"媒介一方面用'共识'来引导自己,同时又以一种建构的方式试着塑造共识,它变成一种'赞同的生产'辩证过程的一部分。"[②]尽管大众传媒具有生产赞同的能力,但这种能力的发挥却受到受众接受行为的影响。霍尔提出的编码与解码的理论认为,受众对大众传媒内容的解释与其所处的社会结构有密切关系,受众的立场和地位会影响受众对媒介的态度和理解。大众传媒编码和受众解码之间的冲突实际上就是意识形态的冲突。霍尔假定了三种不同的受众地位,并以此为基础提出了三种不同的编码解码模式。第一是霸权模式,即以接受占统治地位的意识形态为指导进行解码和理解;第二是协商模式,即公众大体上按照占统治地位的意识形态进行解释,但却加以一定修正以使之有利于反映自身立场和利益;第三是对抗模式,即以与占统治地位的意识形态全然相反的"对抗的符码"进行解码。与解码编码理论相呼应,霍尔还提出了资本主义

---

① 邹威华.论斯图亚特·霍尔对文化研究的贡献[J].西南民族大学学报(人文社科版),2009(2).

② 斯图亚特·霍尔.解构"大众"笔记[M]//陆扬,王毅.大众文化研究.上海:上海三联书店,2001.

社会中并存的三种不同价值体系:资产阶级的主导价值体系、中间各派各团体的附属价值体系以及颠覆者的激进价值体系。霍尔有关价值体系和解码编码的研究,吸引了大批学者开始从事受众行为研究,为不同社会文化语境的受众行为研究奠定了理论基础。

大众传媒具有的"赞同的生产"功能有利于巩固统治阶级的统治,但该功能的发挥在很大程度上却依赖于意识形态的作用,即国家对大众传媒的管理——要想使大众传媒成为有利于统治的工具,政党或国家必须控制大众传媒。控制传媒最好的方法就是产权控制,但资本主义国家大多数传媒都是私人所有制的企业。因此,统治阶级要么利用国家机器对大众传媒进行法律规制和行政干预,要么利用统治阶级的信息源优势和政府广告(政府的媒体公关活动),引诱大众传媒宣传统治阶级意识形态。很显然,后一种方式在资本在资本主义社会更加可行,因为它是一种互利双赢的更隐蔽的方法。在社会主义国家,生产资料公有制和政治权力集中化使得大众传媒牢牢控制在国家和统治阶级手中,因此,相对于资本主义国家,社会主义国家对大众传媒的控制更加容易。意识形态与大众传媒的密切关系,以及意识形态与国家统治的密切关系都使促使国家尽可能地对大众传媒进行管制。互联网作为新兴媒体,对经济、政治和社会的影响要大于传统的媒体,因此,不管是资本主义国家还是社会主义国家都会加强网络管制,尽管具体方式有差异。

二、网络管制的实践必要性

互联网在某种程度上成为国家统治的工具,或者国家权力的延伸。但互联网的技术特性却为话语民主提供了实践手段,提高了公民和利益集团对代议制民主下的国家权力的影响。但应该注意的是,互联网技术具有双刃剑效应,它在便利公共事务参与的同时也会产生负面效应。随着互联网在公共事务特别是政治事务中的广泛应用,虚拟公民社会在提高公民的公共参与意识和能力上会起到正面作用,但互联网技术的特性使得虚拟公民社会的公共参与中也会出现很多负面问题,必然会对个人、社会和国家发展带来负面影响。因此,在国家治理的大背景下,以话语民主和代议制民主之间的协调为核心,以表达自由或言论自由(其具体形式为政治参与和协商)为主要内容的网络管制就必然纳入国家的行政视野。网络管制的实践必要性主要体现在互联网技术的内在缺陷和虚拟公民社会的无序参与上。

(一)互联网技术的内在缺陷及其社会问题

互联网技术以网络技术、通信技术和计算机技术为基础,起源于美国的因特网的根服务器至今仍然位于美国，并且在实质上被美国政府所控制。互联网站的域名管理（比如注册和解析）都必须经过根服务器，这种技术设计使得美国政府从“根”上控制了因特网的发展。互联网在生产和生活中的重要作用，使得以民族国家为主体的主权国家愈发重视互联网在经济和社会发展中的作用。一方面，互联网发展中的后发国家要求摆脱美国对因特网的控制，主张自身的信息主权；另一方面，这些互联网后发国家都试图在自身疆域范围内采取必要手段对互联网进行管制。由此可见，互联网技术发展和管理上充满了权力斗争。

不同国家在互联网管理上的权力斗争反映出网络管制的必要性，同时，互联网技术的匿名性、流动性和跨时空性等特点也反映出网络管制的必要性。互联网技术的上述特点为个体公民和利益集团参与公共事务提供一定的便利条件，保障了话语民主和微观权力的更好实现。但匿名性、流动性和跨时空性等特点也是互联网技术的内在缺陷，可能使以互联网为平台的公共事务参与产生很多问题。其主要原因和表现是，匿名性、流动性和跨时空性等特性削弱了公共事务参与主体的责任感。尽管多媒体技术在互联网中的应用日益增加，而且网络速度的提升和网络数据库容量的扩张使得网络互动双方的真实身份更加容易显现，但与现实社会角色无关的“戴着面具的互动”在互联网上仍然很常见。社会责任感和现实角色规范的丧失，使得网络越轨行为日益增加，这就要求民族国家在其疆域范围内以及可以控制的互联网基础设施上，对网络越轨行为进行管制。

（二）虚拟公民社会的无序参与及其规范必要性

虚拟公民社会以互联网为技术平台，通过话语民主和微观权力，发展参政议政和社会权利对国家权力的监督作用。虚拟公民社会的功能发挥依赖于多主体的有序参与。但互联网作为“未完成的公共领域”，在公共事务参与上却存在很多问题，迫切需要国家对虚拟公民社会的发展进行规范。

有序参与是保证虚拟公民社会的功能正常发挥的基础。但互联网的跨时空性使得地理上分散的群体很容易在虚拟空间中聚集起来，尽管群体聚集的基础是共同利益，但人群的地理分散性和社会经济特征的多样性使得网络群体内部呈现出价值观多元化的特点。具有多元化价值观的行动主体“戴着面具”进行匿名互动，这必然会增加参政议政中的非理性行为。不仅如此，跨时空的远程互动极易产生类似“五毛党”的虚假意见领袖和群体极化等现象，这必然会破坏公共领域必需的开放性、独立性和公共性等原则，通过营造虚假舆论对公共政策产生误导作用。因此，国家必须通过法律、行政甚至政治手段对虚拟公民社会的无序参与进行规范，加强对互联网的管制力度。

第二节　虚拟公民社会相关利益主体的网络管制

当前世界各国都会根据国情进行某种形式和某种程度的网络管制，不管是政府主导型网络管制，还是社会主导型网络管制；也不管是利用法律手段或行政强制，还是使用技术控制或道德自律，国家对虚拟公民社会的网络管制都是针对虚拟公民社会的行动主体（公民个体和利益集团），或者对其网络行动的条件进行技术管制或形式控制，或者对网络行动的内容进行制度或实质控制。本节以中国网络发展和虚拟公民社会的发展为实践背景，对网络管制相关的技术（形式）问题和制度（实质）问题进行分析。

一、对主体网络行动条件的形式化管制

公民个体利用互联网参与公共事务的条件或者主要技术途径有以下几种：第一，注册成为某个虚拟社群的成员，借助已有的公共网络平台发表观点。例如，当前比较流行的微博、社交网、博客、播客，以及传统的网络论坛和邮件列表等。这是当前世界范围内公民个体通过互联网参与公共事务的主要方式。绝大多数公民个体一般通过注册成为某个虚拟社群成员来参与公共事务，仅有少量个人自行建立网站以发表自己的观点或评论公共事务。第二，自行建立网站以发表自己的观点或评论公共事务，并通过搜索引擎、网络广告、电子邮件签名和网络论坛签名等方式尽可能增加网站的可见性。较第一种方式，这种方式对经济、技术、管理水平的要求都比较高，因此公民个体用得较少。与此不同的是，利益集团则几乎都会自行建立网站，而且也会以个人或组织名义，在知名的公共虚拟社群中注册账号，以扩大自身影响。正因为如此，对虚拟公民社会主体的网络管制一般从虚拟社群参与和自行建站等两方面着手。

（一）针对虚拟社群参与的管制

参与虚拟社群的前提是个人和组织（主要是其代言人）按照虚拟社群的要求注册并拥有一个虚拟账号（ID），成为虚拟社群合法成员。注册涉及法律、技术和社会关系等各层面的监管和控制。注册成功后，网络参与者还必须接受网络内容审查和管理。

1. 针对用户注册的管制:多重验证与实名制

在法律层面,申请加入者必须认同和签署虚拟社群协议。注册协议严格按照国家和相关部门的法律和规定制定,在国家安全、知识产权、个人隐私等方面都有严格规定。在社会关系层面,可能需要熟人推荐才能成为某社区成员,这种情况主要是涉及一些虽然关注公共利益但却严格限制参与者的"小众社区"。这也从一个侧面反映出虚拟社会并不是完全开放的,也因知识、经济、技术甚至观点而区分为不同小群体。

在技术层面,必须经过邮件验证、手机验证或者更严格的身份证验证。绝大多数网站要邮件验证和/或手机验证,这意味着不使用电子邮件和/或手机的公民在技术上不可能成为社区成员和参与相关的公共事务。更进一步,没有电脑或没有连接互联网的电脑在技术层面就更不能通过虚拟社群参与事务。可见,技术门槛成为限制网络民主的重要因素。根据中国互联网络信息中心的相关统计,截止到 2011 年 3 月份,全球互联网普及率为 30.2%,中国的互联网普及率为 34%左右。北美地区最高(78.3%),接下来依次是:欧洲地区(58.3%)、拉美及加勒比地区(36.2%);排在后三位的依次是中东地区(31.7%)、亚洲地区(23.8%)和非洲地区(11.4%)。互联网普及率从一个侧面反映出数字鸿沟,数字鸿沟的表象是技术或知识差异,其本质却是经济基础的差异。经济差异和政治权利的不对称在一定程度上使得网络民主成为了一种特殊形式的"精英民主"。但从长期来看,随着电信基础设施的完善和信息技术和产品成本的下降,特别是随着公民知识水平、公民文化和公民意识的提高,网络的政治使用必然导致这种特殊的精英民主向大众民主和直接民主转化。身份证验证也就是通常所说的"网络实名制",它是一种以用户实名为基础的互联网管理方式。它是保护和引导网络政治参与主体的重要手段和制度,但也会在某种程度上压缩公共领域的言论空间,并最终削弱公众对政府的监督权。韩国有关网络实名制的举措值得中国借鉴。韩国是世界上最早大范围实施网络实名制的国家,这与韩国 70%以上的网络普及率以及互联网公共事件频发有关。韩国 2002 年提出实名制构想后,直到 2005 年 10 月才逐步推行,2006 年修改《促进信息化基本法》和《信息通信基本保护法》,为网络实名制提供了法律依据。但考虑到网络实名制的弊端,尽量保护网络参与主体的隐私并扩大网络自由表达的空间,韩国信息通信部采取了折中措施,即实名登记注册之后,网民可以匿名参与公共事务。但考虑到道德约束的有限性,韩国增加了经济处罚,对违反政府规定的网站可最高处以 3000 万韩元的罚金。最近几年,世界各地发生了多起网络黑客恶意窃取网民个人信息的事件,因此,韩国公共舆论促使政府开始准备分阶段废除网络实名制。韩国行政安全部拟请讨论的“个人信息保护综合对策”主要内容为分阶段废除因特网实名制；个人或企业利用身份证时事先获得政府批准；完善同意搜集个人信息有关制度。而且，未来将考虑限制在因特网上搜集身份证号码、设定个人信息有效期、引进网上个人识别号码制度等方案。①

2. 针对帖子内容的管制：穿墙图文对抗人工智能

内容管理主要涉及网络参与者发帖内容的审查，但同时也涉及发帖时间和频率等问题。一般来说，为了保证虚拟社群用户的稳定性，同时为了提高越轨成本（发帖后马上注销账号），绝大多数虚拟社群会限制新用户注册的发帖权进行限制。例如，只允许刚注册用户浏览他人帖子，24 小时后才允许发帖。同时，为了防止网络“灌水”和“刷分”，特别是为了维护公共事务参与的秩序，虚拟社群会限制用户发帖频率甚至内容。例如，5 分钟内只能发一个帖子，帖子字数少于 10 个字或者与自己刚发的其他帖子的内容相似度在 80％以上的帖子都不允许重复发送，等等。

但内容管理的核心问题是帖子的内容审查，具体涉及帖子内容的合法性、合理性及其判定标准，以及内容审查的具体方式。合法性和合理性的判定标准是法律规定、道德规范和风俗习惯。但对于“什么内容是违法或缺德的”这个问题，文化多样性和价值观多元性说明了不同国家和地区对这个问题由不同界定。此处暂且不论，先从技术角度反思帖子内容审查问题。内容审查的方式比较多样，例如，人工审查和机器审查，即时审查和延时审查，集中审查和分散审查，事前审查和事后审查，普遍审查和抽样审查，等等。关键词过滤和语义分析一般都属于机器审查、即时审查、分散审查、事前审查和普遍审查。但关键词过滤和语义分析严重依赖于人工智能，其准确性往往不能保证，而且，网络参与者的主体性和创造性促成的“穿墙文”常常能成功躲避机器或计算机程序的审查。例如，汉语中的谐音、文字和标点符号、ASCII 码控制符等相互夹杂、奇怪火星文甚至图片化文字等都是网民创造性的结果。审查技术升级往往伴随着以“穿墙文”为代表的躲避技术的发展，“道高一尺，魔高一丈”的循环在帖子内容管理上重演。因此，内容审查是非常复杂的系统工程，涉及计算机技术、语言学、创造学甚至心理学等诸多问题。同时，内容审查方式的选择与文化、管理风格以及成本等问题也密切相关。在实践中，实名制注册和匿名发帖，虚拟社群保留帖子的快照，法

---

① 凤凰网. 韩国拟分阶段废除网络实名制，因个人信息频遭泄[EB/OL]. [2012-03-05]. http://tech.ifeng.com/internet/detail_2011_08/11/8332468_0.shtml.

律追惩以及道德教育等措施的结合,可能是比较好地解决方案。事实上,当前我国主管部门也大致认为"登记制+追惩制"是比较适合中国国情的互联网管理方式,因为互联网传播是零门槛的传播方式,数以亿计用户中的任何人都能成为传播主体,因此,很难采用传统的审批制进行管理。

(二) 针对自建网站的管制

互联网发展早期的个人建站者主要是那些创新技术的追随者。按照罗杰斯技术扩散模型,这批人应该占网民总数的 10%～20%。当前,我国互联网技术、应用、产品和服务基本与世界水平一致,其中,有两个发展趋势影响了公共事务参与中的个人和利益集团自行建站问题:第一,互联网应用领域从信息传播和娱乐消费为主向商务服务领域延伸;第二,互联网服务模式从提供信息服务向提供平台服务延伸。特别是以微博、博客和社交网为代表的 Web2.0 服务模式,凸显了互联网作为平台功能的转型和优势。正是在这种背景下,热心于通过互联网参与公共事务的公民开始选择由商业企业提供的商业化工具,这也就是为什么自行建站不是主流,针对自建网站的管理也不是国家网络管制的重点的原因所在。自行建站要经历域名申请、搭建服务器(或租用虚拟服务器)、制作和发布网络程序和内容以及后期运作管理等几个阶段。尽管自行建站不是主流,但国家对自行建站的管理仍然渗透到了建站的各个环节。

1. 针对域名注册的管制:主体扩展与原则细化

域名与网络协议地址(IP 地址)相对应,当前互联网协议中的 IP 地址是用三个英文句点隔开的四段数字(四级域名),每段数字的最大值是 225。服务器和一般的计算机识别的是 IP 地址,由计算机根据规则自动分配。为了便于网络使用者记忆,每个 IP 地址可以对应一个域名,该域名可由申请者根据规则自行命名并由主管方审批。IP 和域名都指明了网站在虚拟空间中的位置,相当于现实中人的居住地。IP 和域名的国际顶级管理机构是 1998 年在美国成立的一个非营利性的国际组织,名字是互联网名称与数字地址分配机构。相应的具体业务则由各洲和各国的机构代办。中国 IP 和域名最高管理机构是国务院主管的中国互联网络信息中心,域名注册管理机构在实践中将具体业务授权给域名注册服务机构,即各地有资质的信息和网络企业。

域名注册的管制主要体现在域名主体和域名命名等两个方面。1997 年,国务院信息办发布了《中国互联网络域名注册暂行管理办法》,2002 年,信息产业部修订发布了《中国互联网络域名管理办法》,2004 年,信息产业部又对该办法进行了修订。2005 年,信息产业部针对互联网发展新形势,又制定了《互联网 IP 地址备案管理办法》。我们仅对前三个有关互联网域名管理文件中涉及域名主体和域名命名问题的规定进行分析。

《中国互联网络域名注册暂行管理办法》第 6 条规定,域名注册申请人必须是依法登记并且能够独立承担民事责任的组织。这一规定否定了公民个体通过互联网彰显主体性的可能性。但随着互联网在经济和社会各领域的渗透,随后两个修订版本中域名主体被扩展,开始允许个人申请和使用域名,条文中出现了"任何组织或个人注册和使用的域名"的字样。关于域名命名规则,《中国互联网络域名注册暂行管理办法》第 11 条仅仅规定了 6 条三级以下(含三级)域名命名的限制原则,具体包括未经国家有关部门的正式批准,不得使用含有"CHINA"、"CHINESE"、"CN"、"NATIONAL"等字样的域名;不得使用公众知晓的其他国家或者地区名称、外国地名、国际组织名称;未经各级地方政府批准,不得使用县级以上(含县级)行政区划名称的全称或者缩写;不得使用行业名称或者商品的通用名称;不得使用他人已在中国注册过的企业名称或者商标名称;不得使用对国家、社会或者公共利益有损害的名称。但《中国互联网域名管理办法》、《互联网 IP 地址备案管理办法》的管理相当严格,命名限定不仅仅局限于三级域名,限定数量也由 6 条变成了 9 条,限制内容也明显直指互联网的负面危害。具体包括反对宪法所确定的基本原则的;危害国家安全,泄露国家秘密,颠覆国家政权,破坏国家统一的;损害国家荣誉和利益的;煽动民族仇恨、民族歧视,破坏民族团结的;破坏国家宗教政策,宣扬邪教和封建迷信的;散布谣言,扰乱社会秩序,破坏社会稳定的;散布淫秽、色情、赌博、暴力、凶杀、恐怖或者教唆犯罪的;侮辱或者诽谤他人,侵害他人合法权益的;含有法律、行政法规禁止的其他内容的。域名注册主体和命名规则的改变至少反映出两个问题:域名注册和使用主体的变化显示出,互联网开放度越来越高,参与者越来越多样化;命名原则的细化显示出,互联网的应用领域越来越广,但负面问题越来越多。

2. 针对网站(备案)的运行:数据库全景监狱中的"现代囚徒"

域名注册成功后,还需要经历搭建服务器(或租用虚拟服务器)、制作和发布网络程序和内容以及后期运作管理等几个阶段。其中与国家网络管制相关的内容主要有网站备案、宣传和内容监管等三个方面。备案是其中的基础性和核心环节,因为只有经过备案的网站才能在国内服务器上线运行,才能提交搜索引擎和网络广告公司进行宣传;不经备案的网站可以绕行到国外服务器,但可能会遭到 IP 地址被封而无法在国内访问的情况,而且按照规定国内的网络广告公司也不会给未经备案的网站做广告。几乎所有的个人网站和利益集团网站都是以观点表达和讨论为主要内容，具有非营利性。而非营利性往往又和言论自由紧密结合，因此，网站备案管理往往会影响国家和社会的关系，导致民间争议，所以，我们此处仅仅对网站备案问题进行讨论。

非营利性网站备案的主要管理举措体现在信息产业部2005年颁布实施的《非经营性互联网信息服务备案管理办法》。该办法提出，信息产业部对全国非经营性互联网信息服务备案管理工作进行监督指导，省、自治区、直辖市通信管理局具体实施非经营性互联网信息服务的备案管理工作，通信管理局通过信息产业部备案管理系统，采用网上备案方式进行备案管理。《非经营性互联网信息服务备案管理办法》第18条充分体现出政府对经济活动的管制，“互联网接入服务提供者不得为未经备案的组织或者个人从事非经营性互联网信息服务提供互联网接入服务”。个人和利益集团利用自行建站的方式参与公共事务时，往往会建立一个互动性质的子系统，如互联网公告板系统(BBS)或博客等。但这种高于单向传播系统的互动系统却会受到国家严格管制，《非经营性互联网信息服务备案管理办法》第11条明确规定：“拟从事新闻、出版、教育、医疗保健、药品和医疗器械、文化、广播电影电视节目等互联网信息服务，根据法律、行政法规以及国家有关规定应经有关主管部门审核同意的，在履行备案手续时，还应向其住所所在地省通信管理局提交相关主管部门审核同意的文件。拟从事电子公告服务的，在履行备案手续时，还应当向其住所所在地省通信管理局提交电子公告服务专项备案材料。”出于社会稳定和国家安全考虑，该条例在备案的年度审核时有更加严格的规定，对于在年度审核时“新闻、教育、公安、安全、文化、广播电影电视、出版、保密等国家部门依法对各自主管的专项内容提出年度审核否决意见的”网站，该网站将会被通信管理局通告责令其限期改正，拒不改正的将关闭网站并注销备案。

这些严格规定用烦琐的行政程序限制了民间主体搭建网络平台的可能性，因此部分已经拥有网络域名和服务器空间的网站不能上线运行。《非经营性互联网信息服务备案管理办法》在征求意见时，就引起了民间广泛的争论。从国家角度看，备案后再上线的要求实际上是“登记制＋追惩制”和实名制互联网管理方式的具体应用，其目的是监控互联网上的违法违规言行，减少互联网的负面影响，但问题是合法、合理、合道德的言行也被纳入监控范围，这就增加了被监控者的心理负担。这实际上形成了一种特殊的规训机制，也就是波斯特所说的现代技术条件下的“超级全景监狱”。这种机制起源于英国哲学家边沁设计的全景监狱，以及最终被福柯理论化的“全景监视”。在福柯看来，起源于18世纪的这种社会不再是一个针对肉体施行暴力惩罚的社会，而是一个诉诸监禁和监控的规训社会。规训权力分散、隐匿而又无所不在，它的作用点已经从被囚禁者的身体转向其心灵。在互联网时代，规训权力与现代技术(如数据库)的结合使其效果更佳明显。“我认为数据库是作为一个超级全景监狱运作的。数据库像监狱一样，连续不断地在暗中有系统地运作着，收集个人资料并组成个人传略。与全景监狱不同的是，这些‘囚犯’居民无须关在任何建筑中居住；他们只需继续进行其刻板的日常生活即可。因而，这种超级全景监狱与它的前一代相比更不会侵扰他人，然而它完成规范化这一任务的效率却绝不降低”[①]。

网站备案数据库比一般数据更加全面、更有针对性，因此，网站所有者和使用者就像网络世界的“现代囚徒”，看似自由却时刻如履薄冰。这种监控的主体是国家，但它在物理空间中无影无踪，在被监控者的心理空间中却无处不在；这种监控的客体是网站运营方和网站使用者(作为公民的网民)，他们看似鱼儿逍遥于江湖，但却在国家网站备案数据库的大锅里。也就是说，监控主体能随时看见客体但主体却隐匿在半透明的面具后，监控客体看不见主体但客体却能想象到自己可能时刻处于主体的视野中。正因为如此，2005年中国信息产业部发布《非经营性互联网信息服务备案管理办法》前后，引发了网民的激烈讨论。在国家与社会之间的关系中倾向于国家者赞同备案管理，而倾向于社会者则渴望“言论自由的真是履行”。尽管公共舆论的主流是反对该管理办法，但最终公民社会不敌国家。由于非经营性网站在营造社会舆论和对抗主流意识形态方面具有巨大能量，政府从国家安全和社会稳定的高度出发，最终利用国家机器(包括由国家控制的互联网基础设施)强行推进非经营性网站的备案。

二、对主体网络行动内容的实质性管制

以上针对虚拟公民社会两类主体的虚拟社群参与和自建网站流程，从形式化技术角度，论述了国家对公民个体和利益集团的管制，具体涉及用户注册、帖子内容、域名注册和网站备案等方面的管制。下文将视角转向虚拟公民社会参与的主要内容，探讨针对不同内容的实质性制度管制。虚拟公民社会以公共利益为指向，其具体内容涵盖经济、社会、政治和文化等各方面。从国家与社会关系的角度看，国家在网络管制中关注的核心问题肯定

① [美]马克·波斯特.第二媒介时代[M].范静哗，译.南京：南京大学出版社，2000.

是政治问题——在当前中国主要体现为国家安全、统治稳固和社会稳定问题。诸如网络知识产权侵犯、电子商务欺诈、网络色情、网络隐私泄露和网络暴力的不良影响之类的问题,往往不会上升到政治高度而处于国家网络管制的边缘。网络媒介和虚拟社群是公民个体和利益集团参与公共事务的主要工具和平台,因此,对行动主体网络行动内容进行管制,实际上就是对网络媒介和虚拟社群中的行动内容进行管制。对网络媒介的内容管制主要体现为对各种网络化的新闻媒体的管制,其中的核心问题是新闻审查问题;对虚拟社群的内容管制主要体现为社区自治和版主委托问题。

(一) 对网络新闻媒体的内容管制:新闻审查制

新闻媒体的本质、功能和管理是马克思主义理论中非常重要的内容,马克思认为享有出版自由的新闻出版业是社会的"第三个因素"和"第三种权力",管理机构和被管理者都同样需要有第三个因素,这一因素是政治的因素,但同时又不是官方的因素,这就是说,它不是以官僚的前提为出发点;这个因素也是市民的因素,但同时又直接同私人利益及其迫切需要纠缠在一起,这个具有公民头脑和市民胸怀的补充因素就是"自由报刊"。[①] 这一观点与美国政治界杰斐逊提出的自由报刊应该是立法、行政和司法之外起制衡作用的"第四种权力"的观点很类似;美国大法官斯图亚特也提出过"第四权"[②]。马克思曾经批判过普鲁士 1819 年颁布的《书报检查法令》,对该法令对真理探讨形式的规定——"严肃和谦逊"——进行了批判。马克思还逐条批判了普鲁士王国查封《莱茵报》的各种理由,期望实现《德意志联邦条例》(1815 年)提出的"可能有一天要实行的新闻出版自由"。

正是由于新闻媒体作为"第四种权力"的重要性,出于政党斗争需要和国民统治需要,作为执政党的统治阶级总是试图通过新闻媒体,将主流意识形态灌输给民众,以增强统治合法性和巩固统治基础。尽管很多国家的宪法都规定言论自由和出版自由,但执政党总是和政府一起谋求对新闻媒体进行最大限度的管制。这种情况在资本主义国家和社会主义国家都存在,尤其在社会危机和动荡期更是如此。从西方新闻传播发展史来看,政府控制媒体的方法可大致区分为硬性控制方法和软性控制方法两类。硬性控制方法包括:设置体系完整、功能完备的媒体机构;利用法律法规进行约束;建立完善的新闻发布制度;战时新闻管制。软性控制方法包括设定媒体议程;

---

① 马克思恩格斯选集(第 1 卷)[M]. 北京:人民出版社,1995.

② 林子仪. 言论自由与新闻自由[M]. 台北:月旦出版社股份有限公司,1993.

制造媒体事件；“泄密”；行业协会的自律。[①] 从我国新闻传播发展史来看，新闻审查（包括书报检查）是国家管理新闻媒体的核心措施。从国家统治的角度看，新闻审查新闻管制和书报检查具有合理性和合法性；但从公民角度看，过于严格的审查却会损害公民权利。

1. 新中国成立前的新闻审查简史

19 世纪以前的中国新闻媒体（主要是报纸）仅为政府内部传阅的政府公报，基本谈不上新闻审查；19 世纪初在早期传教士努力下，以公众利益为目标的新闻事业才开始出现。林语堂在 1936 年在美国出版的《中国新闻舆论史：一部关于民意与专制斗争的历史》中，将截止到 1935 年的中国新闻事业划分为三个时期：1815 年到 1895 年为开创期；1895 年到 1911 年为革命前的维新报业的黄金时期，甲午战争的失败催生了大量议政型报纸，但经常会遭到清政府查封和迫害；1912 年至 1935 年为衰落期，袁世凯复辟帝制后将民国初期的 500 余家报纸减少到几十家。[②] 关闭报馆和逮捕编辑的罪名往往是“危害民国安全”，按照 1914 年颁布并于 1915 年修订的《出版法》加以惩处。北京的日本报纸《顺天时报》因治外法权的保护才得以公开批判帝制。1915 年后中国进入军阀混战格局，1926 到 1927 年国民革命后国民党开始执行。除了 1916—1925 年期间报纸和书刊的繁荣、新闻界享有相当大的自由外，第三阶段时期真正意义上的报业实际上是倒退的。1927 年以后，出现了大量介绍共产主义的左翼刊物，国民党当局随后查封，但基本都会改头换面在当地或其他地方重新出版，可见这一时期的审查制度在全国并不一致，“中国检查制度的混乱表现为缺乏系统、协调和连贯性”。此间，日本侵略及其对中国政府的威胁在很大程度上减少了新闻媒体的自由度。1933 年，国民党的新闻统制政策发生了较大变化，不再以审查追惩制度为主要手段，开始推行旨在事前预防的新闻检查制度。[③]

2. 新中国成立以来的新闻审查

自 1949 年新中国成立以来，新中国到目前为止还没有新闻法，由中共中央宣传部、国务院新闻办和国家新闻出版广电总局等机构对新闻媒体进行管理。总的来看，改革开放以前，中国新闻媒体的意识形态化和宣传功能十分突出；改革开放以后，新闻媒体仍然处于党和国家的管制之下，但新闻媒

① 牛艳华. 美国媒体与政府互动关系研究[D]. 郑州：郑州大学，2010.

② 林语堂. 中国新闻舆论史：一部关于民意与专制斗争的历史[M]. 刘小磊，译. 上海：上海人民出版社，2008.

③ 方汉奇. 中国新闻事业通史（第二卷）[M]. 北京：中国人民大学出版社，1996.

体的自由度有所增加。从 1978 年改革开放以来，我国的新闻体制改革经历了三个不同阶段：事业型单位，企业化管理；采编与经营相分离；文化产业与文化事业相分离。

第一阶段，“事业型单位，企业化管理”阶段。“事业型单位，企业化管理”的原则可以分解为政治和经济两个方面：政治原则就是要保证新闻机构的“事业”性质，保持其原有的所有制、政治立场和编辑方针；经济原则就是要求新闻机构在经济管理体制上采取“企业化”的运作方针，自主经营、独立核算、自负盈亏、依法纳税。① 政治原则确定了新闻机构的公有制属性，保证国家对新闻媒体的管制权。经济原则赋予新闻媒体一定的自主经营权，例如，允许报纸恢复广告经营。新闻机构由此有了发行量（收视率）和广告商的双重压力，而且这种压力和政治原则有一定冲突。中共中央宣传部在很多媒体都开始刊播广告几个月以后，才发文《关于报刊、广播、电视台刊登和播放外国商品广告的通知》确认其正当性。这在一定程度上使媒体摆脱了僵硬的意识形态的控制和过度集中的计划经济的束缚，但中共中央宣传部通过相关的政府部门对广播、电视和报纸的内容进行审查的做法仍然没有改变。

第二阶段，采编与经营相分离的阶段。该阶段开始于 20 世纪 80 年代，原因在于总编辑负责制或社长、总编辑分工负责制影响了媒体经营部门的发展。从 1987 年开始，羊城晚报社率先实行社长领导下的总编辑、总经理分工负责制。随着改革的深入，新闻媒体开始引入股份制。内容采编工作由编辑部门负责，并且保证生产资料公有制的属性不变，在政治上实行严格的内容审查；但与经营管理相关的印刷、广告和发行等部门则完全企业化变成股份制公司。总的来说，采编与经营分离的要点在于：一方面，采编部门负责宣传，办好宣传主业，为经营业务提供内容支撑，创造优质经营载体；另一方面，经营公司负责经营业务，为宣传业务提供经费支撑，承担媒体经济保障责任，形成宣传和经营相互促进的良性机制。② 采编部门的核心任务是宣传，仍然接受新闻审查，受到政治意识形态的影响。

第三阶段，文化产业与文化事业相分离的阶段。该阶段实质上是第二阶段的深化，通过将文化分成文化事业和文化产业（2002 年党的十六大首次提出该分类），进一步促使采编和经营的分离，并在此基础上理顺政府和文化事业、产业的关系。第三阶段成立了大量新闻媒体集团，他们用国家所有

---

① 董天策，等. 中国报业的产业化运作[M]. 成都：四川人民出版社，2002.

② 张殿元. 中国报业传媒体制创新[M]. 广州：南方日报出版社，2007.

制赋予的政治优势在市场上获得经济收入，又用市场上赚取的经济收入完成意识形态领域需要的政治任务。[①] 国家与新闻媒体形成了互利共谋的关系，双方在文化事业和文化产业的大框架下各得所需：传媒管理者和国家不用担心传媒的控制和意识形态宣传问题，同时减轻了财政压力，获取了经济收益；传媒自身可以利用行政垄断来获得市场垄断利润，通过利用所占用得公共资源来获取市场利益，但却不能改变其基本定位、政治功能和所有制性质。[②] 然而在政府与媒体集团的分谋获利格局下，中国网民（公民）的话语权在一定程度上受到挤压，公民社会所需要的条件在一定程度上也受到了破坏。

3. 当前中国网络新闻媒体的内容管制

采编深度分离中的市场化机制使得新闻媒体获得了某种程度的独立性和自由度，再加上互联网本身所具有的匿名性、动态性和跨时空性等特征，新闻审查在网络环境下更加困难。为此，国务院新闻办公室和信息产业部2000年专门制定了《互联网站从事登载新闻业务管理暂行规定》，力图规范互联网站登载新闻的业务，维护互联网新闻的真实性、准确性、合法性。该规定第10条要求"互联网站申请从事登载新闻业务，应当填写并提交国务院新闻办公室统一制发的《互联网站从事登载新闻业务申请表》"，这实际上已经将新闻网站纳入监控数据库。该规定第13条采用列举法，明确规定了新闻网站不得登载的新闻内容：违反宪法所确定的基本原则；危害国家安全，泄露国家秘密，煽动颠覆国家政权，破坏国家统一；损害国家的荣誉和利益；煽动民族仇恨、民族歧视，破坏民族团结；破坏国家宗教政策，宣扬邪教，宣扬封建迷信；散布谣言，编造和传播假新闻，扰乱社会秩序，破坏社会稳定；散布淫秽、色情、赌博、暴力、恐怖或者教唆犯罪；侮辱或者诽谤他人，侵害他人合法权益；法律、法规禁止的其他内容。虽然这些规定还比较抽象，需要具体的实施办法，甚至需要援引其他法规作为执法依据，但该规定毕竟为互联网新闻审查提供了规范性的文本依据。

从虚拟公民社会的角度看，当前我国对网络新闻媒体的内容管制的重点，是与政治和宗教等问题相关的内容。但实际上，除了涉及政治和行政的新闻仍在新闻审查的范围之内，娱乐和消费类新闻仍然在广义的互联网文化管理的范围之类。《互联网文化管理暂行规定》指出，互联网文化单位应

---

① 周劲. 转型期中国传媒制度变迁的经济学分析——以报业改革为案例[J]. 现代传播，2005(1).

② 丁和根. 中国传媒制度绩效研究[M]. 广州：南方日报出版社，2007.

当实行审查制度,有专门的审查人员对互联网文化产品进行审查,保障互联网文化产品的合法性。其审查人员应当接受上岗前的培训,取得相应的从业资格。不仅如此,互联网服务单位还要配合政府对违法行为进行查处,互联网文化单位应当记录备份所提供的文化产品内容及其时间、互联网地址或者域名,记录备份应当保存60日,并在国家有关部门依法查询时,予以提供。另外,公民必须履行的保密义务也体现在网络新闻审查中。国家保密局《计算机信息系统国际联网保密管理规定》第8条规定:"上网信息的保密管理坚持'谁上网谁负责'的原则。凡向国际联网的站点提供或发布信息,必须经过保密审查批准。保密审批实行部门管理,有关单位应当根据国家保密法规,建立健全上网信息保密审批领导责任制。提供信息的单位应当按照一定的工作程序,健全信息保密审批制度。"

从前文论述过的国家管制的一般理论来看,对时政新闻甚至消费娱乐类型的新闻进行审查具有必要性;但是,新媒体环境下新闻审查是否具有现实可能性呢?对网络化的政党媒体(如新华网和中国网络电视台)进行新闻审查比较容易,根本原因在于,这些媒体集团的所有制属性和公共文化属性使其始终处于国家主流意识形态的控制之下。但对于网络化的商业媒体(如新浪网和凤凰网)和以微博、社交网甚至视频网站等为载体的自媒体,新闻审查的可能性就大大降低了。从表面上,难以审查的原因是这些媒体的数量太多,新闻登载量很大,而且新闻更新频率非常快。对这些新闻进行全面审查将会耗费大量人财物资源,而且在技术上也不太可行。但究其根本原因,主要有三个:首先,商业媒体和自媒体的产权是私有的,这使得媒体所有者在新闻采编和播发上具有较大的决定权,尽管要遵守国家相关的规定;其次,商业化媒体以追求利润为最高目标,在互联网这个"注意力经济"时代就不可避免会发布低俗的、负面的和新奇特新闻,以提高访问量和吸引眼球;最后,最深层的原因是商业化媒体和自媒体中的新闻生产者微观权力的扩张和话语民主的增强。微观权力是互联网技术赋予商业媒体、公民个体和利益集团的社会权力,它是动态的、匿名的、去中心化和分散的权力。与此同时,网络人群的聚集和微观权力的叠加所产生的话语民主,也增强了民间力量与国家的对话能力。孙志刚事件引发的网络公共舆论,最终促成国家废除了收容遣送制度,就是一个很好的例证。

可见,对互联网新闻进行事前审查具有一定的难度,以相关法规为基础的事后追究是一个比较好的选择,事后追究的惩罚将在一定程度上警醒其他新闻制造者和发布者。除此之外,还可以从技术和道德等方面进行探讨。一方面,国家应该重视互联网和计算机核心技术的研发,提高海量信息的检索、传输、存储和快速分析能力;另一方面,鼓励相关组织和个人加强自我监管,充分发挥个人道德自律的功能。《中国互联网行业自律公约》第9条提出了互联网信息服务者应在国家相关规定下自律的义务:不制作、发布或传播危害国家安全、危害社会稳定、违反法律法规以及迷信、淫秽等有害信息,依法对用户在本网站上发布的信息进行监督,及时清除有害信息;不链接含有有害信息的网站,确保网络信息内容的合法、健康;制作、发布或传播网络信息,要遵守有关保护知识产权的法律、法规;引导广大用户文明使用网络,增强网络道德意识,自觉抵制有害信息的传播。中国互联网协会发布的《互联网站禁止传播淫秽、色情等不良信息自律规范》第5条规定:互联网站从事登载新闻信息、电子公告服务以及移动电信增值服务等业务,应当依照有关法律法规的规定,履行审批或备案手续,取得合法资格;新闻信息应来源于具有向互联网站提供新闻信息资质的媒体或其他合法的内容提供商。

(二)针对虚拟社群的内容管制:社区自治和版主委托制

从技术角度,互联网发展初期的新闻组、邮件列表以及当前比较热门的微博和社交网等都属于虚拟社群的范畴。随着互联网技术的发展,这些虚拟社群为平民百姓提供了跨时空的虚拟沟通平台。网络民意表达更方便、网络结社更容易、网络集体行动更易组织,为虚拟公民社会的形成奠定了良好的技术和社会基础。与网络媒体一样,虚拟社群形成的公共舆论对国家公共事务决策产生影响,因此虚拟社群也成为国家网络管制的重要对象。前文从多重验证、实名制、穿墙图文、域名注册预计网站备案等技术层面,对虚拟社群的网络管制进行了形式化分析。现在主要分析虚拟社群对帖子内容的管理。

国家针对网站开设虚拟社群早有专门规定,信息产业部2000年就颁布了《互联网电子公告服务管理规定》,对以电子布告牌、电子白板、电子论坛、网络聊天室、留言板等交互形式为上网用户提供信息发布条件的行为进行限制和管理。该管理规定的第6条对提供虚拟社群服务的主体提出了四个明确要求:"有确定的电子公告服务类别和栏目;有完善的电子公告服务规则;有电子公告服务安全保障措施,包括上网用户登记程序、上网用户信息安全管理制度、技术保障设施;有相应的专业管理人员和技术人员,能够对电子公告服务实施有效管理。"网络技术的发展导致的新的服务类型已经超出了管理规定中列举的服务类型,而且提供此类交互服务的网站数量越来越多。这使得国家对虚拟社群的管理变得困难重重,不仅国家直接针对虚拟社群内容的监管不可能,就连提供虚拟社群的服务商(如商业公司或国家新闻媒体)也不可能对用户产生的海量内容进行直接管理。在此情况下,虚拟社群自治既是网民公民权的内在要求，又是互联网技术给国家统治的无奈选择。“现在网上空间缺少的正是公民社会必不可少的自我监控、自我批判的机制，如果因特网如此强加给我们，当然公民社会就不复存在了。”①因此，以国家相关规定和虚拟社群特别规定为基础，以技术过滤为依托，以虚拟社群版主制度为核心的社区自治和版主委托制是当前中国虚拟社群内容管制的主要模式。

我们可以用天涯虚拟社群的管理制度进行具体说明。② 天涯社区是由海南天涯社区网络科技股份有限公司（以下简称天涯公司）创建和维护的网络虚拟社群。凡接受《天涯社区用户注册协议》和《天涯社区公约》的网民，都是天涯社区会员。天涯虚拟社群推行会员自治制度，除社区的安全监管、商业活动以及因法律和商业义务必须由天涯公司行使的权力外，其他权力均保留给会员自治机构行使。天涯社区站务委员会为本社区最高管理机构。站务委员会设常务理事会、秘书处等机构，其组织和人员任免由天涯公司决定。社区的行政管理权授予管理员。管理员由站务委员会秘书长提名，报站务委员会批准后任命。社区的规则制定权授予议事广场，包括审议《天涯社区公约》修正案，审议社区规则，审议财务预算案，就社区决策及产品推行过程中存在的问题向元老院提出议案，通过其他决议等。议事广场由议事员 18 人至 30 人组成，议事员任期一年，只有注册两年以上的活跃会员才能担任议事员，议事员由站务管理委员任命和版主推选各一半。议事广场版主由议事员互选产生，首席版主代表议事广场。社区划分为若干分区，分区下再设版。版的组织方式包括首席版主制、版主团队制和版务委员会制。采用首席版主制时，版的决策权属于首席版主。首席版主由会员申请，分区管理员任命，版主由会员申请，分区管理员在征得首席版主同意后任命。采用版主团队制时，版的决策权属于版主团队。版主团队以投票的方式做出决定，首席版主负责召集和主持版主团队会议，除非赞成票和反对票相同，首席版主无投票权。版主由会员申请，分区管理员任命，首席版主由版主互选产生。采用版务委员会制时，版的决策权属于版务委员会。版务委员由 15 人至 45 人组成，由会员申请，分区管理员任命，版务委员应尽可能包括版内各方面人群的代表。首席版主、版主由版务委员互选产生。

从天涯虚拟社群的组织结构和管理制度可以看出，版面是虚拟社群的

---

① 陈乐民，史傅德．对话欧洲：公民社会与启蒙精神[M]．上海：上海三联书店，2009．

② 此部分内容参见天涯社区的“社区规则”页面，里面包括 16 个不同的协议和规定。获取资料的日期为 2012 年 2 月 1 日，网址为 http：//service. tianya. cn/guize/regist. do。

最基层组织，是社区会员参与公共事务的真正平台。该模式的核心是版主制度，因为虚拟社群内容管制的客体就是各版产生的内容，真正的直接管理主体是版主。版主的工作内容以国家相关法规为基础，同时也以虚拟社群特定的规则为依据，但不管怎样，版主的主要任务就是对版面中的内容进行管理。从国家规定来看，《互联网电子公告服务管理规定》第 9 条明确规定："任何人不得在电子公告服务系统中发布含有下列内容之一的信息：(一)反对宪法所确定的基本原则的；(二)危害国家安全，泄露国家秘密，颠覆国家政权，破坏国家统一的；(三)损害国家荣誉和利益的；(四)煽动民族仇恨、民族歧视，破坏民族团结的；(五)破坏国家宗教政策，宣扬邪教和封建迷信的；(六)散布谣言，扰乱社会秩序，破坏社会稳定的；(七)散布淫秽、色情、赌博、暴力、凶杀、恐怖或者教唆犯罪的；(八)侮辱或者诽谤他人，侵害他人合法权益的；(九)含有法律、行政法规禁止的其他内容的。"从虚拟社群管理的具体任务来看，版主可按社区及版务相关规则进行精品判定，删除、转移及限制"不符合规定"的论题，屏蔽"不守规则"的用户在该栏目的发言权；及时遴选精品作品，删除违反社区规则的言论；及时维护所管理栏目的"正常秩序"，积极参与调节及处理版内纠纷，确保所管理栏目持续、健康地发展。

版主委托制的本质是虚拟社群自治，因为版主和首席版主都是虚拟社群的普通注册会员，不是提供虚拟社群服务的公司员工，更不是国家相关管理部门的工作人员。版主管理实际上体现了网民的自决权，是由作为公民的网民的自我管理；版主委托制也是微观权力参与公共事务管理的具体体现。微观权力是互联网技术赋予普通网民的特殊社会权力，也是公民权的网络体现。版主席位由普通注册会员申请版主席位，并由版主对版面内容进行日常管理，这些都是微观权力参与公共事务管理的具体体现。虚拟社群自治和版主委托制实际上也是直接民主在网络空间的具体应用。在现实社会中，现实社会阻碍直接民主实现的很多因素在特定的虚拟社群中都被技术消解，虚拟社群用户可以直接选举版主，这充分保证了版主的合法性。

第三节 网络管制对虚拟公民社会的影响

近年来，国家在加强相关立法的同时，加强了对互联网基础资源、关键环节以及信息内容服务的监管。不仅在域名规范、IP 地址和网站登记备案、服务器接入管理上不断与时俱进地更新举措，而且还建立了对涉及公共利益的网络信息服务实行许可审批，建立健全日常监管、年度审核和行政处罚等一系列管理制度，并尝试在互联网信息服务行业建立准入退出机制。可见，自互联网引入中国以来，网络管制有加强趋势。网络管制对以互联网为基础的虚拟公民社会的到底有何影响？这是本章上述问题的目标指向，也是本书关注的核心问题之一。从宏观层面看，网络管制对国家与社会之间的关系必将产生影响；从微观层面看，网络管制对虚拟公民社会的两个重要基础——话语民主和微观权力——也必将产生影响。我们先通过图 5-2 对这些范畴之间的关系进行形式化展示，然后对其进行详细分析。

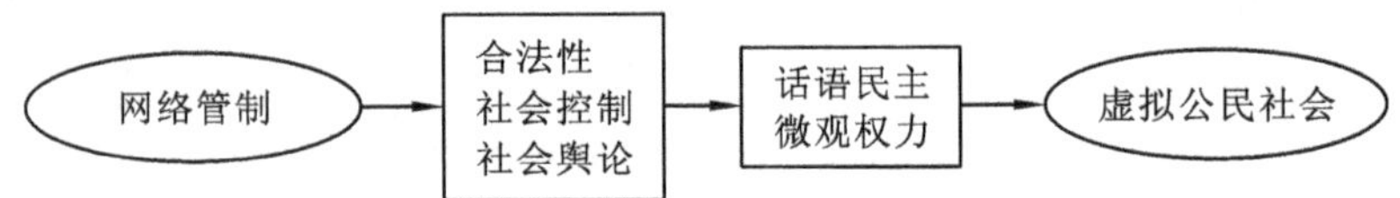

图 5-2　网络管制对虚拟公民社会的影响

一、“国家-社会”关系及其影响因素

（一）有关“国家-社会”关系的研究范式

公民社会是国家与社会之间关系研究的核心问题，而国家与社会的关系归根到底是国家与公民的关系问题。国家可以在多大范围内将合法权力施加于公民？换句话说，国家里的公民拥有的自由和权利的范围有多大？现在几乎每个人都认为上述问题是政治哲学的中心。[①] 一般说来，国家与社会之间的关系有两种研究范式：第一，洛克—康德的自由主义范式。认为社会是自然的产物，而国家则是社会中的人们通过契约建立起来的。国家至多是社会的保护工具，是一种必要的恶。第二，霍布斯—黑格尔国家优位范式。认为公民社会产生于国家之后，是介于家庭和国家之间的特殊领域。国家是目的，公民社会是手段。

以上两种研究方式分别是社会本位和国家本位，从不同角度解释了国家和社会的关系。马克思主义更侧重于社会本位的观点，马克思本人通过对唯物主义哲学思想和古典政治经济学的研究，将黑格尔对国家社会关系的看法颠倒过来，认为公民社会是物质关系总和。不是政治国家决定公民社会，而是公民社会决定政治国家。这种观点不仅体现了经济基础决定上层建筑的辩证唯物主义思想，同时，也充分肯定了基于生产和交往的实践对

① ［美］昆廷·斯金纳. 国家与公民自由［M］//许纪霖. 公共性与公民观. 南京：江苏人民出版社，2006.

政治国家的自下而上的影响。

美国学者米格代尔在对20世纪20年代美国盛行的“国家中心主义”观点进行批评的基础上，在国家能力的研究中提出了“在社会中的国家”的分析路径。看似强大的国家其实可能比社会弱，国家可能同时扮演统治者和乞求者两种相悖的角色。作为统治者的国家在一定固定领域内合法地垄断武力，并实现人统治人的关系。暴力是国家统治的根本工具，这是经典马克思主义的观点，也是经典社会学家韦伯的看法。作为乞求者的国家基于社会成员的集体意识，国家必须乞求社会成员的认可和忠诚，才能获得合法地统治权。在主要扮演此种角色的国家中，社会结构对国家政治具有很大的影响，国家最根本的工具是忠诚或合法性。一方面它用权威去驯服截然不同的信念，另一方面，它却同时从“公意”中提取人们的忠诚。① 林语堂先生在其专著《中国新闻舆论史》中，将(公民)社会和(政治/政党)国家的关系比作马和骑师的关系。这种略带调侃、讽刺和悲观的看法，实际上反映出中国在20世纪前30年剧烈的政治变革对社会的冲击，以及社会在政治变革中话语权的尴尬。“如果马儿有权利和骑师商量的话，就没法比赛了。要想得胜利，就必须用鞭子！在这个世界上，墨索里尼、希特勒这样的骑师就是这样认为的。主张民主政府、议会制和公共新闻的人，只不过是在说，马儿可以同骑师讨价还价，偶尔也可以质疑骑师的动机和看法。自由的新闻业之所以总会让政府尴尬，原因即在于此。”②林语堂从新闻舆论的角度剖析了社会对国家的影响，但也表现出对“强国家”所实施的新闻管制的愤恨和无奈。

(二) “国家-社会”关系的影响因素

根据国家和社会两者各自影响力的强弱，可以在理论上区分出四种理想关系模式：第一，“强国家、强社会”模式，这是完美的动态平衡模式，欧美等发达国家接近这种模式；第二，“强国家、弱社会”模式，如当前中国和东亚的某些国家和地区；第三，“弱国家、强社会”模式，如塞拉利昂等经常发生政治动乱、经济很落后并且社会控制权大多掌握在地方部落手中的非洲小国；第四，“弱国家、弱社会”模式，如八年抗战期间的中国。不同类型的“国家-社会”关系是如何形成的，受到哪些因素的影响，类似互联网的技术因素究竟起到了多大作用？

---

① [美]乔尔·S.米格代尔.强社会与弱国家：第三世界的国家社会关系及国家能力[M].张长东，等，译.南京：江苏人民出版社，2009.

② 林语堂.中国新闻舆论史：一部关于民意与专制斗争的历史[M].刘小磊，译.上海：上海人民出版社，2008.

1. 合法性

它直接关系到法律或政府权威的来源，是国家统治最根本的基础，也是影响“国家-社会”关系的最根本的因素。韦伯首次用合法性来理解国家统治的类型，将合法性区分为三种类型：传统型、法理型和克里斯玛型（个人魅力型）。哈贝马斯则用合法性来研究政治秩序，认为合法性意味着某种政治秩序被认可的价值以及事实上的被承认。可见，被统治者的承认、同意和认可是国家合法性的重要来源。承认背后的原因是什么呢？韦伯区分的三种理性类型可以为我们提供绝大部分答案，但当代国家的合法性与政治权力的有效性密切相关。如果政府管理自身的能力和管理社会的能力都很强，经济持续增长，社会繁荣稳定，则国家就可能被承认、同意和认可。当然，如果能实行民主政治，将议会政治和政党选举融入国家管理，则合法性基础会更加牢靠，国家统治也会更加巩固。二战以来形成的绝大多数现代意义上的民族国家所具有的权力已远远大于自由竞争阶段资本主义国家的国家权力，主要原因是，国家福利制度和由于经济危机而具备了合法性的凯恩斯国家主义扩展了国家权力。经济增长和国家福利为合法性提供了经济基础，而议会政治和政党竞选为国家合法性提供了政治基础。

总的来说，国家合法性越强，国家权力就可能越大。但在实行民主政治的高合法性国家中，由于公民社会也非常发达，所以社会在“国家-社会”关系中也居于很重要的位置。或者说，公民社会本身的“合法性”越高，其地位也越重要。这种看法的理论依据是近年来发展了的合法性理论。传统上韦伯和哈贝马斯论述的合法性主要体现为“下”（社会/被统治者）对“上”（国家/统治者）的承认。而有关文化多元主义的研究则把作为合法性基础的下对上的“承认”扩展到平行承认甚至上对下的承认。例如：利益集团 A 不仅被政府承认，而且被利益集团 B 承认；但利益集团 B 只获得利益集团 A 的承认，而没有获得政府承认。这就形成了国家内多元利益和异质文化群体的“承认的政治”，利益集团 A 比利益集团 B 具有更大的与国家对话和谈判的能力。

2. 社会控制能力

国家对社会的控制能力越强，社会的自治能力越弱，则国家在“国家-社会”关系中就居于主导地位。国家的社会控制可以从意识形态、社会结构和行政机构、政策传达和执行力等方面分析。意识形态的渗透能力越强，国家对社会成员的影响力就越大；传统文化、宗教、民族和家族对社会结构的影响越大，传统行政机构在理念、数量和分布上与现有社会结构的平衡度越高，则国家对社会的控制能力就越强；国家的公共政策如果能无损传递到基础社会并得到严格执行，则国家的力量就越大。公共政策的传递和执行不仅依赖于行政机构本身的资源动员能力，还与基层社会的自组织水平、抵制意愿和能力有关系。西亚和北非很多国家的政治动乱与国家的社会控制弱有很大关系，这些国家的社会控制呈现出碎片化状态，基层社会往往被地方强人所掌控，导致国家政策执行的走样。国家领导人在追求国家强势地位时，面对来自酋长、地主、老板、富农、部落首领通过其各种社会组织的抵制形成的难以逾越的障碍时，往往显得无能为力。[①] 只有通过革命或其他形式的社会混乱才能削弱原有的社会控制结构，导致强国家的出现。在分析社会控制能力时，交通和通信技术是一个不可忽略的因素。当国家的交通和通信技术基础设施很完善的时候，国家可以顺利地将同时触角延伸到基层社会；基层社会知识获取和信息交流的提高有助于提高其公民意识和国家理念，并在一定程度上摆脱传统的地方控制。

3. 社会舆论的开放度和制度化水平

中国古圣先贤有言："民可使由之，不可使知之"。如果抛弃价值判断，则公民越无知，社会舆论越封闭，则国家统治越巩固，国家相对于社会的力量就越大，社会就越稳定，但这种巩固和稳定并不能长久，是一种机械稳定。只有国家权力内部形成有效制衡，而且国家与社会之间也形成良好的监督和制衡关系，整个国家才能形成一种更高层次的有机稳定。因此，社会舆论开放度虽然有损国家在"国家-社会"关系中的位置，但从长远看，社会舆论开放对国家统治和社会秩序有很大好处。与社会舆论开放度有关的是社会舆论的制度化水平，这涉及国家对社会舆论的保护（言论和出版自由权的宪法保护）和社会自身的舆论表达水平。林雨堂在比较中国宋明时代的士子文人"清议"和民国时代军阀混战和舆论管制后，认为"除非士子与文人获得制度性保护，否则就不可能有常规化的、稳定的舆论力量……公众对国家事务的普遍冷漠是公民权利缺乏保障的自然结果，因为只有如此才能保护自己"。在社会舆论表达方式和水平上，在没有大众传媒的情况下，我国古代的议政方式一般有民间歌谣、联名上书和公务奏请等。这些方式所承载的舆论在内容深度、传播速度和影响力上都比较低。更重要的是，社会舆论所必需的公众讨论和协商在这些方式中都难以实现。因此，只有在大众传媒技术比较发达，而且社会舆论开放度和制度化程度都比较高的情况下，社会

① [美]乔尔·S.米格代尔.强社会与弱国家：第三世界的国家社会关系及国家能力[M].张长东，等，译.南京：江苏人民出版社，2009.

舆论才能真正影响国家决策，并使得社会在“国家-社会”关系中处于有利位置。

有关“国家-社会”关系的两种研究范式中，公民社会决定国家的研究范式在历史和逻辑上都占优势。在我们看来，公民社会决定政治国家也在某种程度上说明，公民社会蕴含的社会权力或微观权力对国家权力或宏观权力具有重要的制约作用。互联网给公民个体和利益集团提供了良好的利益表达工具和资源动员平台，进一步加强了虚拟公民社会的微观权力和公共政策中的话语权，正因为如此，对虚拟公民社会的研究在互联网时代才显示出巨大的理论意义和现实意义。互联网的广泛应用在一定程度上重塑了国家与社会的关系：一方面，国家利用互联网加强了对公民社会的管制；另一方面，公民社会也借助互联网更加全面和深入地参与公共事务。网络管制是国家拥有的合法权力之一，但网络管制权的应用领域和力度却可以影响公民的自由和权利的范围。从网络管制角度分析“国家-社会”关系，对于理解公民社会特别是虚拟公民社会的发生学基础、道德哲学基础和社会历史基础都具有重要意义。

二、网络管制对话语民主与微观权力的影响

上述内容对影响“国家-社会”关系的三个因素进行了分析，认为合法性、社会控制能力、社会舆论的开放度和制度化水平等三个因素会影响国家和社会之间的关系。网络管制作为技术和制度的综合体，在以上三个影响因素中具有调节作用。也就是说，网络管制对国家、公民个体和利益集团的合法性都会产生影响，网络管制会对社会控制能力产生影响，同样，网络管制也会对社会舆论的开放度和制度化水平产生影响。我们知道，这些影响会对国家与社会之间的关系起到调节作用。但我们目前不太清楚的是，这些影响对国家与社会之间的关系的调节机制是什么？结合虚拟公民社会及其诸要素关系的进一步思考发现，调节机制的核心是话语民主和微观权力。也就是说，网络管制通过影响话语民主和微观权力，对虚拟公民社会产生影响，并最终影响了“国家-社会”关系。

（一）网络管制与主体合法性

从虚拟公民社会的角度看，互联网相关的利益主体包括政府、公民个体、利益集团和市场（主要由信息网络技术相关的公司构成）。各种参与主体的权力与这些主体的合法性密切相关，而合法性又在某种程度上受到网络管制的影响。不管是哪种主体，不管是哪种合法性，行动客体对主体的承

认、同意和认可都是合法性研究的核心问题；不管是自下而上、自上而下抑或平行的承认，网络管制在其中都会起到某种作用。根据韦伯的观点，合法性可能单独来源于传统、法理或个人魅力，或者三者的某种综合。我们以上述三种来源为理论线索分别阐述：首先，分析互联网环境中各种合法性来源对主体合法性的影响；其次，在此基础上分析网络管制对话语民主和微观权力的影响；最后，对网络管制对"国家-社会"关系和虚拟公民社会的影响进行评价。

1. 传统、合法性与虚拟公民社会

从传统与合法性的关系看，国家在互联网中的行为合法性正在减弱，而民间主体的合法性却在增强。互联网从1969年萌芽到20世纪90年代的扩展和目前的广泛应用，只经历了不到半个世纪的历史，由于互联网起源于美国军方，由美国政府最早出资建设，所以从技术传统上来说，美国对互联网根服务器的管理以及各个民族国家对其他服务器的关系，具有一定的合法性。但随着时间的推移，科学公有性思想使得这种基于技术发明专有性的网络管制产生了一定的合法性危机。应国际社会强烈要求而在1998年成立的名为互联网名称与数字地址分配机构的非营利性的国际组织，就说明了美国从"根"上管制互联网的合法性危机。在民族国家内部也存在类似的问题，由于涉及国家主权问题(最明显的是疆域)，互联网在每个国家的发展总是先由国家规划和出资，国家似乎具有天然的或传统的网络管制权。

随着互联网应用领域的扩展，特别是随着民间资本进入互联网基础设施投资领域以及公民权和民主化的发展，民族国家在网络管制上的合法性也正在受到挑战。互联网的技术特性及其广泛应用创造了自身的特殊历史传统，例如，互联网发展早期的以创造和分享为核心的"黑客精神"以及以匿名和跨时空性为技术基础的"网络自由精神"与现实社会有很大差异。随着互联网商业化趋势越来越明显，这些精神正在受到消费主义文化和意识形态控制的负面影响。尽管互联网拥有的这些独特精神的影响力正在减弱，但互联网的传统(尽管历史很短)精神必将影响相关主体的思维和行为，公民个体、利益集团和相关市场主体必然要求扩大自身合法性。也就是说，与国家相对的这些主体要求获得来自国家的自上而下的某种程度的承认和同意，增强自身在互联网发展和应用中的权利。这些权力实际上就是我们所论述的微观权力，它能借助网络技术的优点扩展社会资本和增强资源动员能力。同时，以互联网技术为基础，公民个体、利益集团和网络公司等民间主体能更好地发挥话语民主的作用，在公共政策制定中能更好地参与和协商。总之，互联网自身传统和技术优势带来的微观权力和话语民主，为民间主体建构虚拟公共领域并最终形成虚拟公民社会提供了条件。

2. 法理、合法性与虚拟公民社会

法理作为合法性基础仍然限制着互联网相关民间主体的合法性,但互联网上的网络习俗和惯例也在一定程度上增强相关民间主体的合法性。包括中国在内的很多国家都有一系列针对互联网的立法,这些法理和规章为政府的互联网管制提供了一句。但针对互联网的立法不一定能获得网民的承认,1996 年由美国电子边疆基金会发布的《赛博空间独立宣言》就直白地表达了网络虚拟世界相对于现实世界的独立性:你们关于财产、表达、身份、迁徙的法律概念及其关联对我们不适用,这些概念建立在物质的基础上,我们这里没有物质。这种出现在互联网发展早期的看法固然有无政府主义的极端,但它也在一定程度上说明互联网作为新型的虚拟空间,的确具有很多与传统时空观中的世界的不同之处。民族国家以法理为基础的合法性,在虚拟空间中会受到一定影响。

要提高合法性,民族国家必须注意吸收互联网自身形成的规范。我们可以将这些特殊规范成为网络习俗、网络惯例或网络利益,它们是网民在网络实践中产生的与现实社会规范不同的特殊规范。正如《赛博空间独立宣言》指出的那样:你们从来没有参加过我们的大会,你们也没有创造我们的市场财富;对我们的文化,我们的道德,我们的不成文法典,你们一无所知,这些法典已经在维护我们社会的秩序,比你们的任何强制所能达到的要好得多;你们说我们有问题,你们要解决这些问题,你们用这个借口侵犯我们的领地,你们所宣称的这些问题,许多都不存在;真正冲突出现的时候,不公正出现的时候,我们自己会鉴定它,用自己的方式解决它,我们正在形成我们自己的社会契约,治理将出现,但根据的是我们世界的情况,不是你们的;我们的世界,是不同的。由于互联网已经渗透到现实社会的很多领域,这些特殊的网络规范就有可能成为新型社会结构甚至国家样态的基础。以一定的方式进行生产活动的一定的个人,发生一定的社会关系和政治关系……社会结构和国家经常是从一定个人的生活过程产生的。① 互联网立法应该充分吸纳和参考网络习俗,这也符合现代法律社会学对法律与习俗之间关系的理解。传统的法律社会学的观点认为,法律产生于习俗,习俗支撑着法律的运作。也有比较激进的学者认为,习俗本身就是法律,法律由日常生活中生成和维持组织秩序的习惯和惯例组成。这些行为规范就是作为一种生活方式的“活法”,成文法无法改变习俗的效力。也就是说,习俗获得了独立

① 马克思恩格斯选集(第 1 卷)[M].北京:人民出版社,1995.

的法律地位，不需要成文法的承认就具有内在价值和效力。众多的网络习俗为虚拟公民社会中的公民个体和利益集团的行动提供了合法性，与合法性伴随的同意和承认又赋予了这些行动主体相应的微观权力。以微观权力为支撑的网络公共事务参与和协商，为民间行动主体在与政府的博弈中获得胜利提供了保障。基于网络媒介和虚拟社群的公共事务参与，最终促使了特殊的虚拟公民社会的产生。

3. 个人魅力、合法性与虚拟公民社会

现代化过程就是一个不断去魅的过程，现代民族国家一个非常重要的特征就是宗教世俗化、行动理性化和英雄主义消退，因此，个人魅力很难再作为合法性的基础。但与此同时，权力基础由前工业时代的暴力和工业时代的经济转向网络时代的知识，这在某种程度上却为个人魅力再次成为合法性来源提供了契机。国家作为“想象的共同体”，在互联网上的形象仍然是以电子政务中的官方网站出现的官僚制形象，但虚拟公民社会中的相关主体却由于互联网技术的支撑，更容易形成特殊的个人魅力，为其行动合法性提供基础。背后的原因在于，互联网庞大的存储、传输、检索和分析能力为网络行动主体提供了基于相互依赖和知识共享的交互记忆系统——对来自不同知识领域的信息进行编码、储存、检索和交流活动的共享的认知劳动分工，它通常是在亲密关系基础上发展起来的。[①] 交互记忆系统支持下的行动主体有可能成为网络参与和协商中的意见领袖，虚拟账号也就成了具有特殊个人魅力的符号。

总的来看，国家在互联网时代的合法性主要基于技术传统和法理，而公民个体和利益集团的合法性则主要依赖于基于知识的个人魅力和互联网的特殊传统。

（二）网络管制与社会控制能力

“国家-社会”关系在很大程度上依赖于社会控制能力，既包括国家对社会的控制能力，也包括社会自身的自治能力。网络管制通过对国家的社会控制能力和社会自治能力的影响，从而影响话语民主和微观权力，并最终对“国家-社会”关系和虚拟公民社会产生影响。而网络管制本身起作用的基础是国家在网络基础设施的投资和管理上的优势，以及国家在制定互联网相

---

① Wegner D M, Giuliano T, Hertel P T, Cognitive interdependence in close relationships[M] // Ickes W J. Compatible and Incompatible Relationships. New York: Springer-Verlag, 1985.

关法律规范上的权力。

1. 网络基础设施对两者关系的影响

国家对虚拟公民社会的控制权的根源,除了虚拟公民社会的行动主体总是处在民族国家的疆域内,还在于网络基础设施的投资方往往就是国家。以中国为例,基础的网络通信设施和服务由中国电信和中国联通等几家国有通信公司提供。由于网络接入是网民上网的首要和必要条件,所以,对基础网络通信设施和服务的控制保证了国家对虚拟公民社会最根本的控制。国家还可以以法律和行政命令为基础,直接要求本国商业公司切断互联网服务,以维护统治权、国家利益或保证对虚拟公民社会的控制。例如,美国政府 2009 年曾要求微软公司直接切断古巴、伊朗、叙利亚、苏丹和朝鲜五国的 MSN 即时通讯服务端口,以防止这些"敌对国家"以某种方式损害美国国家利益。针对这种基础设施和服务层面的控制能有效保证国家对虚拟公民社会的网络管制效果,从根本上限制公民个体和利益集团的网络行动。

2. 网络法规对两者关系的影响

针对互联网的法律规章是国家管制互联网的依据,法律规章自身的合法性和执行的有效性是国家对虚拟公民社会进行社会控制的影响因素。网民参与公共事务时的言论尽管都在虚拟空间,但网民毕竟是公民,毕竟要生活在一国疆域内,因此,网民也有义务遵守国家法规。但前文在论述合法性问题时已经提到,虚拟空间的精神传统和网络习俗可能会影响到互联网法规的有效性。如果一个国家的互联网法规与网络行动者的精神传统和网络习俗不一致,则该法规的合法性和执行有效性可能就会大打折扣。这必然会影响到国家对网络空间和虚拟公民社会的社会控制。而且,网民自身的社会自治水平越高,国家管制的必要性越小,行政成本就越低;但与此同时,国家对网民的社会控制水平也随之下降,网民在参与公共事务中可能就有更多的发言权。

(三) 网络管制与社会舆论

现代社会是一个"媒介化社会",人们总是生活在李普曼所说的"媒介环境"中。媒介在进行传播时总是出于种种目的,要对传播内容进行筛选。但可悲的是,人们在接受传播内容时往往会认为新闻媒体报道的内容是真实的现实,长期生活在媒介环境中的人甚至会混淆真实社会和媒介社会的区别。这提醒我们,一旦互联网作为新闻媒体的功能受到国家干预,将会形成意识形态化的媒介化社会，从而对人们的价值观、态度和行为产生不利影响。

互联网为虚拟公民社会提供的主要工具有两种：新闻媒体和虚拟社群。新闻媒体作为现代国家的“第四种权力”，是形成社会舆论的重要工具，在虚拟公民社会的形成中具有非常重要的作用。但这种作用的发挥依赖于新闻自由，一方面，它运用明智、公正的新闻选择、编辑和发布手段，向民众提供准确的消息；另一方面，它使社会舆论得以自由而不受限制地表达。[①] 如果新闻媒体都是国有制，或者商业媒体都被政府控制，则新闻自由在促成公民社会形成中的作用将不复存在。英国学者卡伦曾经提出过构建一个既不受制于市场也不受制于政府的民主化媒体系统的运作模式，即以公共服务型电视为中心，以公民媒体领域、专业性媒体领域、社会性市场媒体领域和私营媒体领域为周边补充的格局。复兴公民媒体领域的两条途径：拨出一定数额的经费来资助公民社会组织的媒体；按照公民社会组织的成员多少和规模大小，来给他们分配波段、技术设备和公共基金的资助。[②] 这种模式将为公民媒体的发展提供机遇，增加他们在公共事务参与和协商中的机会和能力。公民媒体在互联网中的发展将更加容易，为虚拟公民社会的发展奠定良好基础。

但现实情况是，中西方新闻媒体在构建公民社会中的作用都值得怀疑。美国宣称言论和出版自由的国家里，新闻媒体虽然大都是商业性的私人媒体。但出于新闻源和利润的考虑，这些私人媒体呈现出集中化并且与政府合谋的趋势。中国是一个在宪法中规定言论和出版自由，没有新闻法但新闻管制却非常严格的国家，时时处于内容管制状态下新闻媒体在推进公民社会的作用当然大打折扣。

本章小结

本书的第三章和第四章分别从话语民主和微观权力切入，从微观角度

---

① 林语堂.中国新闻舆论史：一部关于民意与专制斗争的历史[M].刘小磊，译.上海：上海人民出版社，2008.

② [英]詹姆斯·卡伦.媒体与权力[M].史安斌，董关鹏，译.清华大学出版社，2006.

论述了虚拟公民社会的微观运作机制。本章则从网络管制切入,从宏观层面阐述了国家对虚拟公民社会的规制。

首先,以"国家-社会"关系为背景,阐述了网络管制的理论,并对世界上主要国家的网络管制状况进行了简单分析。认为葛兰西有关完整国家与文化领导权的理论、阿尔都塞有关意识形态与意识形态国家机器的观点以及霍尔有关文化政治与解码编码理论为国家对虚拟公民社会的网络管制提供了理论基础。互联网技术的内在缺陷及其社会问题,以及虚拟公民社会的无序参与体现了网络管制的实践必要性。

其次,阐述了针对虚拟公民社会相关利益主体的网络管制。在针对主体网络行动条件的形式化管制上,主要有针对虚拟社区参与的管制和针对自建网站的管制。前者的措施包括利用多重验证与实名制对用户注册进行管制,利用人工智能对帖子内容进行管制。后者的措施包括在域名注册管制上的主体扩展与原则细化,在针对网站(备案)运行中构建现代数据库全景监狱。在针对主体网络行动内容的实质性管制上包括两部分内容:对网络媒介的内容管制主要体现为对各种网络化的新闻媒体的管制,其中的核心问题是新闻审查问题;对虚拟社区的内容管制主要体现社区自治和版主委托问题。在新闻审查上,新中国成立以来经历了"事业型单位,企业化管理"、采编与经营相分离以及文化产业与文化事业分开的三个阶段,但这些"二分"在本质上并没有降低国家对新闻内容的管制。版主委托制的本质是虚拟社区自治,虚拟社区自治和版主委托制实际上也是直接民主在网络空间的具体应用。

最后,在网络管制对"国家-社会"关系具有影响的理论预设下,分析了网络管制对虚拟公民社会的影响。公民社会是国家与社会之间关系研究的核心问题,国家与社会之间的关系有三种研究范式:洛克—康德的自由主义范式认为社会高于国家;霍布斯—黑格尔国家优位范式则认为公民社会只是国家的手段。根据国家和社会两者各自影响力的强弱,可以在理论上区分出四种理想关系模式,即"强国家、强社会"模式;"强国家、弱社会"模式;"弱国家、强社会"模式;"弱国家、弱社会"模式。合法性、社会控制能力、社会舆论的开放度和制度化水平等三个因素会影响国家和社会之间的关系。将网络管制纳入到这三个因素进行分析发现:国家在互联网时代的合法性主要基于技术传统和法理,而公民个人和利益集团的合法性则主要依赖于基于知识的个人魅力和互联网的特殊传统;网络基础设施和行为规范能通过对政治行动主体社会控制能力的影响，对虚拟公民社会产生影响；新闻媒体催生的“媒介化社会”对公众会产生非意识形态影响，网络管制中的国家意识形态对新闻的影响又会强化“媒介化社会”影响，这最终导致包括网络媒介在内的新闻媒体在构建公民社会中的作用值得怀疑。

第六章

虚拟公民社会的理论诉求与实现路径

“虚拟公民社会”是在“国家-社会”关系的理论架构下和互联网政治的实践基础上提出的，虚拟公民社会不仅在理论上有利于深入理解国家和社会之间的关系，而且在实践上也有利于优化国家与社会之间的关系。源于黑格尔的“国家高于或优位于社会”和洛克的“社会外在于或先于国家”的观点，为我们从理论上分析国家与社会的关系提供了原初坐标。这种非此即彼的二元对立关系虽然在理论上具有清晰化的特点，但却不利于在实践上处理国家与社会之间的关系，特别是不利于虚拟公民社会的培育。因此，必须在理论上的二元对立之外寻求“第三条道路”，并结合中国互联网政治现状和国家管理模式，对中国虚拟公民社会的实现路径进行探索。

第一节　理论路标：“第三条道路”和“第三种力量”

从实践上看，虚拟公民社会为公民个体和利益集团参与公共事务提供了虚拟公共领域，并为中国民主政治改革提供了可欲可行的路径。但应该注意的是，公共事务参与意识和参与能力则受到国家和社会之间的关系的影响。因此，必须从理论上厘清社会优先所导致的国家社会化和国家优位所导致社会国家化的弊端，寻求"国家-社会"关系模式中的"第三条道路"；并在民主政治理论的大背景下，对虚拟公民社会在国家和民间之间的"第三种力量"的地位进行论证。

一、"国家-社会"关系模式的"第三条道路"

(一) 社会国家化与国家社会化的冲突

一般来说，国家包含三层含义：作为地域的国家（country）强调国家是人口、领土和主权的统一体；作为民族的国家（nation）强调国家的人口和民族特性；作为政治的国家（state）则强调基于社会契约的公共权力。古希腊时期，亚里士多德《政治学》中所谓的国家就是城邦，它与野蛮或自然社会相对，与公民社会具有相同的含义；中世纪的国家被视为与"上帝之城"对应的"世俗之城"；文艺复兴时期，民族国家的兴起使得自由契约观念取代依附关系，当时的人们"已经用人的眼光来观察国家了，他们是从理性和经验中而不是从神学中引申出国家的自然规律"[①]。16 世纪末西方民族国家的兴起催生了国家主权的观念，它是研究政治权威和现代国家体系的基础性概念；17 世纪有关国家起源和政治合法性的研究中则提出了社会契约的观点，契约、同意、个人权利等成为国家研究中的关键词。近代政治哲学则综合了国家的三层含义，将国家视为一种政治机构（组织）和政治制度，认为国家是在一定的领土范围内对其全体国民进行控制并拥有最高主权的一种特殊的社会组织形式。马克思主义认为国家是经济上占支配地位的阶级维护其统治的暴力工具，韦伯认为国家是建立在专业官员制度和理性的法律基础之上的作为垄断合法暴力和强制机构的统治团体。

广义的社会包括自然环境、人口和文化等基本要素，与国家（state）的含义接近。但作为学术概念的狭义的"社会"出现于 19 世纪社会学作为一个独立学科兴起的时候。社会学对"社会"的界定主要有以下几种：第一，在与自然进行类比的基础上将社会看做有机体。社会学家孔德和斯宾塞就持此类观点，将社会看做与机械体对应的有机体，具有自身的结构、功能和过程。第二，将社会看做是外在于个人的文化或制度。迪尔凯姆对社会事实的集体表象的研究即循此思路。第三，将社会看做是关系集合。马克思主义认为，社会在本质上是生产关系的总和，是共同生活的人们通过各种各样社会关系联合起来的集合。中国传统文化中的"社会"指特定土地上人的集合；

---

① 马克思恩格斯全集(第 1 卷)[M]. 北京：人民出版社，1956.

现代意思上的“社会”则是指处于特定区域和时期、享有共同文化并以物质生产活动为基础,按照一定的行为规范相互联系而结成的有机总体。

不管是从理论还是实践上看,国家和社会都有明显的分界。自黑格尔以来,有关国家和社会何者优先的讨论就有很多。这些观点大致可以分为两类:以洛克为代表的自由主义者认为“社会外在于或先于国家”,国家不应该干预社会;以黑格尔为代表的学者认为“国家高于或优位于社会”,国家必须对社会在道德上进行干预和管理。20世纪以来特别是二战以后,国家与社会的关系更加复杂化。福利国家理念、新公共管理运动、民权运动和经济全球化,使得国家的阶级统治功能开始弱化,社会管理和公共服务功能则得到了加强,这使得政治国家以社会管理和公共服务的名义,将触角延伸到原本属于社会的领域。经济全球化的发展和消费主义的扩张,也对社会自主结构产生了越来越大的影响,用哈贝马斯的话说,政治和经济系统开始入侵生活世界。生活世界被殖民化,或者说,社会被国家化,此时的政府变成全能政府或专制政府。与此同时,社会力量的增强可能挑战国家(政府)权威。实践层面上累计的社会风险、不断爆发的群体性事件甚至以政府公信力下降为由的无声反抗,加上理论层面上自由主义、无政府主义和个体本位观念的推动,有可能在削弱国家权威的同时促使有限政府的产生。或者说,国家在一定程度上被社会化。社会国家化和国家社会化都不利于政治稳定和维持社会秩序,这提示我们应该进一步思考“国家-社会”关系状态的其他可能性,在国家优先和社会优先之外寻找“第三条道路”。

(二)“第三条道路”的理论依据和实现条件

公民社会作为公民参与公共事务的特殊领域,是国家权力和社会权利相互作用的平台。“第三条道路”的实质就是国家与社会的“良性互动”,是国家权力的和社会权力的合理对话和协商。国内学者邓正来在研究中国公民社会时也提出了国家与社会的良性互动关系[①],认为良性互动中双方能够较好地抑制各自的内在弊病,使国家所维护的普遍利益与市民社会所捍卫的特殊利益得到符合社会总体发展趋势的平衡[②]。在这种理想的“国家-社会”关系模式中,国家与社会间的对话是平等主体间的对话。一方面,国家权力在宪法框架内通过立法、行政和司法等形式,以公共政策的制定和实施为核心,对社会进行有限治理。自由就在于把国家由一个高踞社会之上的

---

① 邓正来,J.C.亚历山大.国家与市民社会——一种社会理论的研究路径[M].上海:上海人民出版社,2006.

② 邓正来,景跃进.构建中国的市民社会[J].中国社会科学辑刊(香港),1992(1).

机关变成完全服从这个社会的机关,而且就在今天,各种国家形式比较自由或比较不自由,也取决于这些国家形式把“国家的自由”限制到什么程度。[①]另一方面,社会权利在法律许可范围内,通过对话和协商等形式,对公共政策的制定和实施进行监督和制约。从政治哲学的角度看,这种理想关系模式的本体论基础就是马克思有关自由人联合体和人的全面自由发展的论述。马克思在《共产党宣言》中明确指出:代替那存在着阶级和阶级对立的资产阶级旧社会的,将是这样一个联合体,在那里,每个人的自由发展是一切人的自由发展的条件。[②] 近年来,国家与社会关系研究正在由“国家-社会”二分法向“国家-经济-社会”三分法转变。中国特色市场经济的发展为这一理论转变提供了注脚,也为“良性互动”格局提供了经济支撑。随着民营经济的数量和质量不断提高,自由、民主和权力意识必将不断增长。随之而来的是,公民个体和利益集团在满足经济权力后必然主张文化权力、社会权力甚至政治权力。中国民营经济的崛起以及国有经济在中国的特殊地位,形成了新的利益集团,这使得我们完全有必要将“经济因素”引入公民社会,在公民社会的结构、功能和运行机制上进行新的思考。

就中国目前来说,国家与社会之间的“良性互动”关系模式仍然处于初级阶段,仍然体现为不对称的“国家主导、社会参与”的关系模式,或者有学者所称的“国家(或政府)主导与市民自主相结合”的模式。[③] 这种模式既符合中国历史上长期形成的以中央高度集权的专制主义为主要特征的政治文化和政治实践,又符合我国当前社会经济转型期需要一个由国家主义支撑的“大政府”的现实需要。但从长期看,国家与社会的关系必将过渡到“良性互动”的理想模式。这种理想模式至少需要两方面的条件:国家管理模式的转型;公民社会的充分发育。前者既与伴随着经济改革后的政治改革密切相关,也与“小政府、大社会”的国家管理模式变革进程密切相关;而后者在很大程度上取决于公民个体和利益集团的参与意识和参与能力的提高。更重要的是,以互联网为代表的媒介和沟通技术将在公民社会的发育中起到重要作用,虚拟公民社会是公民社会发育成熟的重要基础。本研究从话语民主和微观权力的角度,对虚拟公民社会的运作机制进行了详尽探讨。虚拟公民社会研究的理论诉求就是为这种理想的关系模式进行理论探索,在深化互联网时代国家与社会之间关系研究的同时,为理想关系模式的实现

---

① 马克思恩格斯选集(第3卷)[M].北京:人民出版社,1995.

② 马克思恩格斯选集(第1卷)[M].北京:人民出版社,1995.

③ 白立强.究竟是“社会国家化”还是“国家社会化”?——从马克思“国家-社会”结构理论看当代中国“政治国家”与“市民社会”的关系[J].理论探讨,2007(2).

奠定理论基础。

二、中国特色民主政治的“第三种力量”

虚拟公民社会与中国特色的民主政治理论与实践具有密切关联,虚拟公民社会作为制衡国家权力的社会力量,以网络媒介和虚拟社群为载体,通过话语民主和微观权力形成公共舆论,从而对公共决策产生影响。从这个角度看,虚拟公民社会实际上具备了“第四种权力”并形成了官方舆论与民间舆论之间的“第三种力量”。

(一) 民主政治与公民社会

2005 年,中国国务院新闻办公室发表了《中国的民主政治建设》白皮书,对人民代表大会制度、中国共产党领导的多党合作和政治协商制度、民族区域自治制度、城乡基层民主、人权、中国共产党民主执政、政府民主和司法民主等问题进行了系统阐述。白皮书指出,自改革开放以来,中国社会主义民主政治建设在实践中取得了许多重大进展。人民代表大会制度、中国共产党领导的多党合作和政治协商制度、民族区域自治制度等国家民主制度不断完善和发展,城乡基层民主不断扩大,公民的基本权利得到尊重和保障,中国共产党民主执政能力进一步提高,政府民主行政能力显著增强,司法民主体制建设不断推进。

虽然与以社会主义市场经济为核心的经济改革成就相比,中国的政治体制改革特别是民主政治建设还相对滞后,但几十年的政治改革探索还是积累了丰富的经验。中国特色的社会主义不同于历史和现实中的空想社会主义、民主社会主义、自由社会主义和福利社会主义。新社会主义的核心思想是主张以社会为本位,以社会主体的权利和社会权力为本位,而不是以国家/政府的权力为本位。从公民社会的角度看,它以公民社会及其社会权力为基础和动力,除了继受古典宪政主义中的人权、民主、法治等核心要素外,还主张引入共和精神和突出自由、平等、博爱等理念,重视社会力量的参与,即美国学者达尔在《多元主义民主的困境——自治与控制》提出的社会上的多元制衡。公民社会则是与政治国家相对的组织化和政治化的特殊“政治社会”,是“以社会权力制衡国家权力”的核心。社会自治组织、公益组织将分散的公民个人组织起来,将分散的社会意志集中化,将个体的私人利益公共化,从而也使其诉求和活动政治化,使私人社会形成“公人”(公民)社会,成为能通过同政府对话、协商、辩论、谈判,进行政治参与,支持和监督、制约和推促政府依法行使权力的有组织的社会力量。

综合近年来我国民主政治发展实践和学者们对民主政治的理论探索，我们可以初步得到以下几个具有递进关系的结论：第一，中国特色的社会主义民主政治以社会权利为本位，以公民社会为社会基础。第二，话语民主（参与和协商）和微观权力（社会权力）是公民社会的主要运作机制。第三，培育公民社会是中国民主政治改革的重要抓手，应该充分利用互联网这个"未完成的公共领域"，以虚拟公民社会的培育为突破口，加速推进公民社会建设。尽管互联网在中国政治领域的应用还不够深入，但"网络问政"毕竟已实践多年。对中国政府来说，应该进一步鼓励公民通过包括互联网在内的多种渠道参政议政，促进公民社会的国家权力的制衡；同时，学术界应进一步加强虚拟公民社会的结构、功能和运作机制的研究，对虚拟公民社会作为国家与民间之间的"第三种力量"的地位进行进一步的理论研究。

（二）作为"第三种力量"的虚拟公民社会

社会权利对国家权力的制衡机制是个跨学科的研究课题，国内外政治学、法学、社会学和传播学等众多学科都进行过探索。与中国者政治学和法学领域对中国特色社会主义视野下公民社会的探索一样，中国传播学界也从传媒网络的视角对公民社会的相关问题进行了研究。其中的核心问题之一是，以互联网为技术基础的网络传媒在民意表达和公民权利实现中的作用机制。2010 年，北京外国语大学国际传播中心和《21 世纪国际评论》杂志社共同举办了"传媒网络与公民社会建设"研讨会，围绕"传媒网络与民生问题"、"传媒网络与民意表达"以及"传媒网路与公民权利"等问题进行了讨论。祝华新认为，当下中国有两块舆论场：官方媒体舆论场（主要是受党委宣传部口径制约的党报和国家电视台）；民间舆论场（前网络时代主要是口头舆论，网络时代是网络社区，包括 BBS、博客、微博、QQ 群等）。随着社会利益的多元分化和价值观多元化，再加上海外意识形态的影响，民间舆论场在很多时候和官方媒体舆论场相对，党和政府在民间舆论场饱受质疑和批评。祝华新认为中共历史上一直存在两种新闻理念，其源头可以上溯到 1948 年，一种是毛泽东对《晋绥日报》记者发表谈话，强调自上而下地宣传共产党的路线方针政策；另一种是刘少奇对华北记者团讲话，强调党的新闻工作者主要使命是倾听民众呼声，考察党的政策是否正确。这两种路径对于我们思考网络舆论的生成机制以及网络舆论与公民社会的关系提供了重要基础，提示我们在虚拟公民社会的研究中应该聚焦于网络舆论问题。在中国虚拟公民社会的建构中，应该寻求在刘少奇设想的自下而上考察政策与毛主席有关自上而下宣传政策之间达成精妙平衡。笔者认为，从公民社会在国家与民间的中介角度出发，考察政策和宣传政策之间平衡机制的达成需要考虑以下两个问题：第一，虚拟公民社会在民间舆论场的系统化和有序化中的作用；第二，虚拟公民社会在民间舆论和官方舆论之间的衔接机制。

就民间舆论场的系统化和有序化来说，虚拟公民社会的公民个体和利益集团可以起到一定作用。前文已经述及，互联网技术的虚拟化、跨时空性和流动性等特点在一定程度上导致了政治参与主体的“主体悬置”和“群体极化”等问题，这导致民间舆论场在利益表达上的无序性和公共舆论形成上盲目性。因此，提高民间舆论中行动主体的政治理性、公共事务参与意识和参与能力迫在眉睫。虚拟公民社会作为特殊的公共领域，在政治主体、政治规则和政治控制上都具有民间舆论场没有的优势。如何将虚拟公民社会所形成的公民文化向民间舆论场传播，在一定程度上解决主体悬置和群体极化等公共参与中的负面问题，应该成为政治哲学、政治社会学和传媒学研究的重要议题。本研究对虚拟公民社会话语民主和微观权力的探讨，可以在一定程度上为解决民间舆论场的主体转型问题。虚拟公民社会在公共事务参与中的合理机制可以为民间舆论场提供借鉴，将民间舆论场的“乌合之众”逐步转变为具有政治敏感和社会责任感的公民个体，并逐步形成有明确利益诉求和政治理想的利益团体。

就民间舆论和官方舆论之间的衔接机制来说，应该强调虚拟公民社会对民间舆论的引导提炼以及虚拟公民社会对官方舆论的议题设置和反议题设置。一方面，民间舆论虽然存在非理性和无序性等特点，但它毕竟是非政治主体利益的表达。民间舆论的非政治主体有转换为虚拟公民社会中政治主体的潜力，民间舆论表达的利益也可以经过引导和提炼后成为虚拟公民社会参与和协商的话题。这种主体转化表现了民间舆论场的“蓄水池”功能，基于引导和提炼的话题生成则显示了民间舆论场的“意见市场”特点。但蓄水池功能的发挥和意见市场的规范化需要虚拟公民社会对民间舆论采取包容态度，并在舆论引导、参与能力示范以及话题提炼和挖掘等方面发挥作用。另一方面，民间舆论向官方舆论的传导还需要虚拟公民社会发挥“第三方力量”的议题设置和反议题设置能力。虚拟公民社会的行动载体——网络媒体和虚拟社群——在此方面可以发挥作用，将民间舆论场中无序表达的私人利益在某种程度上转化为公共利益，成为民间和国家之间的衔接纽带。管理机构和被管理者都同样需要有第三个因素，这个因素是政治的因素，但同时又不是官方的因素，这就是说，它不是以官僚的前提为出发点；这个因素也是市民的因素，但同时又直接同私人利益及其迫切需要纠缠在一起，这个具有公民头脑和市民胸怀的补充因素就是"自由报刊"。[①] 网络媒介和虚拟社群实际上都具有自由报刊所内含的"第四种权力"。网络媒介可以以民间舆论为基础发挥议题设置功能，以话语民主的形式形成公共舆论并影响政府部门的公共决策；虚拟社群则可以以民间舆论为基础发挥反议题设置功能，以微观权力的形式形成公共舆论并影响政府部门的公共决策。"第三种力量"如何发挥"第四种权力"作用，通过议题设置和反议题设置机制在民间舆论和官方舆论之间起到衔接作用，这既是虚拟公民社会研究中应该关注的核心问题，又是民主政治实践中应该探索的重要实践问题。

第二节 实现路径：网络媒介和虚拟社群的作为

公民个人和利益集团作为虚拟公民社会的行动主体，主要通过虚拟社区和网络媒介表达利益和参与公共事务。因此，虚拟公民社会的实现既有赖于公民个人和利益集团的公共事务参与意识和能力的提高，又有赖于网络媒介和虚拟社群发挥"虚拟公共领域"的作用，真正为公共事务参与搭建平台。

一、话语民主的实现路径：网络媒介的话语转型

互联网话语民主的核心是围绕公共政策的参与和协商，网络媒介可以、也应当利用自身的技术优势、受众优势和专业优势，在汇集民意和引导舆论等方面发挥作用。网络媒介的角色既是决策者和公民的中间人，又是社会舆论的引导者，还是公共权力的监督者。

（一）通过网络听证会扮演中间人角色

听证会是一种把司法审判的模式引入行政和立法程序的制度，它模拟司法审判，由意见相反的双方互相辩论，其结果通常对最后的处理有约束力。国务院颁布的《规章制定程序条例》第 15 条规定，"直接涉及公民、法人或者其他组织切身利益……应当向社会公布，征求社会各界的意见；起草单位也可以举行听证会"。对于法律法规内容涉及社会普遍关注的热点事项

① 马克思恩格斯全集（第 1 卷）[M]. 北京：人民出版社，1995.

（如征收利息税和婚姻法修改可能涉及每个人）或对公民、法人或其他组织的权益有较重大影响（如房屋拆迁法规可能只涉及某个群体），都应当举行听证会；而对于某些非常专业的法规，也可以通过座谈会、专家论证会的方式征求意见。听证会与其他听取意见的方式（如座谈会、论证会等）的最大区别在于公开性——听证陈述人是从报名的公众中产生的；会议公开举行并允许公众旁听和记者采访报道。

20 世纪 90 年代后期开始，我国逐步实施行政处罚听证、价格决策听证和立法听证。听证制度与话语民主倡导的参与和协商原则具有内在精神的一致性，是公民文化的体现，也是实现公民社会的重要举措。传统的听证会一般都是在某地区的物理建筑举行，听证人、听证主持人和听证陈述人采用面对面的方式进行交流。但随着听证事项涉及的利益相关者数量越来越大，特别是地域范围分布越来越广，这种面对面的传统听证会就暴露出很多问题。将互联网引入听证会，可以低成本地在更大地域范围内征集听证陈述人，更加便利地进行听证辩论和进行听证记录，方便公众旁听和记者采访报道，同时也为听证公示提供了技术支持。

在网络听证会的具体运作模式上，可以由网络媒体单位提供听证平台，扮演听证人和听证陈述人的中间人角色。网络媒体单位要做以下几个方面工作：利用媒体发行渠道和受众优势，发布听证公告并负责召集和筛选听证陈述人；根据听证议题和陈述人特点，提供文字交流区或网络会议室作为听证的技术支持；担任听证主持人，宣布召开听证会的目的、会场纪律和陈述人的义务等。听证完成后，网络媒体单位还可以就听证事项做专题报道，利用自身的媒体优势，以听证报告为基础，引导更大范围内的利益相关者，围绕听证公告进行进一步讨论。专题讨论将形成特殊的社会舆论，与听证结果一起对政府相关部门的决策产生影响。

（二）通过挖掘民间舆论扮演引导者角色

话语民主对虚拟公民社会产生影响的主要机制是，借助网络媒介产生特殊的“虚拟公共领域”，并通过形成公共舆论对决策者产生影响。虚拟公共领域已经在某种程度上成为公民个体和利益集团参与公共事务、形成公共舆论和影响公共政策的平台和工具。互联网话语民主主要通过互联网媒介的公共政策议程功能，影响事务决策，从而催生虚拟公民社会。也就是说，网络媒介议程设置功能发挥的好坏直接影响到话语民主的发挥和公民社会的形成。

随着 20 世纪 90 年代都市报的兴起，特别是 90 年代后半期互联网的崛起，民间舆论场开始扩展和升级。这既对毛泽东所说的“宣传政策”带来了挑战，也为刘少奇所倡导的“考察政策”的实施带来了机遇。中国网络媒介应该在这场舆论大变革和大对决中找准定位，应该也可以扮演舆论引导者角色，为话语民主的发挥提供支持。具体来说，网络媒体单位可考虑以下几个步骤：首先，充分发挥自己的专业新闻素养，在波涛汹涌的网络民意中寻找关系到国计民生的重大议题；其次，通过新闻通稿和专业评论的方式对草根舆论论辩双方的观点进行挖掘和梳理，并鼓励和引导网民围绕归纳整理后的观点进行深入讨论；最后，以正式报告的形式向国家相关决策部门提交基于民间舆论的政策建议。2012 年 3 月份的“两会”期间，一些中国的网络媒体单位都围绕热点问题组织了类似的时政专题，在网络公共舆论的形成和公共权力监督等方面发挥了重要作用。凤凰网开始了“两会”专题，并精心设计了专题的宣传口号——进步需要你参与。为了参与，凤凰网推出了一系列策划：两会自由谈、民意代言录、全民相对论、曹景行看两会、两会第十年、联合互动、热词。人民网也推出了“两会”专题，推出了信息性和参与性兼具的栏目：微播报、深阅读、察舆情、说地方、直播、访谈、评论和人民会客厅。

（三）通过时政专题扮演监督者角色

网络媒介作为新型的新闻媒介，可以借助自身的专业优势和技术优势，在监督和制约国家权力方面发挥作用。虚拟公民社会所赖以存在的话语民主在很大程度上是通过以新闻媒介为基础的公共舆论形成的，因此，网络媒介应该为公民个人和利益集团参与公共事务提供平台，为公共舆论的形成提供支持。具体来说，可以通过开设时政专题的方式，为政府角色部门、知识精英和民间草根的对话提供虚拟空间。一方面，邀请专家针对某时政热点问题进行深入解析，在专栏中发布专家的系列解读文章；另一方面，采用积分奖励、头衔升级和实物抽奖等方式，鼓励网民参与时政热点问题讨论。特别要注意的是，网络新闻媒介可以适当降低针对时政新闻的在线匿名评论门槛。具体来说，既允许注册用户使用账号和密码登录后进行评论，也允许一般的非注册网民进行不注册的临时评论。这并不是说，网民可以在匿名和非注册的情况下为所欲为。网络媒介可以采用评论系统自动记录评论者 IP 地址的方式对非注册评论者进行“事后追查”，还可以在提高成本的情况下采用人工内容审查的方式“后台审查后再前台显示”。

二、微观权力的实现路径：虚拟社群的微观解控

虚拟社群是公民个体参与公共事务的重要渠道，具有方便快捷和成本

低等优势。但网络实名制、版主委托制、技术和内容审查等一些制度和措施的存在，在一定程度上限制了微观权力的发挥，并最终影响了公民社会的发育。因此，培育虚拟公民社会的重要举措就是虚拟社群的微观解控。

（一）通过话题多元化进行“政治脱敏”

中国网民通过网络参与公共事务的历史可追溯到20世纪末的两件有关民主和政治的事件——1998年5月的印度尼西亚排华事件导致全世界华人的网络抗议；1999年5月9日人民网专门为抗议“北约”轰炸中国驻南联盟大使馆而开设抗议网络论坛。虽然当时中国的互联网普及率并不高，但依然形成了声势浩大的网络舆论。但随之而来的问题是，与民主、政治和宗教问题相关的网络讨论往往容易引起国家相关网络监管部门的注意。为了加强网络言论监管，2000年前后我国制定和颁布了一些相关法规——《互联网信息服务管理办法》、《互联网站从事登载新闻业务管理暂行规定》和《互联网文化管理暂行规定》等等。这些法规一方面维护了互联网的虚拟社会秩序，另一方面也在一定程度上限制了公众通过网络参与公共事务的积极性，限制了网民微观权力的发挥。

为了鼓励网民通过虚拟社群参与公共事务，必须在通过话题多元化进行“政治脱敏”。也就是说，将虚拟社群讨论的话题从政治领域引导至非政治非敏感的领域。原因主要有两个：第一，政治问题在当前中国特殊的政治制度和文化背景下依然是个较为敏感的话题。在政治改革路线图还没确定的情况下，通过互联网讨论问题往往会产生非理性行为和不必要的麻烦。特别是在当前互联网“五毛党”、“网络水军”和“公关枪手”泛滥的情况下，对政治问题的讨论更容易剑走偏锋甚至误入歧途。因此，虚拟社群完全没有必要因为政治风险而损失人气甚至导致网站关闭；第二，当前中国正处于经济社会转型期，社会利益多元化和价值观多元化趋势日趋明显，与政治无关的社会管理和利益分配问题层出不穷。社会问题的解决需要公民参与，公民参与又需要虚拟社群提供技术支持。因此，虚拟社群有必要也有技术能力为这些非政治问题的讨论提供平台。

具体来说，虚拟社区可以考虑以下措施：第一，提高虚拟社区管理者和意见领袖的素养。虚拟社群应该提高版主的政治素养和技术水平，通过话题引导和技术手段，在微观层面减少和杜绝敏感话题。同时，虚拟社群还应该充分发挥会员中的意见领袖的作用，通过网民与网民之间的微观社会关系减少使得讨论话题向多元化方向发展。实际上，近年来网民关注的热点话题已经开始“去政治化”。2012年全国“两会”期间，新华网和人民网等门户网站组织的“2012年两会调查”结果发现，网民最关注的“五个热点话题”

分别是:社会道德建设、食品安全监管、缩小贫富差距、房产市场调控和加强反腐倡廉。其中,“社会道德建设”和“食品安全监管”成为网民新的两会关注点。第二,围绕热点社会问题,适时开展社区活动,引导讨论话题远离政治。虚拟社区可根据社会发展开设新版面,或者邀请专家学者和意见领袖发帖后再置顶,或者针对非政治类话题讨论设立特别奖励。第三,加大国家有关互联网言论的相关法规的宣传,鼓励注册会员增强风险意识和社会责任感。在会员注册时要求阅读注册协议,并在虚拟社群显著位置和发帖回帖的时候,显示国家有关互联网言论的相关规定。提示发帖者与帖子内容有关的风险,并提示会员增强社会责任,避免不当言论给虚拟社会秩序和现实生活秩序带来不利影响。

(二) 通过社区自治开辟“意见市场”

互联网发展早期的自愿主义、开源运动和黑客精神对当下中国虚拟社区的管理都具有借鉴意义,社区自治是互联网微观管理的有效措施。社区自治是指社区组织根据社区成员意愿形成集体选择,依法管理社区的内外部事务,特别是社区内部的管理、服务和教育工作。作为跨时空的网络组织,虚拟社群具有动态性、匿名性和开放性等特征。虚拟社群的管理绝不能沿用现实社会中的科层制管理,必须充分调动虚拟社群成员自身的积极性,实施社区自治。这一方面可以减少虚拟社群的管理成本,另一方面还有助于微观权力的实现和虚拟公民社会的形成。

社区自治效果的发挥有赖于虚拟社群中“意见市场”的发育。“意见市场”(也称为“思想市场”)与西方的报业自由主义思想紧密相关,约翰·弥尔顿的《论出版自由》(1644 年)和约翰·密尔的《论自由》(1859 年)为其奠定了理论基础。[①] 意见市场的发育既可以为民意表达和社会舆论提供支持,也可以为社会权利制约国家权力提供基础。但正如经济市场任由“看不见的手”发挥作用可能导致市场失灵一样,意见市场如果没有“看得见的手”(国家管制)发挥作用也会导致“虚假的意志”甚至“大众暴力”。在当前中国的虚拟社区中,对意见市场的管理可以考虑采用如下方式:先由网民(个体)自行解决,网民解决不了再由版主(社会)解决,版主解决不了再诉诸法律(国家)。

(三) 通过交往行为实现“良性互动”

在“国家-社会”的关系研究中,部分中国学者倡导两者之间的“良性互

---

① 李征.西方“意见市场”理论述评[J].新闻与传播研究,1998(1).

动”。实际上，在虚拟公民社会形成过程中，代表社会权利的微观行动主体相互之间的关系也应该是“良性互动”。互联网技术的跨时空性、匿名性和流动性重新建构了行动主体的主体性，改变了宏观权力格局和微观权力分配，为主体间性的交往提供了权力基础；同时，虚拟社群的特殊组织形式又为“交往行为”的实现提供了技术条件和组织基础，有利于实现社会权利主体内部的良性互动，并最终促进社会和国家之间的良性互动。真正的良性互动不应该仅仅是工具行为，更应该是交往行为。也就是说，公民个体之间、公民个体与利益集团之间以及利益集团之间的互动不应该仅仅是基于私人利益或公共利益的工具行为——包括针对自然世界的以真理性为主要特征的目的行为，针对社会世界的以正确性为主要特征的规范调节行为和涉及主观世界的以真诚性为主要特征的戏剧行为——而应该是哈贝马斯所说的“交往行为”，即同时满足真理性、正确性和真诚性等三个要求的交往。交往行为的实现在很大程度上依赖于“自律”，因为自律是道德的最高原则，是道德主体的自我立法，其有效性远远高于外在法律规制。但令人遗憾的是，现代化导致的理性牢笼已经导致当前虚拟社群的行为规制主要依靠国家法规、技术过滤和人工审查。这表面上使得社会运行更加有序和有效，但实际上却是以个人自由的丧失和社会治理成本的增加为代价的。

因此，必须重构以道德修养为基础的自我规制，才能体现自由自主的主体性，并从根本上维护和保持虚拟社群的运行秩序。具体来说，虚拟社群管理应该从外在强制转向内在自律，引导虚拟社群成员通过加强自身道德修养来规范自身行为。虚拟社群可以考虑从以下几个方面着手：第一，梳理互联网信息管理的相关法规，通过群体学习和成员自我教育，将外在法规内化为自我良心和行为准则。第二，通过强调虚拟账号的唯一性、历史性和社会性，增强虚拟社群成员的自我意识和自我认同。自我意识和自我认同的提高，将使得虚拟社群成员在互动中更加珍惜账号背后的身份和荣誉，从而规范自身行为。第三，通过在线活动和离线活动，增强虚拟社群成员的相互认知和社会认同。社会认同感的提高将有助于增强成员的社会责任感，从而实现公共事务讨论中的良性互动。

本章小结

从实践上看，虚拟公民社会以互联网为技术平台，为公民个体和利益集团参与公共事务提供了虚拟公共领域；从理论上看，虚拟公民社会为优化“国家-社会”关系提供了新的理论视角。“国家-社会”关系中的社会优先所导致的国家社会化以及国家优位所导致社会国家化都存在弊端，虚拟公民社会为克服这些弊端提供了实践和理论基础。虚拟公民社会可以促使国家与社会之间的“良性互动”，形成“国家-社会”关系模式中的“第三条道路”；同时，虚拟公民社会可以调和民间舆论和官方舆论，在国家和民间之间形成“第三种力量”。

虚拟公民社会的实现依赖于网络媒体和虚拟社群的功能发挥。以网络媒介为技术载体的互联网话语民主的核心是围绕公共政策的参与和协商，网络媒介发挥作用的具体路径是，通过网络听证会扮演中间人角色，通过挖掘民间舆论扮演引导者角色；通过时政专题扮演监督者角色。以虚拟社群为载体的微观权力的实现路径是，通过话题多元化进行“政治脱敏”，通过社区自治开辟“意见市场”，通过交往行为实现“良性互动”。

结语

国家和公民社会的关系是一个久远且富有现实意义的理论课题，媒介技术对两者关系的影响更是一个跨学科的热点问题。媒介技术对两者关系的影响，在互联网环境下主要表现为政治行动主体话语民主的扩展和微观权力的彰显。具体来说，以新闻媒体单位为代表的互联网媒介利用媒介话语权，为公民个体和利益集团在公共事务参与中的话语民主提供了技术和社会基础；以 BBS、微博和社交网站为代表的虚拟社群则为微观权力的彰显奠定了基础。以话语民主和微观权力为基础形成的网络公共领域一方面极大地唤醒了公民的公共事务参与热情，另一方面又为公共参与提供了条件和可能性。以网络公共领域为基础的政治参与催生了一种特殊的"虚拟公民社会"，它重塑了"国家-社会"之间的关系：一方面，增强了公民与国家进行对话协商的能力，加大了社会权利对国家权力的监督和制约；另一方面，也促使国家重视公共决策中的公众参与，并对虚拟公民社会的技术基础（互联网）进行管制。

以上述理论预设和主要思路为基础，本研究得出以下观点和结论：

第一，作为互联网（媒介技术）和社会（民主技术）耦合互动的产物，基于互联网政治的虚拟公民社会，对于培育现实公民社会并进而推动中国政治民主化进程具有较大的潜力。英美等西方国家电子民主、电子动员、电子竞选和电子政务等互联网政治应用，源于 20 世纪 70 年代并于 90 年代勃兴。从互联网技术的价值中立性和人类社会具有的某些普适价值来看，西方国家的某些互联网政治实践可以为中国所借鉴，这将带来两个具有因果递进关系的结果：培育中国的公民社会；推动中国的政治民主化。在中国特殊的国体和政体下，当务之急是培育中国的公民社会；而公民社会的培育中的当务之急又应该循序渐进地从基于互联网的虚拟空间着手。原因在于，与西方国家公民社会比较发达、现实社会中制度化政治参与渠道比较多相比，中国现实社会中的政治参与渠道十分有限。中国公民社会的培育需要采用渐进和迂回的方式，这就是为什么本研究要提出“虚拟公民社会”这个貌似噱头的概念的原因。笔者认为“虚拟公民社会”是指公民个体和利益集团等网络政治实体，以现实社会中的公共利益为指向，以网络媒介和虚拟社群为工具或平台，应用微观权力和话语民主进行资源动员和参与协商，以此参与公共事务的虚拟社会空间。这个特殊的公民社会并不是独立于现实和现实公民社会的，因为其行动主体是来源于现实社会的个人和组织，行动目标指向现实社会的公共利益，行动平台涉及的通信基础设施、硬件、软件甚至部分行动规则都来源现实社会。虚拟公民社会通过网络舆论参政议政，最终将培育出现实社会的公民社会并推动现实政治民主化。

第二，话语民主是虚拟公民社会形成中非常重要的民主机制。基于互联网的虚拟公民社会及其导致的政治民主化不会自然实现，它不仅要求我们深入研究互联网推动虚拟公民社会的具体机制，还需要我们研究虚拟公民社会推动政治民主化的具体机制。本研究引入“话语民主”这一概念，因为它既可以作为理论接入点来解释互联网与虚拟公民社会之间的关系，又有助于探讨虚拟公民社会与政治民主化之间的关系机制。“话语民主”是以公共领域为活动场域，以语言为主要媒介，以平等主体间的交往为基本形式，以参与和协商为主要机制，以形成公共舆论和影响公共政策为主要目的的民主政治实践模式。互联网在某种程度上具备开放性、独立性和关注公共利益，形成了一种特殊的可被称之为“虚拟公共领域”或“未完成的公共领域”的特殊网络空间。虚拟公共领域已经在某种程度上成为公民个体和利益集团参与公共事务、形成公共舆论和影响公共政策的平台和工具。公共事务参与的核心是通过议程设置影响公共政策，因此，互联网话语民主主要通过互联网媒介的公共政策议程和公共舆论形成功能，影响公共事务决策并催生虚拟公民社会。

第三，微观权力是虚拟公民社会形成中非常重要的权力机制。虚拟公民社会的形成不仅与互联网技术营造的虚拟公共领域和互联网话语民主有关，而且还与国家治理模式和权力监督机制的转型有关。当前中国的国家治理模式正在由“大政府、小社会”向“小政府、大社会”转型，国家权力监督机制也由国家权力内部的“权力制约权力”机制向社会微观权力的“权利制约权力”转型。这两大转型与互联网技术的相遇，为虚拟公民社会的形成提供了机遇和条件。两大转型在互联网中生成了被我们称之为“微观权力”的社会权力,它由公民个人和利益集团所拥有,以基于社会资本的资源动员为主要方式,以监督和制约国家宏观权力为基本指向。互联网微观权力的重要来源是虚拟社群,虚拟社群对微观权力的影响起源于虚拟公民社会中的主体重构。互联网时代的公民个体被再部落化,利益集团则一般采用虚实共生的存在方式。政治主体通过知识应用和基于社会资本的资源动员产生微观权力。以虚拟社群为基础的微观权力为公民个人的利益表达和公共事务参与提供了绝佳的工具。虚拟社群通过推动实质民主实现互联网话语民主,通过强化公民个体和利益集团的议题设置而催生虚拟公共领域,通过提升政治行动主体的创制能力影响价值规范的确立,最终促进了虚拟公民社会的产生。

第四,网络管制是具有理论合理性和实践必要性的双刃剑:它既是国家权力制约虚拟公民社会的手段,又是维持虚拟公民社会正常发育的力量。葛兰西有关完整国家与文化领导权的理论、阿尔都塞有关意识形态与意识形态国家机器的观点以及霍尔有关文化政治与解码编码理论为国家对虚拟公民社会的网络管制提供了理论基础。互联网技术的内在缺陷及其社会问题,以及虚拟公民社会的无序参与体现了网络管制的实践必要性。中国政府针对虚拟公民社会相关利益主体的网络管制主要分类两类:针对主体网络行动条件的形式化管制;针对主体网络行动内容的实质性管制。网络管制对话语民主和微观权力具有直接影响,从而对“国家-社会”关系也会产生影响。具体来说,合法性、社会控制能力、社会舆论的开放度和制度化水平等三个因素会影响国家和社会之间的关系。将网络管制、话语民主和微观权力纳入这三个因素进行分析发现:国家在互联网时代的合法性主要基于技术传统和法理,而公民个人和利益集团的合法性则主要依赖于基于知识的个人魅力和互联网的特殊传统;网络基础设施和行为规范能通过对政治行动主体社会控制能力的影响,对虚拟公民社会产生影响;新闻媒体催生的“媒介化社会”对公众会产生非意识形态影响,网络管制中国家意识形态对新闻的影响又会强化“媒介化社会”影响,这最终导致新闻媒体在构建虚拟公民社会中的作用只能得到有限发挥。

第五,虚拟公民社会具有理论上的重要性和实践上的可行性:在理论上,一方面可以促使国家与社会之间的“良性互动”,在“国家-社会”关系模式中社会优先和国家优位之外形成“第三条道路”;另一方面可以调和民间舆论和官方舆论,在国家和民间之间形成“第三种力量”。在实践上,虚拟公民社会的实现依赖于网络媒介和虚拟社群的功能发挥。网络媒介发挥作用的具体路径是通过网络听证会扮演中间人角色，通过挖掘民间舆论扮演引导者角色，通过时政专题扮演监督者角色。虚拟社群发挥作用的实践路径是通过话题多元化进行“政治脱敏”，通过社区自治开辟“意见市场”，通过交往行为实现“良性互动”。

总的来说，本研究创新性地提出了“虚拟公民社会”概念，并以话语民主和微观权力为理论依托，以网络媒介和虚拟社区为技术背景，综合利用哲学、政治学、社会学、传播学和心理学等学科的资源，对“虚拟公民社会”的理论和现实背景、内涵、结构要素和运行机制等问题进行了探索。这些对于深化公民社会理论和推动中国公民社会的形成都具有重要意义。但由于学术背景、研究能力和时间所限，本研究仍然存在很多不足之处。期望以下列出的不足之处，能为未来进一步研究提供可能性并指明方向和路径。

第一，本研究有关国家与社会之间关系的预设是“制约、监督和对抗”的关系，这一预设可能限制了我们分析虚拟公民社会的思路。国内有学者曾经提出，中国特色的国家与社会之间的关系应该是“良性互动关系”和“国家主导和公民自主相结合的关系”，但学者们没有对“良性互动”的内涵特别是路径进行深入探讨。笔者认为，“良性互动”下的国家和社会可能会催生其他形态和机制的虚拟公民社会。其原因在于，“良性互动”状态下的国家和社会相互牵制、引导和促进，可能会促进两者关系走向“和谐/梯次演进”。这种新型的国家和社会关系下的虚拟公民社会不一定以话语民主和微观权力作为形成机制，网络媒介和虚拟社群的作用可能也会不一样。囿于学术功底和时间限制，本研究还没就这种新的可能性进行深入探讨。

第二，缺乏系统的实证资料对本研究的理论预设和主要结论进行检验。本研究的理论预设和主要结论主要是基于理论推演、片段数据和个案资料，没有运用特别系统的实证资料对其进行整体检验。未来研究一方面可以引入政治哲学、社会学和其他相关学科的概念和理论，对虚拟公民社会的结构和过程进行优化；另一方面可以在理论指引下选择较为完整的案例或收集较为系统的数据，对有关虚拟公民社会的理论框架进行实证解释。

参考文献

REFERENCES

著作

[1] [意]安东尼奥·葛兰西. 狱中札记[M]. 葆煦,译. 北京:人民出版社,1983.

[2] [意]安东尼奥·葛兰西. 葛兰西文选[M]. 北京:人民出版社,1992.

[3] [匈]卢卡奇. 历史与阶级意识——关于马克思主义辩证法的研究[M]. 杜章智,任立,燕宏远,译. 北京:商务印书馆,1992.

[4] [法]福柯. 规训与惩罚:监狱的诞生[M]. 刘北成,杨远婴,译. 北京:生活·读书·新知三联书店,1999.

[5] [德]哈贝马斯. 公共领域的结构转型[M]. 上海:学林出版社,1999.

[6] [美]乔尔·S. 米格代尔. 强社会与弱国家:第三世界的国家社会关系及国家能力[M]. 张长东,等,译. 南京:江苏人民出版社,2009.

[7] [英]布莱恩特纳. 公民身份与社会理论[M]. 郭忠华,蒋红军,译. 长春:吉林出版集团有限责任公司,2007.

[8] [美]布鲁斯·宾伯. 信息与美国民主:技术在政治权力演化中的作用[M]. 北京:科学出版社,2011.

[9] [英]克里斯托夫·霍洛克斯. 麦克卢汉与虚拟实在[M]. 北京:北京大学出版社,2005.

[10] [美]塞缪尔·亨廷顿. 第三波——20 世纪后期民主化浪潮[M]. 刘军宁,译. 上海:上海三联出版社,1998.

[11] [美]斯蒂文·小约翰. 传播理论[M]. 北京:中国社会科学出版

社,1999.

[12] [英]布赖恩·麦克奈尔.政治传播学引论[M].殷祺,译.北京:新华出版社,2005.

[13] [加]马歇尔·麦克卢汉.理解媒介——论人的延伸[M].北京:商务印书馆,2000.

[14] [英]理查德·戴尔.明星[M].北京:北京大学出版社,2010.

[15] [英]詹姆斯·卡伦.媒体与权力[M].史安斌,董关鹏,译.北京:清华大学出版社,2006.

[16] [美]朱莉娅·伍德.生活中的传播[M].董璐,译.北京:北京大学出版社,2009.

[17] [美]阿尔温·托夫勒.权力的转移[M].刘江,等,译.北京:中共中央党校出版社,1991.

[18] [美]马克·波斯特.第二媒介时代[M].范静哗,译.南京:南京大学出版社,2000.

[19] [美]罗德里克·马丁.权力社会学[M].陈金岚,陶远华,译.石家庄:河北人民出版社,1992.

[20] [英]安德鲁·查德威克.互联网政治学:国家、公民与新传播技术[M].任孟山,译.北京:华夏出版社,2010.

[21] [德]伊丽莎白·诺尔-诺伊曼.民意——沉默螺旋的发现之旅[M].翁秀琪,译.台北:远流出版公司,1994.

[22] [加]卜正明.明代的社会与国家[M].陈时龙,译.合肥:黄山书社,2009.

[23] [法]埃里克·麦格雷.传播理论史:一种社会学的视角[M].刘芳,译.北京:中国传媒大学出版社,2009.

[24] [美]帕森斯.现代社会的结构与过程[M].北京:光明日报出版社,1988.

[25] [美]凯斯·桑斯坦.网络共和国[M].上海:上海人民出版社,2003.

[26] [美]约翰·哈格尔三世,阿瑟·阿姆斯特朗.网络利益——通过虚拟社会扩大市场[M].王国瑞,译.北京:新华出版社,1998.

[27] [美]派卡·海曼.黑客伦理与信息时代精神[M].李伦,魏静,唐一之,译.北京:中信出版社,2002.

[28] [英]戴维·赫尔德.民主的模式[M].燕继荣,等,译.王浦劬,校.北京:中央编译出版社,1998.

[29] [美]乔万尼·萨托利. 民主新论[M]. 冯克利，阎克文，译. 上海：东方出版社，1993.

[30] [美]卡尔·科恩. 论民主[M]. 聂崇信，朱秀贤，译. 北京：商务印书馆，1988.

[31] [加]弗兰克·坎宁安. 民主理论导论[M]. 谈火生，年玥，王民靖，译. 长春：吉林出版集团有限责任公司，2010.

[32] [澳]约翰·S. 德雷泽克. 协商民主机器超越：自由与批判的视角[M]. 北京：中央编译出版社，2006.

[33] [美]詹姆斯·博曼，威廉·雷吉. 协商民主：论理性与政治[M]. 陈家刚，等，译. 北京：中央编译出版社，2006.

[34] [美]查尔斯·J. 福克斯，休·T. 米勒. 后现代行政——话语指向[M]. 楚艳红，等，译. 北京：中国人民大学出版社，2002.

[35] 汪行福. 通向话语民主之路：与哈贝马斯对话[M]. 成都：四川人民出版社，2002.

[36] 林语堂. 中国新闻舆论史：一部关于民意与专制斗争的历史[M]. 刘小磊，译. 上海：上海人民出版社，2008.

[37] 邓正来，亚历山大. 国家与市民社会：一种社会理论的研究路径[M]. 北京：中央编译出版社，2002.

[38] 王绍光. 安邦之道：国家转型的目标与途径[M]. 北京：生活·读书·新知三联书店，2007.

[39] 郑杭生. 社会学概论新修[M]. 3 版. 北京：中国人民大学出版社，2000.

[40] 北京大学哲学系外国哲学史教研室. 西方哲学原著选读(下卷)[M]. 北京：商务印书馆，1982.

[41] 郭道晖. 社会权力与公民社会[M]. 南京：译林出版社，2009.

[42] 陈乐民，史傅德. 对话欧洲：公民社会与启蒙精神[M]. 北京：生活·读书·新知三联书店，2009.

[43] 周宇豪. 权利与博弈——信息时代的国际政治传播[M]. 北京：中国传媒大学出版社，2008.

[44] 张巨岩. 权力的声音：美国的媒体和战争[M]. 北京：生活·读书·新知三联书店，2004.

[45] 卢少华，徐万珉. 权力社会学[M]. 哈尔滨：黑龙江人民出版社，1989.

[46] 刘亚伟，吕芳. 奥巴马：他将改变美国[M]. 北京：社会科学文献出

版社,2008.

[47] 董天策,等.中国报业的产业化运作[M].成都:四川人民出版社,2002.

[48] 张殿元.中国传媒体制创新[M].广州:南方日报出版社,2007.

[49] 郭庆光.传播学教程[M].北京:中国人民大学出版社,1999.

[50] 丁和根.中国传媒制度绩效研究[M].广州:南方日报出版社,2007.

[51] 许纪霖.公共性与公民观[M].南京:江苏人民出版社,2006.

[52] 何明升.网络消费:理论模型与行为分析[M].哈尔滨:黑龙江人民出版社,2002.

[53] 刘文富.网络政治——网络社会与国家治理[M].北京:商务印书馆,2002.

[54] 张堃.虚拟社群与现实社区的分析比较[M].上海:上海三联书店,2003.

[55] 刘华芹.天涯虚拟社群——互联网基于文本的社会互动研究[M].北京:民族出版社,2005.

[56] 袁峰.理想政治秩序的探求[M].上海:学林出版社,2002.

[57] 闫健.民主是个好东西——俞可平访谈录[M].北京:社会科学文献出版社,2006.

[58] 陈越.哲学与政治:阿尔都塞读本[M].长春:吉林人民出版社,2003.

[59] 崔保国.媒介变革与社会发展[M].南京:南京师范大学出版社,1999.

[60] 郑世明.权力的影像:权力视野中的中国电视媒介研究[M].北京:中国传媒大学出版社,2006.

[61] 陆杨,王毅.大众文化研究[M].上海:上海三联书店,2001.

[62] 吴飞,王学成.传媒·文化·社会[M].济南:山东人民出版社,2006.

[63] John Keane. Democracy and Civil Society [M]. London: Verso,1988.

[64] Timothy G. Ash. The Use of Adversity [M]. London: Granta Books,1989.

[65] Mary Rankin. Elite Activism and Political Transformation in China: Zhejiang Province, 1865—1911 [M]. Stanford, CA: Stanford

University Press，1986.

[66] David Strand，Rickshaw. Beijing：City People and Politics in the 1920s[M]. Berkeley：University of California Press，1989.

[67] Verba S，Schlozman K L，Brady H E. Voice and Equality：Civic Voluntarism in American Politics[M]. Cambridge，MA：Harvard University Press，1995.

论文

[1] 衣俊卿. 论人的存在[J]. 学习与探索，1999(3).

[2] 李楠明. 价值主体性：体性研究的新视域[D]. 哈尔滨：黑龙江大学，2004.

[3] 俞可平. 中国公民社会研究的若干问题[J]. 中共中央党校学报，2007(6).

[4] 贺来. 马克思哲学与“人”的理解原则的根本变革[J]. 长白学刊，2002(5).

[5] 邓正来，景跃进. 构建中国的市民社会[M]//邓正来. 国家与社会：中国市民社会研究. 北京：北京大学出版社，2008.

[6] 王绍光. 中国公共政策议程设置的模式[J]. 中国社会科学，2008(2).

[7] 白立强. 究竟是“社会国家化”还是“国家社会化”？——从马克思“国家-社会”结构理论看当代中国“政治国家”与“市民社会”的关系[J]. 理论探讨，2007(2).

[8] 熊光清. 网络公共领域的兴起及其影响：话语民主的视角[J]. 马克思主义与现实，2011(3).

[9] 刘慧雯. 因特网公共领域角色的反思：以东海劈腿事件与鸿海打压新闻自由事件为例[J]. 新闻学研究，2008(10).

[10] 王海稳. 当代民主技术研究论域的探讨与厘定[J]. 湖北社会科学，2011(2).

[11] 廖维晓，王琦. 民主技术的演进——从辩论、投票、选举、媒介到网络[J]. 社会主义研究，2011(2).

[12] 李征. 西方“意见市场”理论述评[J]. 新闻与传播研究，1998(1).

[13] 胡泳. 中国网络舆论的三大变化[J]. 党政干部参考，2012(2).

[14] 新锐思想. 监督式民主：新媒体时代民主实践的新理念[J]. 开放时代，2009(2).

［15］雷振文.政治秩序的实现何以可能［J］.南京政治学院学报，2008(1).

［16］陈勤奋.哈贝马斯的“公共领域”理论及其特点［J］.厦门大学学报（哲学社会科学版），2009(1).

［17］牛艳华.美国媒体与政府互动关系研究［D］.郑州：郑州大学，2010.

［18］胡心智.信息网络的虚拟技术对物质观及中介的影响［J］.科学技术与辩证法，1999(12).

［19］李骥，郑品石，冯永光.奥巴马竞选网络优势的政治传播学分析及其对共青团工作的借鉴意义［J］.中国青年研究，2009(1).

［20］肖其明，梁莹.话语民主理论：渊源与发展［J］.广西社会科学科学，2005(8).

［21］胡玲.网络公共表达离“话语民主”有多远？［J］.新闻爱好者，2009(8).

［22］王怡红.认识西方“媒介权力”研究的历史与方法［J］.新闻与传播研究，1997(2).

［23］邹威华.论斯图亚特·霍尔对文化研究的贡献［J］.西南民族大学学报（人文社科版），2009(2).

［24］朱庆华.日本信息通信政策研究及其对中国的启示［J］.情报科学，2009(4).

［25］Savigny H. Public opinion, political communication and the Internet［J］. Politics，2002：22(1).

［26］Walter J B. Interpersonal effects in computer-mediated Interaction：A Relational Perspective［J］. Communication Research，1992：19(1).

［27］Lincoln Dahlberg. Computer-Mediated communication and the public sphere：a critical analysis［J］. Journal of Computer-Mediated Communication，2001：7(1).

［28］Daniela Kleinschmit. Confronting the demands of a deliberative public sphere with media constraints［J］. Forest Policy and Economics，2012：16(3).

［29］Poster M. Mark Poster：cyber democracy：the internet and the public sphere［M］//David Holmes. Virtual Politics：Identity & Community in Cyberspace. London：Sage Publication，1995.

[30] Wang S S, Hong J H. Discourse behind the forbidden realm-internet surveillance and its implications on China's blogosphere [J]. Telematics and Informatics, 2010(27).

[31] Bjorn Surborg. On-line with the people in line—internet development and flexible control of the net in vietnam[J]. Geoforum, 2008 (39).

[32] Kavanaugh A, Carroll J M, Rosson M B, Debbie D R, Zin T T. Participating in civil society—the case of networked communities [J]. Interacting with Computers, 2005(17).

[33] Aycock A. Technologies of the self: foucault and internet Discourse[J]. Journal of Computer-Mediated Communication, 1995:1(2).

[34] Matthew D B. The future of rational-critical debate in online public spheres[J]. Computers and Composition, 2005(22).

[35] Holmes D. Transformations in the mediation of publicness: communicative interaction in the network society [J/OL]. [2014-12-25]. http://onlinelibrary.wiley.com/doi/10.1111/j.1083-6101.2002.tb00142.x/full.

后记

POSTSCRIPT

两年准备，一年写作，三年发酵。历经六载，终于付梓。回想当年，感概万千。曾经埋头书山文海，抬头日月无光，像海绵掉进知识的海洋。曾经不顾酷暑寒冬，不辞披星戴月，多少次在“哲学之路”上徜徉与迷茫。博士论文是人生转折点，“公民社会”是学术敏感点。能在人生转折点上触摸学术敏感点，需要极大的勇气并付出巨大的努力。

“公民社会”的理念和实践在20世纪90年代开始在全球复兴，这不仅与邓小平“南方谈话”后中国加快改革开放的社会史相呼应，也与互联网(特别是万维网)渗透入日常生活的技术史相呼应。“南方谈话”强化了中国进一步改革开放的决心，为调整国家和社会的关系定下了政治基调，有利于发挥公民社会在推动政府转变职能、扩大公民政治参与以及推进基层民主等方面的作用。互联网从军事和教育领域向商业和日常生活中的扩展，为优化国家和社会的关系提供了技术支持，有助于推动互联网在生产实践、政治实践和生活实践中的深度应用。理论、社会和技术的复杂互动，使“公民社会”成为跨学科的学术热点问题，也成为国家关注的现实敏感问题。

“公民社会”思想源自古希腊先哲亚里士多德的《政治学》，经西塞罗、洛克、黑格尔、马克思和葛兰西等人改造而形成枝叶繁茂的理论之树。尽管它在政治哲学和政治社会学等交叉学科的批判和建构作用越来越大，但“理论总是灰色的，而生活之树却是常青的”，理论与实践的复杂关系提示我们,公民社会理论指引的实践在中国受到多种复杂因素的影响。如何将公民社会理论与中国的传统文化和政治制度有机结合起来,形成中国特色的公民社会理论和实践模式,这对学术界是一个极大的挑战。

作为初学者,笔者还无法深入把握“公民社会”这一跨学科和跨时空的概念。笔者仅以互联网为技术背景,以话语民主和微观权力为视角,通过分析网络媒介和虚拟社区在微观政治实践中的作用,对中国特色的公民社会进行了粗浅的探索。社会在不断变化,理论也要不断发展,理论探索虽任重而道远,吾必将上下而求索。

梁美妍

2015 年 10 月